美学的困境与超越

周宪——著

商务印书馆
The Commercial Press

商务印书馆（上海）有限公司 出品
The Commercial Press (Shanghai) Co. Ltd.

| 作者简介 |

周宪，文学博士，南京大学艺术学院教授，人文社会科学资深教授，教育部长江学者特聘教授。国务院学位办第七届艺术学理论学科评议组成员，国家社科基金哲学组评审专家，中华美学学会副会长，中国文艺理论学会副会长，中国中外文艺理论学会副会长。代表性著作有《审美现代性批判》《艺术理论的文化逻辑》《视觉文化的转向》《文化表征与文化研究》等。

序

本书的标题是"美学的困境与超越",看起来有点无边无际,实际上是对当下美学问题的批判性反思。

作为人文学科一个分支的美学(或艺术哲学),在人类社会-文化的发展进程中扮演了越来越重要的角色。它不但从理论上回应了社会-文化的演变与转型,而且提供了许多对社会和文化现象加以思索的观念与方法。正是在这里,"困境"并不是一个消极的否定性的概念,而是具有让人省思的特别作用。从社会-文化嬗变来说,随着全球化和现代化进程的加快,层出不穷的新问题接踵而至,这些问题在挑战既有的美学理论的同时,也催生了全新的美学理论和学派。所以说,美学的"困境"既是当代社会-文化无数费解难题的表征,又揭示了美学理论不断创新以应对复杂的现实问题的需求。要走出"困境",就需要有一些"超越"的理路,从更广的视角和更长的历史来反观美学,如此才有可能找到一些新建构的路径或方案。本书是作者近些年美学(包括艺术理论)研究中所做的思考,既是对"困境"某些层面的揭示与解析,亦有尝试某种"超越"的种种努力。

法国哲学家朗西埃断言,今天的美学名声不佳,因为它已蜕变为一种过于挑剔的话语,美学家们为一己私利而劫持了艺术品意义和趣味判断。此话一针见血,相当多的美学研究在当下已经相当程度上蜕变为学院书斋里的经院之学功夫,而对当代社会-文化的问题关注不够,美学的反思性和批判力量在当代显著衰落了。这无疑是美学学科自身的困境，这种困境不仅出现在本土美学中，也广泛存在于全球美学界。基于这一判断，本书聚焦的问题多为社会-文化发展进程中所出现的现实问题，反映出作者基于本土问题意识所做的思考。虽然这些问题表面上看并无系统设计，但是它们内在的关系却是显而易见的。

大致说来，本书探究了如下几个层面的问题。

其一，美学学科及其理论发展的总体取向（第一、二、三章）。分别讨论了美学的两种不同形态——介入性美学和自足性美学，美学作为一个知识系统的内在危机及其复兴可能，以及晚近对美学过于偏重文化政治的反思，进而批判性地考察了审美回归的理论取向。其二，艺术与非艺术的分界问题（第四、五章）。这个问题不只是一个艺术界定的技术性工作，而是在社会-文化发展语境中对艺术变化内在逻辑的把握。尤其是我们如何在西方视角之外引入中国智慧来反观此一问题，提出探究这一难题的中国路径。艺术跨越其边界进入日常生活的趋势，又呈现出日常生活审美化的大趋势，这也需要从理论上加以阐说。其三，现实主义与观看方式（第六、七章）。现实主义在中国始终是一个挥之不去的"理论幽灵"，它总是以这样或那样的方式出现，并纠缠我们的理论思维。每当重提现实主义时多有话题老旧之嫌，但置于当代再现危机的背景中予以考量，不失为一种新的理路。尤其是置于文学与视觉艺术互动中来相互阐发，现实主义所面临的再现危机的征兆清晰可见。至于艺术观看，乃是美学和艺术理论中的一个传统课题，从建构论的思路入手，可以看到观看如何成为一个哲学问题。其四，跨媒介艺术研究（第八、九、十章），这是一个既传统又新颖的美学问题。说它传统，是因为自古以来，中西美学的跨媒体美学理论有深厚传统和丰厚资源；说它新颖，是因为晚近新的媒介理论和美学观念被引入这一领域，使得这一问题的探究出现了许多极具启发性的理论和方法。其五，对西方美学（及艺术理论）的学术史、文献学、知识学和经典个案的思考（第十一、十二、十三、十四章）。分别讨论了如下问题，英语美学从18世纪到当下的三百年进程中的理论谱系，中国美学对西方美学经典文献的整理研究及其改进方略，艺术理论作为一种知识生产如何立足于西方当代知识体系中，以及对包豪斯学派一个常为人忽略的美学旨趣的深度解析。

本书的所有内容均先行发表于国内诸多学术刊物上，不少篇什引发了学界同仁的关注，并多有二次文献转载，说明这些关于"美学的困境与超越"的问题讨论，是富含学术见识和问题意识的。这里，我要感谢这些学术刊物的编辑所做的工作，他们的辛勤劳作使这些文字得以发布，给我提供了说出自己想法和立场的机会。而在此结集出版，亦要感谢商务印书馆上海分馆鲍静静和施帼玮女士，她们欣然接纳本书选题，专心编辑并付梓出版，使这些文字及其思考有了二次呈现的可能性。

2021年9月28日于古城金陵

目 录

第一章　美学及其不满　　　　　　　　　/ 1
第二章　美学的危机或复兴　　　　　　　/ 23
第三章　审美回归论　　　　　　　　　　/ 41
第四章　"剪不断理还乱"的艺术边界　　　/ 71
第五章　换种方式说"艺术边界"　　　　　/ 91
第六章　再现危机与当代现实主义观念　　/ 109
第七章　艺术观看：一个哲学问题　　　　/ 135
第八章　艺术跨媒介性与艺术统一性　　　/ 149
第九章　说不尽的"拉奥孔"　　　　　　　/ 173
第十章　论日常生活审美化　　　　　　　/ 199
第十一章　英语美学的理论谱系　　　　　/ 213
第十二章　西方美学的比较文献学研究　　/ 241

第十三章　艺术理论的知识学问题　　　/ 269

第十四章　作为现代主义另一面的包豪斯　/ 297

参考文献　　　　　　　　　　　　　　/ 313

第一章　美学及其不满

弗洛伊德有一部很有影响的著作，名为《文明及其不满》。[1]这个短语后来几乎成了思想家们表示不满的一个习语，如言语行为理论的代表人物塞尔，为了表达对当前文学评论的不满，就写了《文学理论及其不满》一文[2]，再比如法国美学家朗西埃则写了专著《美学及其不满》。朗西埃开宗明义地说道："美学有个坏名声。假如一本新书不说美学的时代已经终结，或是断言美学糟糕的影响仍在持续，一年时光里便几乎无人问津。美学已被指控是一种过于挑剔的话语，由此哲学或某一哲学为一己私利而劫持了艺术品的意义和趣味判断。"[3]的确，从学术界的现状来看，人们对美学的不满正在酝酿发酵，因为美学正在沦落为僵化的知识，以知识和学术的名义暗中参与了品位与资本、技术的合谋。今天的美学一方面热闹非凡、著述迭出，另一方面却难以为人们思考当下社会文化提供新观念和新方法。美学的发展日益彰显出两种不同取向的内在矛盾，此乃"美学及其不满"的原因所在。

---

[1] 参见西格蒙·弗洛伊德：《一种幻想的未来：文明及其不满》，严志军、张沫译，上海人民出版社2007年版。

[2] John R. Searle, "Literary Theory and Its Discontents," in *Theory's Empire: An Anthology of Dissent*, eds. by Daphne Patai and Will H. Corral (New York: Columbia University Press, 2005).

[3] Jacques Rancière, *Aesthetics and Its Discontents* (Cambridge: Polity, 2012), 1.

不可通约性语境中的自足性美学

如果我们深入到当代美学内部，不难发现两种不同的美学形态。一种可名之为"自足性美学"，即把美学作为一个自我封闭的知识系统，强调美学知识的系统性、逻辑性和学术性；另一种则可称之为"介入性美学"，将美学当作参与并深度介入现实世界的方式，强调美学的批判性和现实参与性。照理说，两种路向本不应抵牾对立，但随着学术体制的完善和科层化，随着知识的系统建构和高度专业化，前者对后者的压制甚至取代变得越来越明显。这一问题似未引起足够关注，美学研究者们已习惯于科层化和封闭的学术体制，却在不知不觉中与介入性美学传统渐行渐远了。

无论中外，早期的美学常常是作为社会和文化的反思者甚至批评者而出现的。无论道家美学对当时社会的激进批判，抑或希腊美学对悲剧功能的界说，都在相当程度上体现出思考介入社会文化的特性，这一传统后来一直延续着。作为知识系统或学科的美学，则是18世纪中叶美学命名后出现的，它是现代性分化的后果，是知识生产专业化和学院化的产物。美学史的这一复杂情况，历史地决定了美学后来发展的不同路向。在启蒙运动高峰期，鲍姆加通率先提出了建立美学学科的设想。他对美学做了一系列明确的规定："美学作为自由艺术的理论、低级认识论、美的思维的艺术和与理性类似的思维的艺术是感性认识的科学。"[1] 这个规定首先确认了美学是一门科学，所以他使用了一系列术语来界说——"理论""认识论""与理性类似的思维""科学"，等等。他还提到美学的"大姐"是逻辑学，美学要生存发展就必须向逻辑学看齐。或许我们可以这样来理解，美学创始之初就暗含

---

[1] 鲍姆嘉滕（鲍姆加通）：《美学》，简明、王旭晓译，文化艺术出版社1987年版，第13页。

了不同的取向，今天流行的自足性美学并不是新鲜事，只不过在不可通约性消失的后现代语境中，这一取向才变得十分显著了。诚如哈贝马斯在讨论现代性时指出的那样，随着古老的宗教和形而上学的世界观瓦解，知识被区分为三个自主的领域——科学、道德和艺术。"科学话语、道德理论和法学，以及艺术的生产和批评渐次被体制化了。每个文化领域都和一些文化职业相对应，因此每个文化领域的问题成为本领域专家所关注的对象。"[1]

进入后现代时期，知识生产出现了更为深刻的转变。利奥塔发现，当代（后现代）科学知识有一系列值得注意的发展，他特别强调科学叙事中语言的差异性游戏，每门学科都有自己特殊的术语和概念，学科知识越来越趋向自我指涉而非现实世界。于是，在科学知识的探索中，解放的和启蒙的大叙事日渐衰落，这就意味着各门知识的可通约性的丧失。于是，"科学玩的是自己的游戏"成为现实：

> 我们陷入这种或那种特殊知识的实证主义，学者变成科学家，高产出的研究任务变成无人能全面控制的分散任务。思辨哲学，或者说人文哲学，从此只好取消自己的合法化功能，这解释了哲学为什么在它仍然企图承担合法化功能的地方陷入危机，以及为什么在它出于现实考虑而放弃合法化功能的地方降为逻辑学研究或思想史研究。[2]

---

[1] 哈贝马斯：《现代性对后现代性》，周宪译，周宪主编《文化现代性读本》，南京大学出版社2012年版，第182页。
[2] 让-弗朗索瓦·利奥塔尔：《后现代状态：关于知识的报告》，车槿山译，生活·读书·新知三联书店1997年版，第85—86页。

在今天的美学研究中，解放的和启蒙的大叙事也日趋衰落，各种分离琐屑的小叙事日趋流行。美学研究的视野从启蒙时代对真、善、美等大观念的关切，日益转向了娱乐、快感、体验、时尚、身体、手机、界面、物性考量，一些原本属于美学家思考的大问题、大叙事和大观念，慢慢地在美学中销声匿迹了。美学家已从启蒙时代规则的"立法者"，转变为现象的"阐释者"（鲍曼语）[1]，成为各式"职业知识分子"和"技术知识分子"（利奥塔语）。许多美学理论或派别，比如分析美学、解释学美学或符号学美学等，就带有这类"玩的是自己的游戏"（利奥塔语）之性质。在一个狭小的学术圈子里，热衷于各种概念和定义的语言或语境条件的分析，强调论述和分析方式、分析技术的完美等。这类研究越是精致和技术化，就越发缺少带有震撼性的思想观念，与审美实践、社会文化的大问题就距离越远。依我之见，这类高度技术性的研究还带有明显的"原子化"倾向，拘泥于细枝末节问题，缺乏理论总体性和现实关联性，已经落入精于语言分析技巧的游戏性把玩。萨义德说得好："专门化意味着愈来愈多技术上的形式主义，以及愈来愈少的历史意识……专门化也戕害了兴奋感和发现感，而这两种感受都是知识分子性格中不可或缺的。"[2]

今天，美学寓于大学和科研体制内，成为一个独立的学科知识门类。我们看到美学的"科学共同体"以各种各样的形态存在着，从名目繁多的学会、杂志、出版社，到系科专业设置、研究生培养或科研项目、学术交流和职称晋升，等等，它已发展成为高度体制化和科层

---

[1] 参见齐格蒙·鲍曼：《立法者与阐释者：论现代性、后现代性与知识分子》，洪涛译，上海人民出版社2000年版，第6章以下。
[2] 爱德华·W. 萨义德：《知识分子论》，单德兴译，生活·读书·新知三联书店2002年版，第67页。

化的知识生产领域，自足性美学随处可见。美学发展趋向于专业性和学科性，知识生产越来越专门化，理论的话语变得越发艰深难懂，讨论的问题离常识越来越远。学术规范成为美学知识生产的技术标准，追求细致分析的实证主义和程序上的完善成为美学学术价值的判断标准。这些研究技术不但使美学研究更具学理性和规范化，而且也在一定程度上限制了美学研究的思想冲击力。学院化的自足性美学成为一种颇受青睐的研究范式，成为学者们争相追求的时尚。我想说的是，专家系统又受制于学术体制，因此知识学的体制及其规范不但统治着美学的知识生产，而且一代一代地生产出它所需要的知识人及其知识习性。对美学来说，真善美原本所具有的整合统一，便呈现出彼此分离的状态。美不再是一个与真、善密不可分的范畴，而是日益成为一种形式的、风格的和趣味的概念，从它本然具有的神圣性和形上性，跌落到了具体的、经验的和形而下的地位。唯其如此，当代美学热衷于各种形式风格的技术性分析，进而完全忽略了对美的神圣性和形上性的探究。

美学的自足性路向虽然在学科上使美学得以制度化和学院化，使它在不断专业化和分科化的现代知识体系中有了立足之地，但从另一个方面来看，它也给美学带来一些阻碍和限制。如果我们对当下大学和科研体制中的美学博士学位论文稍加检视，就会发现这种自足性美学倾向甚是严重。从论文选题到立论和文献等种种技术环节几近完美，但有深刻思想性、批判性和启发性的论文并不多见。大量的美学出版物，从论文到专著，研究的问题越来越小，视野越来越狭窄，研究的技术和知识越来越专门，专业术语和表述越来越多，文献越来越丰富庞杂，但遗憾的是带有重大理论创新的成果却难寻踪迹。这不能不说是当下美学潜在危机的某种表征。

回归介入性美学传统

对当代美学不满的朗西埃坦陈:"我并不把美学视为一门涉及科学或学科的名称。以我之见,美学应被界定为某种思想方式,它是伴随着艺术这类事物而发展起来的,它关心的是把艺术事物呈现为思考之物。从更根本的意义上说,美学就是一种思考艺术的特定历史体制,它是一种思想观念,基于这一观念,艺术之物也就是思考之物。"[1]显而易见,朗西埃意在强调美学对现实的思考功能。

从美学学术史角度看,关注美学问题的大致有两类人,一类是在美学内部研究美学的学者,另一类则是来自美学之外其他领域的学者。比较起来,前一类人"不识庐山真面目,只缘身在此山中",过于专业化和学理化的美学阻碍了他们对现实的思考;后一类人则正是由于其非美学专业训练而较少受到美学知识学的束缚,往往会提出一些更为重要的美学思想和方法。举社会学家韦伯为例,学界通常认为韦伯的审美经验是比较匮乏的,远不如他同时代的另一个社会学家齐美尔。韦伯丰富的著述中只有一本关于音乐理性的小书涉及严格意义上的美学,[2]但是,韦伯却对美学有着许多重要的方法论上的思考,尤其是关于现代性导致的价值领域分化理论,关于科层化或官僚化的判断,以及对现代生活"铁笼"性质、价值理性与目的理性冲突的判断等,[3]对理解审美在现代社会中的功能极具启发性。法兰克福学派及其批判美学实际上承继了韦伯的许多思想观念。以下一段陈述是韦伯关

---

1 Jacques Rancière, *The Aesthetic Unconscious* (Cambridge: Polity, 2010), 4–5.

2 参见 Max Weber, *The Rational and Social Foundations of Music* (Carbondale: South Illinois University Press, 1969).

3 参见马克斯·韦伯:《经济与社会》(上),林荣远译,商务印书馆1997年版,第56—60页。

于审美现代性的经典说明：

> 生活的理智化和理性化的发展改变了这一情境。因为在这些状况下，艺术成为一个越来越自觉把握到的有独立价值的世界，这些价值本身就是存在的。不论怎么来解释，艺术都承担了一种世俗的救赎功能。它提供了一种从日常生活的千篇一律中解放出来的救赎，尤其是从理论的和实践的理性主义那不断增长的压力中解脱出来的救赎。[1]

如果我们回到法兰克福学派的理论脉络，韦伯的启示昭然若揭。另一个例子是苏格兰人类学家特纳对原始社会中仪式的游戏美学的讨论，也是极具方法论上的启发性，限于篇幅，这里不再赘述。[2]

从美学内部来看，大致可把美学家分为三大类型。第一类可归为"美学思想家"，他们大多是一些并不限于美学的哲学家，也有些人来自其他知识领域。对他们来说，美学与其说是一种逻辑化的知识体系，毋宁说是一种思维方式、一种观察社会的角度，前引朗西埃的说法就是一个例证。因此，他们大多从方法论角度进入美学思考，进而提出了一系列带有总体性的美学概念和命题，诸如海德格尔、本雅明、阿多诺、巴赫金、萨特、福柯等。第二类可名之为"美学理论家"，他们的研究往往介于方法论与知识学之间，既有一些方法论的思考，又有知识学的建构。这样的学者如詹明信、古德曼、伽达默

---

[1] H. H. Gerth and C. W. Mills (eds.), *From Max Weber: Essays in Sociology* (New York: Oxford University Press, 1946), 342.

[2] 参见 Victor Turner, *From Ritual to Theatre: The Human Seriousness of Play* (New York: PAJ Publications, 2001).

尔、朗西埃、阿甘本等。最后一类可称之为"美学专家",他们的研究更加专业也更加具体,但他们研究工作的特点显然是限于美学知识体系和内在逻辑的建构。毫无疑问,第一类美学家对美学思考功能的贡献最为突出。而第三类中不少人往往缺少深切关注人类社会重大问题的内在动机,把美学当作进入学术场并攫取象征资本的"通道"。

比较来说,介入性美学的思考功能带有"元方法论"(meta-methodology)特性,不同于技术性层面的方法,元方法论关注方法背后的价值与理据。[1]因此,介入性美学的第一个鲜明的特征就在于其价值规范性。在人文学科和社会科学中,规范性研究与描述性研究是两种全然不同的方法论。规范的方法涉及价值判断,而描述的方法往往聚焦于事实的客观说明。在美学中实际上也存在着两种不同的理路,描述性研究是自足性美学常见的方法,这类研究只关心所面对的审美或艺术的事实,着力于对具体现象的描述和说明,甚至采取中性的或所谓客观的立场,避免做出明确的价值判断;而规范性方法高度关注价值及其评判,旗帜鲜明地亮出价值立场,直指审美或艺术现象背后深蕴的真理性、伦理意义和审美价值。自足性美学由于其高度的学科体制化,常常会避免乃至抵制价值判断,热衷于事实分析和经验描述,甚至满足于研究细节上的精致、技术上的完美、逻辑上的周延。但介入性美学总是与价值判断和伦理关怀密切关联,这一点在很多美学思想家的著述中可以清晰地看出。前引韦伯的审美救赎理论就是对现代理性过度膨胀的一种深刻批判,海德格尔美学对当代技术座架的宰制的无情批判,阿多诺美学对资本主义社会物化和交换关系的

---

[1] "Scientific method," in *Stanford Encyclopedia of Philosophy*, https://plato.stanford.edu/entries/scientific-method.

同一性批判，都是这种介入性美学的代表。这一特征在马尔库塞和列斐伏尔的美学中体现得淋漓尽致。马尔库塞从欧陆到北美，继承德国美学的批判传统，并与马克思主义结合，将审美和艺术视为主体从资本主义压抑中解放出来的路径，尤其是他从美学传统中发展出"新感性"和"文化革命"观念，成为20世纪60年代美国反文化运动的有力思想武器。马尔库塞充满激情地呼吁：

> 新感性体现了超越攻击性和罪恶生命本能的提升，它在整个社会范围内催生了消除不公正和痛苦所必需的责任，并推动了"生活标准"的进一步演变。……这种解放的意识促进了科学和技术的如下发展，即在保护和满足生命时自由地发现并实现事物和人的诸多可能性，进而使达致此目标的形式与质料的种种潜能得以实现。所以，技术将趋向于成为艺术，而艺术则趋向于构成现实：想象力与理性、高级和低级官能、诗的和科学的思想之间的对立将会消失。一种新的现实原则将会出现：基于这一原则，新感性和去升华的科学智性会在审美精神特质的创造中融合起来。[1]

尽管这个论断发表于20世纪中叶，半个多世纪后的今天，这一陈述仍具有相当重要的启示。几乎与马尔库塞同时，列斐伏尔在欧陆，将思考的重心放在都市空间和日常生活上，从一个独特的视角切入美学。他注意到资本主义已经无孔不入地通过消费将日常生活收编了，这就使得异化现象无处不在。他一方面从马克思社会变革的伦理学方案中

---

1 Herbert Marcuse, *An Essay on Liberation* (Boston: Beacon, 1969), 23–24.

寻找资源，另一方面又进一步思考了马克思的美学方案，在实践与乌托邦之间寻找审美的游戏性、颠覆性和创造性，以此作为抵抗资本主义压迫的路径。列斐伏尔关注空间、城市、游戏、文化反叛，努力探究颠覆资本主义的策略，其独创性的美学理论遂成为欧洲左派许多新理论的来源。[1]不难发现，这些带有深刻思想穿透力的介入性美学，与学院派专业化的经院美学大相径庭。

介入性美学的第二个特征是其鲜明的反学科性，这就涉及跨界美学研究。一般来说，一门学科一旦成熟就会形成一定的学科范式。按照科学哲学家库恩的说法，"一个范式就是一个科学共同体的成员所共有的东西，而反过来，一个科学共同体由共有一个范式的人组成"[2]。因为他们经过同样的专业训练，钻研相同的文献，拥有共同话语等，所以范式又称为"学科基质"（disciplinary matrix）[3]。进入一门学科并掌握其知识，就意味着认同并掌握这些范式。但从美学思想史的角度看，具有介入性特征的美学往往都带有某种程度上的反学科性，包含了对流行的和主导的学科范式的质疑、批判和反思。比如巴特对静态的、物质性的"作品"概念的质疑，从爱因斯坦的相对论入手，采用了音乐研究中的新观念，另辟蹊径地从"文本"的动态性和多义性出发，彻底改变了传统美学范式的"作品"的陈旧理念，以"文本论"打通了一条更为开放的艺术意义阐释的新路径。

不同于恪守学科范式的自足性美学，介入性美学更像一个不守规矩的越界者，特别是许多涉入美学的来自其他学科的思想家们，他们

---

[1] 参见 Henri Lefebvre, *Critique of Everyday Life*, trans. by John Moore (London: Verso, 2014)。

[2] 托马斯·库恩：《科学革命的结构》，金吾伦、胡新和译，北京大学出版社2003年版，第158页。

[3] 同上，第164页及以下。

往往不受既有美学范式的限制,而是建构了颠覆美学既有范式的新思维和新方法。从这个意义上说,介入性美学的践履者如萨义德所言带有某种"业余性"。"所谓的业余性就是,不为利益或奖赏所动,只是为了喜爱和不可抹煞的兴趣,而这些喜爱与兴趣在于更远大的景象,越过界线和障碍达成联系,拒绝被某个专长所束缚,不顾一个行业的限制而喜好众多的观念和价值。"[1]在高度学科化和体制化的学术场域中,"业余性"并非无知,而是深谙知识系统之局限,因此总是想方设法突破学科化和专业化的束缚。奥尔巴赫蜚声学界的经典之作《摹仿论:西方文学中现实的再现》(*Mimesis: The Representation of Reality in Western Literature*),就是一个有趣的范例。这本书是他在躲避纳粹迫害流亡土耳其期间完成的,他坦言如果处在正常的德国学术体制环境中,是决然不可能写出如此有思想穿透性的著作的。正是流亡期间的颠沛流离和资料匮乏,使他暂时摆脱了学科化和体制化的局限,从一些此前不可能关注的视角来审视摹仿的文学史问题。[2]我们知道,学科化所带来的体制化和专业化,一方面给研究者提供了种种研究技术和规范,使研究更具学术性和专业性;另一方面也会不自觉地内化为研究者无意识的学术习性和取向,使之津津乐道于一些学理性有余而思想性不足的论题,满足于文献的翔实和论证的严密,却忘记了美学研究要解决的来自现实的挑战性问题。美学学科较之于那些常常扮演思想旗手的学科,比如文学理论或社会理论,往往显得更加老派、古板和保守。也许正是由于这个缘故,那些来自其他学科的跨界学者往往会给美学带来一些新观念和新理论,进而推助介入性美

---

[1] 爱德华·W. 萨义德:《知识分子论》,单德兴译,第67页。
[2] 参见萨义德为奥尔巴赫《摹仿论》50周年纪念版撰写的导论,埃里希·奥尔巴赫:《摹仿论:西方文学中现实的再现》,吴麟绶、周新建、高艳婷译,商务印书馆2014年版。

学的发展。

　　如果说越界思考提供了新的元方法论，那么，这些思考必然会指向大叙事，这显然是介入性美学的第三个特征。正像萨义德所指出的，不被专业所束缚，越过界限而达成联系，这就是说此类思考带有某种总体性特征。说到总体性，这是一个被长久质疑的概念。在利奥塔对后现代知识的分析中，破除总体性是一个基本取向，以小叙事取代大叙事是后现代的思维的特征。然而我们看到，后现代拘泥于小叙事而抛弃总体性，带来了很多严重问题，使得美学研究专注于审美现象的细枝末节，失去了对人类社会重大问题的敏感和关切。所以重提当代社会和文化的总体性，应是美学研究的必然选择。需要说明的是，重提总体性概念是在经过了后现代洗礼的语境中发生的，后现代主义对总体性批判的一些有价值的地方需要吸纳，比如对总体性与暴力、同一性思维的关系的揭示等。今天提倡总体性已全然不同于启蒙时代，"和而不同"的中国智慧完全可以融入对总体性的新的理解，差异性和多元性应该成为总体性建构的坚实基础。遗憾的是，在自足性美学体制化已经相当完备的境况下，美学研究的议题越变越小，关注的焦点越来越具体，美学研究的"原子化"倾向愈加明显。在后现代叙事以"小叙事"为普遍取向的潮流中，一些美学本该关心的大问题和大观念便日渐被忽略。美学研究放弃了对重大问题的探究，诸如正义、人道、伦理、启蒙、革命、理性、公民性等，转而热衷于身体、欲望、消费、快感，甚至琐屑物品的流行分析，从餐馆菜单到海滩比基尼，不一而足。换言之，在今天的美学研究中，小叙事相当程度上取代了大叙事。着迷于小叙事或许是风险最小的学术研究策略，它既符合专业的研究范式及其规范，又顺应这个社会日益发展的消费主义趋向。这是需要美学研究者们警醒的一个问题。

介入性美学与当代文化批判

如前所述，介入性美学的特质就在于它独特的批判性视角，为人们理解和把握社会文化现实提供有启发性的思路。正是在这个意义上，朗西埃虔信美学与其说是一门学科，不如更准确地将之理解为一种思维方式。这里我想特别指出的是，在一个物质文化和消费意识形态占据压倒性优势的社会中，在一个娱乐至死和日益从众的文化中，这种批判性和反思性的方法论方显出无可取代的重要性。自20世纪70年代末以降，中国面临着前所未有的大变局，传统、现代性和晚期现代性的诸多问题扎堆地呈现在当代中国。如果美学不能回应这些挑战性难题，局限于自洽循环的知识学抽象问题的论证和分析，美学存在的合法性将是令人质疑的。

在今天中国审美文化现实所面临的诸多问题中，一个最突出的问题就是当代文化"相对贫困化"。它一方面体现在权力、资本、技术和体制合谋所导致的"符号过剩"，另一方面又呈现为注意力的耗尽与智性文化的衰微，进而使文化日趋快感化和娱乐化。在这个转变过程中，技术逻辑与商业逻辑的强力结盟，相当程度上取消了审美逻辑，尤其是审美逻辑所包含的批判和升华功能，娱乐成为压倒一切的价值取向，震惊的刺激取代了静观的沉思。从电子游戏到网络视频，从奇观电影到电视综艺节目，从宫斗戏电视剧到明星真人秀，从"萌"的青年亚文化到抖音视频直播，当代文化中弥漫着一种以娱乐至死为取向的"去智化"倾向。"去智化"的典型征候是文化产品智识水平的低弱，如成人节目的儿童化，过度娱乐化，煽情化和戏剧化，等等。文化"去智化"的背后还隐含着某种反智主义的倾向，特别是借民粹之名来行反智主义之实，使文化在服务于民众喜闻乐见而合法化时，将文化智识的反思性和精神性给边缘化了。"去智化"文化最有效的策略就是借势新技术、新媒介，而新技术和新媒介又通过这种文化得以迅速征服大众和市场，由此建构了全新的游戏规则和文化从众倾向。我们似乎可以观察到一个隐蔽的现象，那就是每一次新技术和新媒介的出现，非但没有提升文化的精神力量和丰富内涵，反而使得"去智化"现象更加恶化。新技术和新媒体以更加复杂多样的类型化手段，让受众在轻松快感中被收编而浑然不知。新技术缔造类型化文化消费的能力超越了历史上任何时期，而多样的类型化相当程度上掩盖了类型化的同一性本质，新类型的不断涌现在创造时尚的同时也强化了模式化消费的特性，尤其是类型化的方式和易于消化的特性，常常被新玩法和新时尚所遮蔽。于是，"去智化"与新奇化融为一体，很难被发现。更有甚者，当这种"去智化"文化与道德说教暗中结合时，会造成更加复杂的局面，尤其是将"去智化"的本然面貌覆上一层心灵鸡汤式的道德面纱。回到介入性美学，这里要提出的严峻问题是，有没有反技术的策略可以抵制这种一波波看似新玩法的"去智化"潮流？如何使受众从被"去智化"洗脑而全然不知中觉醒并找到解药？当青年人浸润并热衷于这种"去智化"文化时，一种看不见的特定文化适应或文化习性便在不知不觉中养成，这就限制了受众的视野和选择，使之津津乐道于"去智化"文化，"不知有汉，无论魏晋"。

当代文化的另一个难题是注意力的匮乏。技术的迭代发展不断推出新的技术装置，而这些新技术装置在成为人们日常消费品的同时，也在有力地重构一个趋势愈加明显的"装置范式"社会（伯格曼语）。各种新技术装置的出现一方面加速了符号的再生产和大流通，另一方面又催生出不断上升的消费欲望，将欲望融入再生产和大流通的最有效的方式，便是强有力地劫持绑架消费者的注意力。技术、资本、权力和市场的融合造就了前所未有的"注意力经济"。其特征一如"注意力经济"概念的发明者、诺贝尔经济学奖得主西蒙所指出的：

> 在一个信息丰饶的世界里，信息的富裕就意味着其他什么东西的匮乏，亦即信息所消耗之物的短缺。信息消耗了什么是显而易见的：它消耗的就是其接受者的注意力。因而，信息的富裕会导致注意力的匮乏，形成了某种在信息资源过剩中有效分配注意力的需要。[1]

西蒙的这一判断包含了一个深刻的悖论：现实世界的信息富裕与主体的注意力短缺，这一看似矛盾的悖论是耐人寻味的。当过载的信息耗尽了人们的注意力时，设想一个健康的文化生态是不可能的，文化的"相对贫困化"便在所难免。值得深究的是，信息的富裕是通过技术装置来呈现的，各种各样的技术装置已成为人们赖以生存的生活范式。伯格曼发现，新装置的不断发明演变为缔造人们生活方式的新范式。[2] 今天，人们已经从去图书馆、博物馆、电影院、音乐厅和剧院等传统方式，日益转向了数字化、虚拟化和网络化的信息交往。从智能手机到数字博物馆，从各种虚拟游戏到抖音视频，注意力消弭在各式各样装置所提供的海量信息中。正像晚近常见的追问"时间哪去

---

1 Herbert A. Simon, "Designing Organizations for an Information-Rich World," in *Computers, Communication, and the Public Interest*, ed. by Martin Greenberger (Baltimore: Hopkins University Press, 1971), 40–41.

2 参见 Albert Borgmann, *Technology and the Character of Contemporary Life* (Chicago: University of Chicago Press, 1987)。

了"一样，我们有必要郑重地追问：注意力哪去了？今天流行的各种技术装置，除了能承载海量信息外，还有更重要的功能，那就是对受众的视觉、听觉的强烈吸引力。根据一些学者的研究，当代文化正在形成一种前所未有的"超级注意力"（hyper attention）模式。它有四个最为突出的特征："超级注意力的特点是焦点在多个任务间不停跳转，偏好多重信息流动，追求强刺激水平，对单调沉闷的忍耐性极低。"[1]而与之相对的是一种印刷文明所造就的深度注意力模式，其特征与超级注意力正相反。"深度注意力是传统的人文研究认知模式，特点是注意力长时间集中于单一目标之上（例如，狄更斯的某部小说），其间忽视外界刺激，偏好单一信息流动，在维持聚焦时间上表现出高度忍耐力。"[2]在我看来，超级注意力模式的广泛流行正是注意力匮乏的原因所在。因为超级注意力不停地转换焦点，追逐多重信息流动和刺激性的东西，不能容忍单调乏味，这些特性既是接受主体的行为特征，更是当代文化产品营销传播的有效策略。当下文化以吸引并消耗受众注意力为目标，注意力的匮乏就体现为超级注意力模式在发挥作用，因而导致了文化的审美危机。

首先，分心是新常态，不断转移注意力，被丰饶信息所吸引，各式各样的逐新和寻求刺激性，既是文化生产和传播的目标，亦是受众的行为方式。其次，追求刺激性和多元化信息已成为受众的普遍心理倾向，人们不再能忍受单纯沉闷的纸面阅读，视听快感超越了文字成为更具吸引力的媒介，这就使得审美活动中十分重要的静观特性难寻踪迹。结果是本雅明所描述的"震惊"效果，取代了传统的审美静

---

[1] N. Katherine Hayles, "Hyper and Deep Attention: The Generational Divide in Cognitive Modes," http://da.english.ufl.edu/hayles/hayles_hyper-deep.pdf.
[2] Ibid.

观。在网络化、数字化和装置化的当代视听文化中，沉思冥想型的静观已日渐式微，取而代之的是种种"快速浏览"的注意力方式。如今，在信息资源过剩中如何有效分配注意力成为一个难题，如何长时间地凝神去做一件事，或是欣赏一件艺术品，或是做手工艺，这也变得不那么容易了，尤其是在伴随着数字文化成长的作为"数字原住民"的青少年身上。所以，美学的当代批判在这一问题上应有所作为，不但在理论上而且在实践上努力寻找新路径，改变当下的文化生态，在呵护人们注意力的同时，涵育审美静观的习性和能力。在这方面，已有不少美学家提出了相关的解决方案，如伯格曼的"凝神实践"、斯蒂格勒的"审美武器"、海尔斯的"深度注意力模式"，等等。今天，在中国现实的社会文化中，美学家应更加积极地投入到这场拯救受众注意力的实践中去，从美学资源中寻找新的策略和方法，提出有效的解决方案乃是当务之急。

当代文化所面临的第三个难题是，美学所吁求的审美主体解放愈加艰难，流行的快感文化将受众塑造为欣快上瘾的消费者。从手工艺文化到机械复制文化，再到今天的数字化文化，一条逐渐扩大的技术鸿沟横亘在文化生产者与其消费者之间。倘若说过去消费者或接受者还能较多地参与艺术生产，那么，今天的技术壁垒将会更多地限制普通受众的参与性，使之越来越趋向于被动的生产和接受。较之于阿多诺20世纪40年代对文化工业的批判，今天在文化产业不但合法化而且成为支柱性产业的境况下，各种新的文化"游戏规则"已经取代了传统的美学原则。从追星到追剧的粉丝群体对接受心态的重塑，到社交媒体中"螺旋上升的沉默"在审美文化领域里的扩散，再到痴迷于各种快感化的装置范式，文化的从众现象比阿多诺时代似有过之而无不及，同时文化规训也变得更为隐蔽。在一个高度体验型的快感文化中，娱乐至死的感性宣泄严重抑制了接受者的自我反思性和独一性坚守，各种审美距离的消解严重限制了公民性和批判理性的建构。这种现象和西蒙所指出的注意力经济原理相似：一方面是文化表象丰富多彩，形态各异；另一方面则是这些表象对受众精神个性和反思批判意识的消耗。今天文化产业的技术手段和营销手段，以及丰富多彩的类型化的议题设置，使得受众在一种伪自主选择行为中被无意识地加以驯顺。恰如斯蒂格勒在分析当代社会的特征时指出的那样：

> 工业时代的感性随着营销的展开已经在一场名副其实的战争中变为赌注，在这场战争中，武器就是各种各样的技术，而受害的是个体的和集体（文化）的独一性。这就导致了广泛的符号之痛的发展。在今天的控制性社会（也可称之为调节性的社会），审美武器扮演了重要的角色……它已转变为控制感觉技术的问题（比如视听的或数字的技术），以这种方式控制身体和心灵的意识和无意识节律，通过控制意识和生命的这些节律运动来加以调节。正是在这样的境况中，生命的时间价值观念近来已被市场营销修改为经济上可以计算的个体生命时间价值（相当于其内在价值的去独一性和去个性化）。[1]

在斯蒂格勒的这一描述中，有两个概念值得关注：一是审美的感性活动已从主体解放的路径，转变为控制主体的"武器"；二是作为主体解放的个性化和独一性，在当下的文化情境中趋向于消解。而导

---

1 Bernard Stiegler, *Symbolic Misery: Volume 1, Hyper-industrial Epoch* (Cambridge: Polity, 2014), 2.

致这两种后果的真正原因有两个：一个是视听或数字化技术手段的进步，越来越多的装置被发明出来以吸引人们的注意力；另一个则是资本所支配的愈加扩大的市场化营销。当两者完美结合时，美学传统意义上的主体感性解放，也就转换为斯蒂格勒所概括的对主体身体和心灵的意识和无意识运行节奏的规训和控制，最终使得主体的独一性趋于消解，美学思想家们所提倡的通过审美以达致主体解放的目标变得更加渺茫。尤其是技术的隐蔽控制很难察觉，各种友好型和人性化的设计似乎给受众更多的主动性和自由，实际上却掩盖了装置使用时所暗含的对主体心灵和身体的控制。装置设计越是友好型和越是人性化，这种控制功能就隐蔽得越深。这一境况向我们提出了一个尖锐的问题：当代美学如何汲取中外古典美学的思想资源，进而发展出新的理论、观念和策略，来应对这样的严峻现实？而中国当代美学对这些问题的研究尚嫌薄弱，不少问题尚未引起高度关注，有效的解决方案尚待探究。

最后一个问题是美学"大观念"的衰微。所谓"大观念"就是人类文化中最重要的理念与原则，在哲学层面可以称之为终极关切，在思想史层面可以称之为"大观念"（the great ideas）[1]，在后现代主义者那里，大观念又被贬低为"大叙事"。必须看到，今天的中国正在经历前所未有的大变局，政治、经济、社会和文化各个层面的转变是深刻而广泛的。一方面，现代化在不断地对许多以往的"神话"和"教义"祛魅，使得文化日益世俗化，以往的理想主义文化在转向世俗的消费文化；另一方面，反精英主义、民粹主义、多元文化和大众文化的流行，使得审美曾经具有的乌托邦观念和精神升华功能日趋衰微，

---

[1] 参见 Mortimer J. Adler, *Six Great Ideas* (New York: Collier, 1981)。

人们的关注点从形而上的理想观念层面跌落到形而下的日常起居的物质性层面。在我看来，大观念说到底是某种对人类社会及其与自然界关系的伦理关切，所以亦可称之为终极关切，正是这些关切涉及人类社会和文化发展的远大目标和未来可能性。从中国古典美学的传统来看，无论儒家美学的"中和"观或尽善尽美的思想，或是道家美学强调的精神逍遥游的传统，都是这种终极关切的体现。西方美学亦复如此，在柏拉图的理想国和亚里士多德的悲剧诗学中，城邦、共同体以及伦理学始终是暗含的题中之义。到了浪漫主义艺术和德国古典美学，则更是以对资本主义社会弊端的批判和审美乌托邦为指向，这一批判传统一直在当代美学和文化实践中延续。"审美带有令人解放的性质"（黑格尔、克罗齐）、"艺术品一般的生存"（尼采）、"诗意地栖居"（海德格尔）、"审美的生存技术"（福柯）、"新感性"（马尔库塞）等诸多美学命题，始终深蕴在这些美学终极关切之中。令人遗憾的是，当代文化一方面受后现代主义小叙事和差异性思潮的影响，另一方面受技术控制范式和消费文化的强势渗透，种种"大观念"或终极关切似乎变得不合时宜。古典美学的真善美统一如今被现代性乃至后现代性所分裂，进而使美的理念变得愈加脆弱、表层化和快感化，失去了它原本具有的神圣性及其伦理和真理价值。在当代消费社会，美越来越沦为世俗的表层外观，从时尚到颜值，从身体到装饰，诸如"维多利亚的秘密"一类视觉快感，使得美的形而上和精神性为日常起居的平庸琐屑所取代。美在历史上曾有过的那些敬畏感和神圣性如今荡然无存，美的升华功能让位于视听的快感体验。美的含义的狭窄化和平庸化为文化的"去智化"或反智主义提供了土壤。更值得注意的是，在反对精英主义的大势下，民粹主义正在把许多低俗化文化现象合理化或合法化。在这样的境况下，审美本身所包含的诸多大观念或大叙事被边缘化，一些关乎社会文化的重大问题和终极关切便被淡忘了。

面对这一困局，美学如何介入并重构当代审美文化的大观念，显然是一个紧迫的课题。诚然，解决这一难题的策略并不能采取向后看的思路，简单地回到古典时代的美学传统或文化，而是必须走面向未来的向前看之路。在当下文化语境中，重构介入性美学乃是中国当代美学发展的必由之路。

结　语

韦伯20世纪初对现代社会科层化和理性化的判断非常深刻，这个判断时至今日依然有效，尤其是自足性美学大行其道，而介入性美学相对弱势，这种情况需引起我们的警惕和反思。重归美学之初心，保持美学的元方法论特质，在更广视域和更高层次上思考全球和本土的审美问题，显然是中国美学发展的难题。晚近生态美学的兴起、伦理美学的重构，以及技术批判美学的发展，都是值得关注的美学嬗变动向。

在今天的中国，美学决不能成为附庸风雅之学，亦要避免成为娱乐至死、快感消费的帮凶，美学必须以其有力的反思批判性参与和介入当代社会和文化。在本土批判理性传统相对薄弱的境况下，美学如何重构自身？如何维系其应有的理性解释力和批判力？最后，在中国走向世界的全球化进程中，中国美学为世界提供什么理念和价值？这些都是中国美学当代发展中必须面对的挑战性难题。

第二章　美学的危机或复兴

今天，有很多事物都处在危机中。然而，所谓的危机也许并不是通常意义上的，而意味着某种深刻的转变。这么来看，当下的美学也处在这样的危机之中。

显然，对当下状况的危机感，往往来自对往昔的美好记忆。熟悉20世纪中国美学发展的人，大都会对美学的现状感到窘困和遗憾。日常生活审美化像一把双刃剑，一方面把美学带入日常生活，另一方面又将美学贬为日常生活的琐碎细节和技术的阐释。比起80年代后期带有理想主义色彩的美学讨论，今天的美学多少有点让人气馁。从国际美学界来看，经过20世纪60年代以来的诸多转向，从解构主义到后现代主义到文化研究，美学也经历了巨大的变迁，关于当代美学衰落、泛化或边缘化的言谈和判断不绝于耳，所以才出现了"重新发现""更新"或"复兴"美学的种种主张。

本章的主旨不在于考察当代美学是否陷入危机，而是侧重审视美学的历史语境，通过回到康德来反观20世纪美学的转变，着重考察审美理想主义和政治实用主义之间的紧张，探究解决这一张力的发展理路和美学的未来走向。

回到康德

从美学史的角度看,18世纪中叶鲍姆加通为美学命名具有极其重要的意义。但是,真正把美学纳入哲学体系,并把美学思考提升到更高层面的显然是康德。在这个意义上说,康德是美学现代性的奠基人。有史家称,如果选择哲学美学史上最有影响的著述的话,康德的《判断力批判》一定是大多数哲学家的首选。[1]

康德的哲学是一个庞大的体系,其中最主要的是"三大批判"。用新康德主义哲学家文德尔班的话来说,从康德那里产生了系统地研究理性功能的任务,旨在确定理性原则并检验这些原则的有效性。"正如在心理活动中表现形式区分为思想、意志和情感,同样理性批判必然要遵循既定的分法,分别检验认识原则、伦理原则和情感原则……据此,康德学说分为理论、实践和审美三部分,他的主要著作为纯粹理性、实践理性和判断力三个批判。"[2] 在《判断力批判》中,康德特别从主体的三种内心机能上区分了认知、快感(或不快感)与欲望三种形态,并把判断力视为连接理性和知性的中间环节。[3] 他进一步从内心机能、认知能力、先验原则和作用对象系统来区分三者。认知是运用知性,其先验原则是合规律性,作用对象是自然;快感与不快感运用的是判断力,其先验原则是合目的性,作用对象则是艺术;欲求能力运用的是理性,其先验原则是终极目标,作用的对象乃是自由。[4] 从主体机能到先验原则再到活动对象,康德第一次系统地在哲

---

[1] Kai Hammermeister, *The German Aesthetic Tradition* (Cambridge: Cambridge University Press, 2002), 21.
[2] 文德尔班:《哲学史教程》(下卷),罗达仁译,商务印书馆1993年版,第732—733页。
[3] Immanuel Kant, *Critique of the Power of Judgment* (Cambridge: Cambridge University Press, 2000), 11.
[4] Ibid., 83.

学上区分了认识论、伦理学和美学三大领域。从现代性的角度看,康德哲学的三足鼎立鲜明地体现了启蒙现代性的一个重要趋向,那就是理性精神作用下的知识(从学科到价值领域)分化。后来,韦伯用更加明晰的社会学语言描述了这一发展:宗教衰落之后世俗科学兴起,理性精神的发展导致诸多价值领域的区分。[1]分化导致差异,差异形成了知识领域的自主性和相关性,美学从古典的未加区分的形态转向了独立,它与认知、道德的复杂关系不可避免地产生了某种紧张,这一紧张不仅表现在美学与它以外的社会文化系统和其他知识系统之间的紧张,更为直接地反映在美学内部的某种张力。

回到康德美学关于美的趣味判断分析。一方面,康德这一奠基性的美学构架孕育了现代美学诸多基本观念、命题和范畴;另一方面,这一分析本身也包含复杂的内在矛盾。美的趣味判断的第一个契机涉及美的无功利性,即"趣味乃是不涉及任何功利并仅以快和不快来判断一个对象或某种表象的能力。这种引起快感的东西就叫作美"[2]。第二个契机涉及美的普遍性,亦即"无概念而普遍令人愉悦的东西就是美"[3]。值得注意的是,康德在此提出"自由游戏"的概念——想象力和知性的"自由游戏"。第三个契机涉及合目的性,用康德的话来说,"美在无目的表象中被感知,因而美是一个对象的合目的性形式"[4]。由于"自由游戏"不涉及概念,合目的性即是无目的,这就确立了判断力的先验原则,即无目的的合目的性。最后一个契机说的是

---

[1] 参见 H. H. Gerth and C. Wright Mills (eds.), *From Max Weber: Essays in Sociology*, 331–357。在宗教社会学的讨论中,韦伯特别区分了经济、政治、审美、爱欲和科学五个领域的价值区分过程,并把这种分化视为现代性的重要标志。

[2] Immanuel Kant, *Critique of the Power of Judgment*, 96.

[3] Ibid., 104.

[4] Ibid., 120.

必然性:"作为必然的快感对象而无概念地加以认知的东西就是美。"[1]它是人所共有的共通感,这就关联起了自由游戏和先验目的性原则第二和第三契机。[2]

在康德通过美的趣味判断的四个契机所分析的美学原则中,审美无功利性最为重要,是对现代美学和艺术产生深刻影响的一个现代性理念。不少康德美学研究者注意到,康德美学意在强调美与道德的分立与区分。[3]美的东西或表象产生愉悦,这种愉悦涉及的是某种无功利性的趣味判断力。如果说美学的现代性特征之一就是确立艺术和审美自主性、为自身奠定可靠基础的话,那么,审美无功利性遂演变成现代美学乃至艺术的一个基点,成为后来美学思考所恪守的最重要的信条之一。值得注意的是,20世纪大凡谈论艺术危机和美学衰落,或主张美学复兴或复仇的诸多理论,大都以此为其理论合法化的根据。例如形形色色的形式主义的美学理论,大都建立在这一现代美学的基本原理之上。

然而,在康德的理论中,无功利性并不能成为审美判断之快感的唯一条件,还必须和另外三个条件相关联:普遍性、无目的的合目的性和必然性。普遍性强调的是美的普遍可传达性,当它和必然性相关联时,从客体方面说,美本身具有普遍性;从主体方面看,则是审美共通感,两者互为依存,构成了美的普遍可传达性和可体验性。美的普遍可传达性和可体验性深刻地反映出康德的启蒙现代性理念:理性的普遍主义。美均有某种普遍有效性,因此趣味判断也必然具有普

---

[1] Immanuel Kant, *Critique of the Power of Judgment*, 124.

[2] 参见Christian Helmut Wenzel, *An Introduction to Kant's Aesthetics: Core Concepts and Problems* (Oxford: Blackwell, 2005), 19–86。

[3] Ibid., 114–121.

遍有效性。需要进一步指出的是，美和审美判断的普遍有效性乃是康德美学这枚硬币的两面。如果说审美无功利性为美学和艺术的自主性确立了合法化根据，那么，合目的性则为审美活动的主体性和感性自由规定了条件。因为合目的性就是主观的合目的性，与任何外在的实用目的迥异。康德在此基础上提出了自由美和美的理想问题。所谓美的理想，在康德看来，就是一切美的对象及其审美判断引为根据的标准，这也是美具有普遍性和必然性的根据所在。

有趣的是，在康德的美学体系中，存在着一系列内在矛盾和紧张。比如他关于自由美与依存美的区分、自然美和艺术美的不同、美和崇高的差异，特别是美的无功利性与美是道德象征之间的差异。总体上说，康德基于启蒙理性，为美学奠定了诸多价值规范和基本理念。趣味判断与道德和认知判断的重要区别，不仅在于它不可替代，更重要的是判断力成为连接理性和知性的中介。于是，主体性、美的普遍性和感性均成为现代性的有力确证。从美学史的角度说，康德为后来的美学发展演变留下了巨大空间，也留有诸多冲突和对立的可能性。康德之后的美学，无论标举什么旗号，无论多么重视或忽视康德，最终都难免要到康德那里寻找根据和灵感。更有趣的是，无论美学研究中的左派或右派、保守派或激进派、现代主义者或后现代主义者，都能在他们身上看到康德的影子。断言美学危机的人，声称美学复兴的人，抑或提倡反美学、后美学、激进美学或非美学的人，也都逃不脱康德美学的"弥勒佛掌心"。

康德之后的美学张力

康德之后，特别是19世纪以来，随着现代性进程的加速，社会和文化出现了许多深刻的变革。马克思曾经形象地说,现代性已经使"一切坚实的东西都烟消云散了"。波德莱尔把现代性形象地描述为"过渡、短暂、偶然"。当然,现代美学不可避免地经历了严峻的挑战和转型。

20世纪,美学的内在张力演变为一个来回运动的钟摆。对于这个钟摆,有人以形式主义和马克思主义两极来描述,有人通过现代性和后现代加以说明,有人以美学和反美学(或超美学)来规定,还有人用经典美学和激进美学来区分。在我看来,各种各样的界说和规定实际上揭示了现代美学自身的一种内在冲突,它构成了美学20世纪发展演变的基本轨迹。[1]我们不妨将这一张力概括为审美理想主义与政治实用主义之间的对立。可以说,20世纪发生的许多美学危机论、美学复兴论或美学转型论等,都可以借助这一张力结构来加以解释。

20世纪初,俄国形式主义发生了语言学转向,通过对传记和历史研究方法的反思,提出回归文学性的主张。这种理论的内涵其实是语言学加诗学,核心观念是强调文学语言的美学层面,进而排斥各种社会、历史和心理的非文学性研究。如果说俄国形式主义较多地局限于文学的话,那么,到了30年代,布拉格学派则更多地偏向于美学,以穆卡洛夫斯基为代表,将美学的形式和美学价值摆到非常重要的位置上。该学派重新将美学引入文学研究,并与结构-功能概念相结合,创造了一个颇有影响的美学理论,对于后来的诸多美学思想(从法国结构主义到德国接受美学等)产生了深刻影响。除了斯拉夫美学的这

---

[1] 在文学理论中,韦勒克20世纪40年代就指出了"内部研究"和"外部研究"的差异。前者是强调以作品自身的美学形式和价值研究为核心,后者则是强调作品与其社会历史的关联(参见韦勒克、沃伦:《文学理论》,刘象愚、邢培明、陈圣生、李哲明译,生活·读书·新知三联书店1984年版,第65—66、145—147页)。

种形式主义,在艺术史和造型艺术理论中,从李格尔的"形式意志"理论到潘诺夫斯基的造型形式史研究,从欧陆瓦尔堡学派的再现风格研究到英国贝尔的"有意味的形式"的理论,再到北美的格林伯格现代主义美学理论,大多沿着康德的理路进一步探求艺术自主性和美学独特性的现代意义。

这一美学思潮的兴起和当时的盛期现代主义(high modernism)运动密切相关。自唯美主义以来,现代主义阵营内部一直涌动着一股强大的审美至上的乌托邦思潮。艺术与道德分离,对创新和实验的推崇以及对个性自我的张扬,构成了现代主义运动的主要特征。[1] 这三个特征都指向审美感性愉悦,尽管古典的优美风格已被各种新奇怪诞风格所取代。

以格林伯格为例,他对现代主义艺术的美学阐释完全是康德美学的重新演绎。在他看来,现代主义绘画是从文艺复兴以降对深度和幻觉着迷的三维再现,向越来越倾向于平面化和形式化造型风格的转变。回到平面化并不是取消绘画,而是回到绘画最根本、最安全的本体论根基上去。现代主义绘画的这一发展在理论上正源于康德的启蒙哲学和美学。绘画之所以要摆脱深度幻觉的透视方法,是为了凸显绘画的媒介及其形式,也就是"画自身"。因此绘画才有别于雕塑、建筑等其他造型艺术,绘画的二维平面性必然彰显出色彩、线条、形状和结构等绘画特有的形式要素。传统的写实再现风格阻碍了这些要素的呈现。因此,现代主义绘画的主导风格乃是一种对绘画纯粹性的追求。格林伯格写道:

---

[1] 参见丹尼尔·贝尔:《资本主义文化矛盾》,赵一凡、蒲隆、任晓晋译,生活·读书·新知三联书店1989年版。

（现代主义绘画的）自身批判就变成这样一种工作，即保留自身所具有的特殊效果，而抛弃来自其他艺术的媒介效果。如此一来，每门艺术都变成了"纯粹的"，并在这种"纯粹性"中寻找自身质的标准和独立性标准的保证。"纯粹性"意味着自身限定，因而艺术中的自身批判剧烈地演变为一种自身界定。[1]

我以为，格林伯格的现代主义绘画阐释，突出地标明了康德美学的重要意义。具体体现在两个层面。首先，康德的批判哲学对现代主义艺术产生了重要影响，尤其是现代艺术不断地彼此区分，各自寻找自己独特的本体论根据；其次，这种不断区分凸显独特性的过程，又转化为在艺术内部探索纯粹性的努力。这种纯粹性可以看作是现代艺术的重要指向，是康德美学中对艺术和审美自主性和自由美或美的理想观念在艺术实践中的具体化。格林伯格从现代主义艺术实践中所寻找的康德美学影响，从一个侧面揭示了两者的内在关联。美学的复兴其实与现代主义艺术相伴相生，从后期印象主义和表现主义，到立体主义再到抽象主义、抽象表现主义，现代绘画在相当程度上把康德美学的抽象概念具体化了。

格林伯格对现代主义绘画的系统解释出现在20世纪60年代初，产生了不可小觑的影响。但到了60年代后期，情况发生了很大变化。伊格尔顿曾准确地描述了这一变化，他认为一种更关心社会和政治的理论出现了，取代了传统美学研究的人文学科特点，具有跨学科和社会批判性。"理论的出现是在暗示……人文学科往往宣称某种虚假的无

---

[1] 格林伯格：《现代主义绘画》，周宪译，周宪编《激进的美学锋芒》，中国人民大学出版社2003年版，第205页。

功利性，宣传'普遍'价值，这些从社会角度说是非常特定的，但却被用来压制这些价值的社会基础，并毫无根据地夸大'文化'的重要性，培养出一种忠诚的文化精英主义。"[1]随着新一代来自劳动阶层的美学家进入学术体制，随着民权主义、女性主义、环境运动、民族运动、文化研究等社会运动和思潮的涌现，美学不再是一种学院化的纯粹思辨活动，而是烙上了愈加显著的"文化政治"印记。

这一变化也可以通过现代性与后现代性的对立来考量。从文化分期的角度看，美学在这一时期的转变恰与现代与后现代的转变相对应。如同一些学者所指出的那样，20世纪60年代后期以来，起初是后现代的十年，接着是解构主义的十年，再后是文化研究的十年，[2]这三十年从河东到河西，彻底改变了康德以来的美学研究地形图。反美学、超美学、后美学、女性主义美学、后殖民美学、生态美学等各种名头的激进美学纷至沓来。

美学的"文化政治"

在这样一种新的理论语境中，自鲍姆加通和康德以来的许多现代性美学观念，尤其是那些被认为是天经地义的美学"第一原理"或"普遍价值"，遭到了强有力的质疑和批判。美学不再是躲在学院书斋里的艺术纯粹性研究，而越来越具有广泛的社会参与性和批判性。美学越来越成为各种社会思潮和运动的一部分。

---

[1] Terry Eagleton, *Literary Theory: An Introduction* (Minneapolis: University of Minnesota Press, 1996), 207.

[2] Rita Felski, "The Role of Aesthetics in Cultural Studies," in *The Aesthetics of Cultural Studies,* ed. by Michael Berube (Oxford: Blackwell, 2005), 22.

有人注意到，解构主义摒除了艺术的封闭结构和语义统一性原理，把审美特性看作是掩盖差异性的幻觉而加以抛弃。如此一来，艺术作品不再是提供愉悦的对象，而成了表明和伸张各种地方性政治主张和立场的例证。[1] 当那些作为基本原理的人文主义普遍美学价值遭到质疑时，美学的"祛魅"和"解构"分析雨后春笋般出现，种种地方性、局部性和差异性的带有文化政治色彩的美学理论潮水般涌来。美学实现了一个历史性的转型，即从关于美、审美经验和艺术普遍价值的分析，转向了阶级、身份、族裔、性别、记忆等范畴的讨论。不但无功利性的、普遍的美变得令人怀疑了，甚至启蒙理性所确立的自我反思的抽象主体也摇摇欲坠。美学与其说是研究某种普遍存在的美和艺术，不如说是在讨论各种各样文化政治问题。假如说康德关于审美通过感性达到协调纯粹理性和实践理性的分裂是启蒙理性的宏大叙事，那么，在诸多强调差异和地方性小叙事的质疑声中，审美的感性和身体不再是一个中性的、无关身份和群体利益的自足体，而是深蕴着不同群体和集团利益及表征权利的差异性。身份认同的冲突无处不在，群体的利益在美学中并非和谐相处，而是处于不断的抵牾冲突之中。如此一来，不再有什么无功利性的普遍的美，如果有的话，那不过是以此来压制或排挤其他地方性美学的遮羞布而已，普遍性和无功利性的美学主张最终都不过是以美的名义来实现统治阶级的文化霸权。于是，审美的意识形态批判方兴未艾，揭露"垂死的欧洲中产阶级白人男性"的美学霸权成为新潮。伊格尔顿说得好：

---

1 Michael Clark (ed.), *Revenge of the Aesthetic* (Berkeley: University of California Press, 1995), 2–3.

> 意识形态通常被感受为自然化的、普遍化的过程。通过设置一套复杂话语手段，意识形态把事实上是党派的、有争议的和特定历史阶段的价值，呈现为任何时代和地点都确乎如此的东西，因而这些价值也就是自然的、不可避免的和不可改变的。[1]

如果说这种高度政治化的美学从根本上摧毁了美的无功利性的种种假设的话，那么，来自另一方面的力量则撼动着启蒙美学的基本原则，那就是消费主义和文化产业的兴起，审美的诸多原则沦为类似于感官诱惑的情色游戏，美被物化为商业利润和收视率的生财之道。格林伯格早就注意到先锋派艺术和庸俗趣味的暗中联系。他在1939年发表的重要论文《先锋派与庸俗》中指出，现代主义一方面追求艺术的自主性和表现性，另一方面又难免落入商业性流行艺术的庸俗趣味和把戏。换言之，即便是最纯粹的艺术也难以在一个高度商业化的社会和文化中突破铜臭的包围。20世纪60年代以来消费主义文化和社会的出现，把这一暗中的联系变成公开的把戏。从时尚流转到层出不穷的选美活动，从好莱坞大片到流行音乐，越来越多的商业化活动侵入美学的领地，最前卫的艺术有时和最流行的时尚是一回事。日常生活的审美化把一种资产阶级的趣味蔓延到整个社会，成为越来越多人的美学理想和生活追求。一本名为《风格之本质：审美价值的兴起如何重塑商业、文化和意识》的畅销书道出了这一转变的奥秘，那就是审美的创造性和技术发明一样重要。风格的秘诀不再是商品的使用价值，更在于如何让消费者产生愉悦的体验。该作者从设计的角度揭露这一秘

---

1 Terry Eagleton, "Ideology," in *The Eagleton Reader*, ed. by Stephen Regan (Oxford: Blackwell, 1998), 236.

诀:"现代设计曾经是一个价值重负的标志——某种意识形态的符号。现在,它不过是一种风格而已,是许多个人化审美表现的可能形式之一。'形式服从情感'已经取代了'形式服从功能'。情感会告诉你何种形式是你所要寻找的功能。一把椅子的目的并不是表现出现代主义关于椅子特性的观念,而是使它的所有者感到愉悦。"[1]

如果说美学的政治化从一个方面削弱了启蒙理性关于审美无功利性和普遍性理念,商业化和消费主义则从另一个方面动摇了启蒙理性的美学原则。这或许就是一些美学研究者所忧虑的美学"危机"。过去美学内部的审美理想主义和政治实用主义之间的张力,已经转化为某种颠覆传统美学的外部压力,美学的传统范式彻底失效。我们可以在一系列的文献中发现这种对美学"危机"的忧虑和反思。1998年10月在美国加州大学召开的"美学和差异:文化多样性、文学和艺术"会议,旨在探讨艺术、批评与族裔、种族、阶级和性别相关的当代社会政治文化问题。学者们提出了截然不同的看法。文化研究的赞同者认为文化研究拓展了美学的领域,对后者有积极作用。而反对者则明确指出,美学必须拒绝文化研究,因为文化研究缺乏历史知识和历史意识,甚至是反历史的,不能和传统的人文学科结合。更重要的问题在于,文化研究抛弃了文学史和艺术史的经典,因而使研究失去了细读的批评方法。[2]

政治实用主义流行了差不多三十年后,人们开始厌倦那些"政治正确"的美学,厌倦扮演"地方性的批评家",于是,主张美学研究

---

[1] Virginia Postrel, *The Substance of Style: How the Rise of Aesthetic Value is Remaking Commerce, Culture and Consciousness* (New York: Harper Collins, 2003), 9.

[2] John C. Rowe, "The Resistance to Cultural Studies," in *Aesthetics in a Multicultural Age,* eds. by Emory Elliot et al. (Oxford: Oxford University Press, 1998), 105–120.

重新回到传统路径的呼声此起彼伏。一如《审美的复仇》书名所示，一些美学家已是积怨颇深，他们深受解构主义、后现代主义和文化研究之害，认为美学已经成为非美学，现在，美学得以报仇的时刻已经到来。同年，布鲁姆出版了《西方正典》，在序言中表达了对美学极端政治化的愤懑：

> 在现今世界上的大学里文学教学已经被政治化了；我们不再有大学，只有政治正确的庙堂。文学批评如今已被"文化批评"所取代；这是一种由伪马克思主义、伪女性主义以及各种法国/海德格尔式的时髦东西所组成的奇观。西方经典已被各种诸如此类的十字军运动所代替，如后殖民主义、多元文化主义、族裔研究，以及各种关于性倾向的奇谈怪论。[1]

这场（有关文学经典的）辩论发生在右翼的经典保卫者和学术新闻界之间。前者希望为了假想的（并不存在的）道德价值而保存经典；后者可称之为"憎恨学派"，他们希望为了实行他们所谓的（并不存在的）社会变革而颠覆现存的经典。[2]

曾经对后现代主义有所好感的伊格尔顿，现在也一针见血地指出深受文化研究影响的美学和文学研究的局限性，因为这样的研究已被贬低到诸如性欲或性表征问题，因而忽略许多更重要的"大问题"：真、德行、客观性、道德、革命、死亡、恶和非存在等。[3] 看来，美学在世纪之交的确遭遇到某种危机和困顿。

---

1 哈罗德·布鲁姆：《西方正典》，江宁康译，译林出版社2005年版，第2页。
2 同上，第3页。
3 参见 Terry Eagleton, *After Theory* (New York: Basic, 2003).

美学的复兴？

进入21世纪，关于美学如何复兴和重新定位的呼声不绝于耳。"回到康德"的呼吁反复出现。当人们厌倦于美学中的"种族-性别-阶级批评家"[1]时，各种各样复兴美学的主张就出现了。围绕着如何解决审美和政治的张力，涌现出美学复兴和发展的不同路径。

一条路径是重归审美研究，回到康德关于美学的基本观念，重建美学关于美、审美和审美经验的研究。曾经被视为过时的审美形式分析的主张，从俄国形式主义到布拉格学派再到新批评等，不断被重新评价和考量。审美的优先性必须再次强调，它是美学之所以为美学的基点，就像克里格所言，解构主义把审美看作是一种拜物教是不正确的，那些把审美总体化和政治集权化相关联的理论是站不住脚的，艺术作品与政治并没有直接的对应关系。克里格重提审美形式的有机统一观念，并坚信美学研究应该重新回到具有让人感到惊奇的文本上来。他重申了康德和席勒的美学理想，那就是通过审美来解放，由此来创造美学和政治的新型关系。[2]

另一条路径是重新肯定美的普遍性和价值，把被狭隘化（差异、地方性）和商业化了的美学重新在哲学上加以确证。近年关于美的普遍性和普适性的理论相继出现，它们并非简单地回到过去的传统理论，经过后现代、解构主义和文化研究的颠覆、质疑和批判，重提美的普遍性的语境发生了变化，是在一种多元文化语境中对启蒙理性普遍主义价值观的重构。在对西方中心论的解构之后，跨文化美学研究

---

[1] John Ellis, "Critical Theory and Literary Texts: Symbiotic Compatibility or Mutual Exclusivity?" *Pacific Coast Philology*, Vol. 30, No. 1 (1995): 117.

[2] Murray Krieger, "The Current Rejection of the Aesthetic and Its Survival," in *Aesthetics and Contemporary Discourse*, ed. by Herbert Grabes (Tubingen: Gunter Narr, 1994), 19–27.

提出了不少值得关注的理念。越来越多的研究表明，不同文化之间的审美共通性远大于人们所设想的差异性，文化间的理解不但是可能的，而且是必然的。[1] 所以，美的普遍性是一个不能简单抛弃的重要概念。跨文化美学的研究范式改变了过去那种强调区别和差异的思路，更加关注不同文化间审美的共同性和相似性。欧洲的一些美学家提出，随着哲学中的跨文化转向，美学研究也发现了审美的跨文化普遍性和共同性。于是，把康德的"共通感"概念和印度美学的"Rasa"[2] 概念相结合，建构了一条美的普遍性思考的跨文化路径。这一研究的意义在于揭示了审美判断不是完全主观的，而是具有相当普遍性和共同性的。[3] 与此不同又暗合的是一些经验（科学）美学的研究。比如心理学家朗洛瓦通过心理学的实证研究，发现关于美的五种常见观念都是可疑的，如"美是主观的""美是文化上习得的"等。她以脸部的美（或吸引力）作为实验对象，发现美的普遍性源于某种形式上的"平均值"等。[4] 凡此种种，似乎都在复兴康德美学的一个基本观念：美的普遍性和共通性。

假如说以上路径倾向于回归现代美学，回到启蒙理性和普适价值

---

1 凯特在其《跨文化心理学：当代主题和视野》一书中概括了当代跨文化研究的四个原则：人们是从自己文化的视角来看他人文化的；一些心理学原理是普遍的，另一些具有文化上的特殊性；一些关键的文化层面有助于我们对跨文化现象的理解和研究；尽管跨文化研究者们发现了许多文化差异，但不同文化中人们的共同性要多于差异性［参见 Kenneth Keith, *Cross Cultural Psychology: Contemporary Themes and Perspectives* (Oxford: Blackwell, 2010), 12］。

2 "Rasa"，梵语，表示"韵味"或"滋味"，是印度美学的重要概念，意指审美主体的内心体验状态。

3 Antoon Van den Braembussche et al. (eds.), *Intercultural Aesthetics: A Worldview Perspective* (Berlin: Springer, 2009).

4 J. H. Langlois and L. Musselmen, "The Myths and Mysteries of Beauty," in *1996 Yearbook of Science and the Future*, ed. by D. R. Calhoun (Chicago: Encyclopedia Britannica, Inc., 1996), 40–61.

观,那么,20世纪下半叶以来的政治实用主义美学研究并未销声匿迹。"重新发现美学"的主张鲜明地体现了对美学政治立场的坚守。它的立场首先是和传统美学模式一刀两断,坚信传统美学有其根本的甚至无法改变的局限性。其次,反对各种形式主义、审美判断至高无上和自主性的观念,拒斥各种中立的普遍主义方法,把思考的重心放到搞清决定艺术作品及其接受中的审美辨识和解释条件上。再次,坚持跨学科的方法,即不断引入来自其他学科的观念和方法,从而更新美学的研究范式。"重新发现美学"所关心的主要问题是:第一,审美判断的有效性问题;第二,美学的主体性问题,尤其是美学和人的特殊关系;第三,美学的政治层面问题,诸如多元论方法、对协商和吁求的需要等。[1]当然,其文化政治倾向仍很明显,三个问题的焦点均集中在文化政治层面上,审美判断的有效性和主体性都不是普适性范畴,而是带有差异性和区分性的概念。[2]

  这里,我只是列举了美学复兴的几种理念。看来,美学如何复兴还是一个难以定论的问题,取决于我们如何判断美学的现状。简单地说,可以区分出两种立场,一种是以启蒙理性和康德美学为代表的美学,另一种是持相反立场的、强调地方性和差异性的美学。在前者看来,美学早已堕入与自身无关的政治争论,审美和艺术品分析已从这种研究中消失了,所以美学已经陷入深刻的危机。从后一种立场来看则正相反,美学统一对象的消失,对美的普适性的质疑和差异性的肯定是美学的进步。要超越这一二元对立,有必要在更高的层面上寻找美学复兴的路径。

---

[1] Francis Halsall et al. (eds.), *Rediscovering Aesthetics: Transdisciplinary Voices from Art History, Philosophy, and Art Practice* (Stanford: Stanford University, 2009), 3.

[2] Ibid., 5–6.

第二章 美学的危机或复兴

在我看来,审美与政治的矛盾始终存在于美学内部,美学的复兴或重建很大程度上是两者关系的重新调整和平衡。可以断言,复兴美学既不是回到审美至上的老路,也不是恪守美学的政治路径。在审美和政治的对立中,不同的理论其实已经在相互学习和渗透。比如,坚持审美优先性的克里格就在相当程度上吸取了他所反对的文化政治美学的某些观念。当然,这种潜在的互渗并没有丧失其审美研究的个性,而是丰富了其审美研究。日常生活审美化使得审美的感性体验渗透在社会生活的方方面面,但越是审美的,同时也越是政治的,感性体验和情感愉悦也带有显著的政治意味。在调和甚至融合美学中政治与审美的张力上,一些着力于这一张力内在相关性和内在转换的研究更值得关注。康斯坦茨学派的接受美学就属于这类探索。姚斯明确提出,他力图从马克思主义历史方法和俄国形式主义美学方法的止步之处开始,引入文学的接受和影响这一新的维度,因为他坚信,在这个维度中,美学特征和社会功能可以很好地结合在一起。[1] 当然,美学和文学史的结合只限于接受维度的考量,是否真正解决美学的内在紧张还有待观察。本内特的形式主义和马克思主义关系的思考,是另一种路径。他认为可以用形式主义美学来改进马克思主义美学。他发现,阿尔都塞、伊格尔顿和马歇雷的马克思主义美学都强调,文学就是通过特定艺术手段,使意识形态范畴的运作和改变彰显出来。因此,文学艺术的审美意识形态有别于其他非审美方式。这里其实就有形式主义关于文学陌生化理论的影子,虽然它并没有强调意识形态问题。"这两种立场运作的理论逻辑显而易见是相似的。两者都把文学

---

[1] 参见H. R. 姚斯、R. C. 霍拉勃:《文学史作为向文学理论的挑战》,《接受美学与接受理论》,周宁、金元浦译,辽宁人民出版社1987年版。

看作是转换性的实践,即彻底改变再现和感知的习惯方式,即是说,由此激活意识和注意力的新形式。"[1] 这些力图发现审美和政治之间复杂的相关性、相似性和转换可能性的思路,有助于我们缓解美学的内在张力,并克服各自的局限和双方的对立,进而探寻美学未来发展的新路径。

我以为,政治和审美各执一端的做法需要超越,普遍主义和特殊主义、本质主义和反本质主义、现代性和后现代性、大叙事和小叙事等在20世纪被建构起来诸多二元对立,今天需要我们重新反思。所以有必要提倡一种选择性的多元论,提倡一种亦此亦彼而不是非此即彼的新理路。在普遍主义的视角中加入特殊性和地方性意识,在特殊主义的思考中融入相关的普遍性视角,也许是调节审美-政治固有冲突的协商性路径。每一种对立的理论都从对方那里获取了反思性的参照,就像后现代对那种"构成性的他者"的参照一样。[2] 因此,回到康德也需要重新发现他对这一张力潜在的可能解决方案。这样一来,康德的美学遗产就不是固有的二元对立的根据,而是解决审美与政治紧张的新的理论资源。正是在这样的协商性状态中,审美和政治的张力被缓解,美学的复兴就是理所当然的了。

---

[1] Tony Bennett, *Formalism and Marxism* (London: Routledge, 2005), 146.
[2] Laurence Cahoone (ed.), *From Modernism to Postmodernism: An Anthology* (Oxford: Blackwell, 1996), 17.

第三章　审美回归论

中国有句老话,叫作"三十年河东,三十年河西"。此话是说风水轮转、时尚递变。三十年前人们疯狂地迷恋和拥抱的新事物,三十年后便被人淡忘;反之,曾经过时的老东西如今竟会流行起来。这大约是好东西看多了也难免审美疲劳所致。其实,文学理论的发展亦复如此,河东、河西的交替逻辑也时有所现。

晚近在各种理论文献中有一个使用频率不低的词汇——"回归"。在诸多"回归"之中,"审美论回归"尤为值得注意。2011年美国学者卡勒来华演讲,他概括了西方当代文学理论中六个最新的发展趋势,其中之一他名之为"回归审美"[1]。其实,早在卡勒做出这一概括之前,这一诉求已以不同方式有所体现了。比如即使在"法国理论"[2]如日中天时,身为布拉格学派和英美新批评重要人物的韦勒克,就明确发出了抵制解构主义、重归审美主义的吁求,时间上可以追溯到1983年。[3]

那么,一个令人好奇的问题便出现在面前:为何会提出审美论回

---

[1] 卡勒:《今日文学理论》(英文),载《文艺理论研究》2012年第4期。
[2] "法国理论"(French Theory)是英语学界的一个说法,用以描述以后结构主义或解构主义为代表的法国理论。
[3] René Wellek, "Destroying Literary Studies," *The New Criterion*, Vol. 2, No. 4 (December 1983): 1–8.

归?他们厌倦了什么理论的长期宰制?审美论回归的诉求或趋向对理解当下文学理论、艺术理论和美学理论有何启示?要搞清这个问题,得从审美论的历史说起。

审美论溯源

历史地看,审美论是现代性的产物。具体说来,今天意义上的审美观念及其美的艺术的观念,是启蒙运动的产物。就此而言,有几个时间节点值得特别关注。第一个节点出现在1746年,那一年法国神学家巴托(Abbé Batteux, 1713—1780)明确提出了"美的艺术"的概念,他具体区分了三种艺术,即实用艺术、机械艺术和美的艺术。在他看来,美的艺术有别于前两种艺术的唯一特征,就在于它给人们提供了某种情感愉悦,没有任何其他实用功利目的,而实用艺术和机械艺术则不然。在他看来,可以称之为美的艺术的只有五种:音乐、诗歌、绘画、戏剧和舞蹈。[1] 第二个节点出现在1750年,德国哲学家鲍姆加通明确提出了建立美学学科的设想。依照他的看法,美学旨在研究人的感性经验,而最集中体现这一经验的是美的经验,美的经验就是艺术的经验。[2] 巴托针对具体艺术现象,发现了某种特殊类型的艺术,而鲍姆加通则着眼于哲学理论,迫切感到要建构一个专门的知识系统来研究艺术及其审美经验。两者虽然是在法德各自独立发展起来的,但是它们前后相差几年,此刻正值启蒙运动发展的高峰时期,其内在关联是显而易见的。用韦伯的宗教社会学视角来审视,我以为正是现代性的分化导致了美的艺术和美学的出现。

---

1 Abbé Batteux, *Les beaux-arts réduits à un même principe* (Geneva: Slatkine Reprints, 1969).
2 鲍姆嘉滕:《美学》,简明、王旭晓译。

第三章 审美回归论

按照韦伯的现代性理论，现代社会的显著特征之一就是分化。宗教和世俗的分化、社会与文化的分化，导致了现代社会及其文化的建构。他特别讨论了价值领域的分化，尤其是经济、政治、审美、性爱和智识五个价值领域分道扬镳。审美作为一个特殊的领域，一方面脱离了宗教教义和兄弟伦理的制约，把艺术形式及其感性经验解放出来；另一方面，艺术及其审美也和经济、政治、科学等价值领域明确区分开来，审美有自己的价值标准和评判方式，这就是艺术和美学的自我合法化。以往统辖一切的宗教的、道德的标准不再适合于艺术，艺术确立起了自己的价值评判标准。[1]

其实，韦伯后来所描述的现代性的分化，在德国古典哲学中早已有雄心勃勃的探究，这就是第三个节点，即康德三大批判的面世。在巴托和鲍姆加通之后三四十年间，作为启蒙运动集大成者的伟大思想家，康德建构了庞大的批判哲学体系，确立了认知、伦理和审美相区分的启蒙哲学，分别处理人类的认识、意志和情感问题，涉及真、善、美。关于这一点，新康德主义者文德尔班总结得很准确：

> 这里就证明了康德最新取得的心理划分模式对于他分析处理哲学问题有权威性意义。正如在心理活动中表现形式区分为思想、意志和情感，同样理性批判必然要遵循既定的分法，分别检验认识原则、伦理原则和情感原则。……据此，康德学说分为理论、实践和审美三部分，他的主要著作为纯粹理性、实践理性和判断力三个批判。[2]

---

[1] H. H. Gerth and C. W. Mills (eds.), *From Max Weber: Essays in Sociology*, 340–343.
[2] 文德尔班：《哲学史教程》（下卷），罗达仁译，第732—733页。

进一步值得深究的是,康德在其判断力批判中,系统地确立了现代美学的基本原则,对后来西方文学理论、艺术理论和美学理论具有奠基性作用。特别是他关于美及其趣味判断的四个规定:美的无功利性、美的普遍性、美的合目的性,以及美的必然性。这四个规定既是启蒙理性原则在美学中的体现,又是对审美活动中趣味判断的基本原则的界定。可以毫不夸张地说,现代审美论无论其理论主张如何差异,都会以某种方式回到康德美学的基本观念上去。当然,康德美学也隐含着一些内在矛盾,这预示了后康德时代美学理论发展的内在张力,预示了各种理论抵牾纷争的不同发展路向。

与理论上的自觉相比,西方现代艺术的发展更加有力地推助了审美论的崛起和成熟。历经新古典主义、浪漫主义、现实主义,到了现代主义时期,审美论便成为艺术最具引导性的观念。唯美主义强化了审美至上和艺术自主性的观念,用詹明信的话说,艺术自主性成为现代主义的意识形态。王尔德宣布了唯美主义三原则:"艺术除了表现它自身之外,不表现任何东西";"一切坏的艺术都是返归生活和自然造成的";"生活模仿艺术远甚于艺术模仿生活"。[1] 基于这三条原则,"为艺术而艺术"就成为理所当然的了。从唯美主义到印象主义再到抽象主义,审美至上性和艺术自主性的追求达到了登峰造极的地步,纯粹性便成为一切艺术的理想境界。纯艺术、纯诗、纯音乐、纯戏剧等一系列有关艺术纯粹性的观念成为艺术家们追求的目标。这里有一个很有趣的现象,在黑格尔美学中,历史与逻辑的统一具体化为三种艺术史类型,即象征型、古典型与浪漫型,它们又对应于建筑、雕

---

[1] 王尔德:《谎言的衰朽》,杨恒达译,赵澧、徐京安主编《唯美主义》,中国人民大学出版社1988年版,第142—143页。

塑、音乐等不同艺术门类。黑格尔以绝对精神发展为逻辑,认为从建筑到雕塑再到音乐有一个从物质性向精神性提升的逻辑。"适宜于音乐表现的只有完全无对象的(无形的)内心生活,即单纯的抽象的主体性。……所以音乐的基本任务不在于反映出客观事物而在于反映出最内在的自我,按照它的最深刻的主体性和观念性的灵魂进行自运动的性质和方式。"[1]换言之,音乐因其特有的精神性或主体性,在黑格尔美学中具有很高的特殊地位,也成为浪漫主义艺术和美学的主导概念。唯美主义更是如此,佩特(Walter Pater,1839—1894)那句被广为引用的格言就是例证:"一切艺术都在持续不断地追求音乐状态。"象征主义诗人瓦莱里明确提出了"纯诗"概念,很美的诗就是很纯的诗,是音乐化了的诗,"在这种诗里音乐之美一直继续不断,各种意义之间的关系一直近似谐音的关系"[2]。不但诗歌追求音乐状态,后来的抽象绘画也把音乐看作很高的艺术境界,并在画家中出现了相似的说法,即认为抽象绘画的最高境界充满了音乐性。相较于诗歌和绘画,写实与模仿往往遮蔽了艺术的纯形式,而音乐的抽象性或非描写性为审美至上性和艺术自主性提供了一个样板。如果我们把音乐的纯粹性与汉斯立克的音乐美学结合起来,纯粹性的乐音运动更加明晰地体现出音乐的纯粹性本质,音乐与描写无关,与模仿无关,与情感无关,它只是乐音的纯形式的运动而已。"音乐作品的美是一种为音乐所特有的美,即存在于乐音的组合中,与任何陌生的、音乐之外的思想范围都没有什么关系。"[3]

---

[1] 黑格尔:《美学》(第三卷上册),朱光潜译,商务印书馆1979年版,第332页。
[2] 瓦莱里:《纯诗》,丰华瞻译,伍蠡甫主编《现代西方文论选》,上海译文出版社1983年版,第29页。
[3] 汉斯立克:《论音乐的美》,杨业治译,人民音乐出版社1980年版,第14页。

进入20世纪，如福柯所言，形式主义成为一个强大的思想潮流。从俄国形式主义到布拉格学派到英美新批评乃至法国结构主义，有个一以贯之的逻辑，那就是对语言的诗意形式的高度关注，而对其他许多历史的、社会的、心理的或政治的问题则漠不关心。俄国形式主义者日尔蒙斯基的话最具代表性："形式主义世界观表现在这样一种学说中：艺术中的一切都仅仅是艺术程序（即技巧——引者注），在艺术中除了程序的综合，实际上根本不存在别的东西。"[1] 后来雅各布森用系统结构和"主因"概念来规定。这个主因也就是使文学成为文学的文学性。文学性具体推证为三个命题：文学有别于其他文化形式的特点在于其语言特性；文学语言有别于其他语言在于其语言的诗意用法；语言的诗意用法是文学理论批评的唯一对象。所以雅各布森直言："如果文学科学试图成为一门科学，那它就应该承认'程序'是自己唯一的主角。"[2] 布拉格学派和英美新批评尽管具体表述有所不同，但这个基本理念可以说一以贯之。

自18世纪启蒙运动以来，经过哲学和美学上的审美至上和艺术自主性观念的合法化论证，从唯美主义到抽象主义的发展，再到20世纪上半叶形式主义理论的完善，审美论基本确立了自己的主导地位。但是好景不长，进入20世纪60年代，动荡不定的文化和急剧转变的社会，彻底颠覆了审美论的主导地位，取而代之的是各种消解审美取向的激进文化政治主张。

---

[1] 转引自日尔蒙斯基：《论"形式化方法"问题》，张惠军、方珊译，什克洛夫斯基等著《俄国形式主义文论选》，方珊等译，生活·读书·新知三联书店1989年版，第362页。
[2] 同上，第360页。

文化政治论

伊格尔顿认为，文学理论在20世纪有两个时间节点尤为值得注意，一个是1917年，一个是20世纪60年代后期。前一个节点说的并不是十月革命，而是那一年俄国形式主义的代表人物什克洛夫斯基发表了《艺术即技巧》一文，拉开了审美论的大幕；后一个节点是讲60年代爆发的欧洲学生运动，尤其是发生在1968年的法国"五月风暴"。至此，"法国理论"登上了历史舞台。

何谓"法国理论"？根据美国学者布莱克曼的概括，"法国理论"即是"云集于后结构主义和后现代主义名下的那些思想家及其著述，诸如巴特、德里达、克里斯蒂娃、拉康、福柯、德勒兹、南希和利奥塔"[1]。其主要特征如巴特的传神说法，"理论"意味着"某种断裂，某种激增的碎片特性……它是一场旨在劈开西方符号的战斗"，"随着能指的支配，理论在不断地消解着所指"。[2] 布莱克曼认为，这一理论特色就是排除种种"呈现为独断论、本原、决定论以及拒不承认多元性"的理论，并以话语、差异、他性、去中心化、缺场和不确定性等概念，来对抗普遍主义、本原、在场、根基论、神学和元叙述，这些俨然已成为"法国理论"的标记。[3] 如果我们对"法国理论"做更为宽泛的理解，那么，它还应包括阿尔都塞、布尔迪厄、列维纳斯以及一大批女性主义者。令人好奇的是，这场"旨在劈开西方符号的战斗"如何导致了"某种断裂"呢？照我的看法，那是因为它终结了西方审美论传统，由此造成了理论发展的深刻断裂，形成了从审

---

[1] Warren Breckman, "Times of Theory: On Writing the History of French Theory," *Journal of the History of Ideas*, Vol. 71, No. 3 (July 2010): 339–340.

[2] Ibid., 340.

[3] Ibid.

美论向文化政治论的转向。

这里,我关心的一个问题是,"劈开西方符号"怎么会和文化政治扯上关系呢?在这个方面,我认为福柯的话语论最具代表性。话语论表面上看是对现实的语言规则的分析,但它隐含着的一个重要诉求则是通过语言分析,揭示出看不见的权力与知识的共生、共谋关系。

福柯认为,人类一切认知活动都发生在话语中,以至于霍尔用一句话来概括他的思想——"一切均在话语中"。那么,话语又是什么呢?话语不是抽象的语言,而是人们现实的语言活动。人对自然、社会、自我的认识都是通过话语而形成的。简单地说,所谓话语就是以语言构成的一组陈述,它不是自然而然地构成的,而是历史地、社会地和文化地形成的。话语构成有一系列的规则,说什么、怎么说、为何这么说都有严格的规范,即福柯所说的"话语的关系体系"。话语论要研究的正是这个关系体系,"这些关系是话语的极限:它们向话语提供话语能够言及的对象,或者更恰当地说,它们确定着话语为了能够言及这样或那样的对象,能够探讨它们,确定、分析、分类、解释它们所应该构成的关系网络。这些关系所标志的不是话语使用的语言,不是话语在其中展开的景况,它们标志的是作为实践的话语本身"[1]。这就意味着,一个社会中说什么、怎么说都不是自然而然的,而是有某种看不见摸不着的"关系体系"在后面支配着人们的话语。更重要的是,每个社会都有其支配性的话语,它们占据了宰制和压抑其他话语的优势地位,因而形成了主导话语,而这些主导话语往往又是借着真理(求真意志)和知识(求知意志)的名义行使其支配权的。福柯写道:

---

[1] 米歇尔·福柯:《知识考古学》,谢强、马月译,生活·读书·新知三联书店1998年版,第57页。

话语范围的分析是朝着另一个方向的：就是要在陈述事件的平庸性和特殊性中把握住陈述；确定它的存在条件，尽可能准确地确定它的极限，建立它与其他可能与它发生关联的陈述的对应关系，指出什么是它排斥的其他陈述形式。人们不用在明显的东西下面寻找另一话语的悄悄絮语；而是应该指出，为什么这个话语不可能成为另一个话语，它究竟在什么方面排斥其他话语，以及在其他话语之中同其他话语相比，它是怎样占据任何其他一种话语都无法占据的位置。这种分析所特有的问题，我们可以如此提出来：这个产生于所言之中东西的特殊存在是什么？它为什么不出现在别的地方？[1]

经由福柯指点迷津，我们社会文化中那些看似自然的话语就显得不自然了，因为其后隐含着复杂的权力-知识共生共谋关系。对文学艺术研究来说，福柯曾多次表达了他的一个根深蒂固的观念，那就是在文学艺术作品中谁在说并不重要，重要的是为什么这么说，也就是话语的"关系体系"是如何支配着诗人、作家或艺术家这么言说的。[2]

其实，福柯的话语论并不是一个全新的理论。如果我们把这一理论与马克思主义经典作家关于意识形态的理论结合起来，便可以发现其中复杂的知识谱系学上的关联，只不过福柯强调从语言实践角度来解析，与经典马克思主义强调物质实践的理路有所不同而已。马克思早就指出了统治阶级的统治思想是如何形成的。他认为，在物质力量上占统治地位的阶级必然要在精神上占据统治地位。那么，统治阶

---

[1] 米歇尔·福柯：《知识考古学》，谢强、马月译，第33页。
[2] 参见Michel Foucault, "What is an Author?" in *Michel Foucault: Aesthetics, Method, and Epistemology*, ed. by James D. Faubion (London: Penguin, 1998), 222.

级是如何获得其统治思想的呢？马克思发现这里有一个典型的修辞转化，那就是把统治阶级自己的利益或思想描绘成全社会成员的共同利益和具有普遍意义的思想。[1]意大利马克思主义者葛兰西进一步发展了经典马克思主义的意识形态理论，指出统治阶级是通过教育、新闻、舆论等社会体制，把马克思所说的修辞转化为社会大众的默认或认可，进而实现其文化上的领导权。伊格尔顿后来把马克思主义的意识形态理论与福柯的话语论相结合，对统治阶级的统治思想是如何运作的做了更加准确的界说："意识形态通常被感受为自然化的、普遍化的过程。通过设置一套复杂话语手段，意识形态把事实上是党派的、有争议的和特定历史阶段的价值，呈现为任何时代和地点都确乎如此的东西，因而这些价值也就是自然的、不可避免的和不可改变的。"[2]

俄国形式主义、布拉格学派、英美新批评和法国结构主义对语言符号诸多理论的积淀，一方面导致了审美论或形式主义的刻板化，另一方面，这些在语言符号方面所积累的理论资源也面临着新的转型。德里达的解构主义和福柯的话语论恰逢其时地引领了这个转型，文学艺术的研究不再拘泥于语言形式的审美层面或形式层面的分析，这些语言研究的资源被解构主义或后结构主义思潮所利用，转向了新的文化政治层面。这个转向既和1968年"五月风暴"的激进立场相契合，

---

[1] "统治阶级的思想在每一时代都是占统治地位的思想。这就是说，一个阶级是社会上占统治地位的物质力量，同时也是社会上占统治地位的精神力量。支配着物质生产资料的阶级，同时也支配着精神生产的资料，因此，那些没有精神生产资料的人的思想，一般地是受统治阶级支配的。""事情是这样的，每一个企图代替旧统治阶级的地位的新阶级，为了达到自己的目的就不得不把自己的利益说成是社会全体成员的共同利益，抽象地讲，就是赋予自己的思想以普遍性的形式，把它们描绘成唯一合理的、有普遍意义的思想。"（马克思、恩格斯：《费尔巴哈》，《马克思恩格斯选集》[第一卷]，人民出版社1972年版，第52—53页。）

[2] Terry Eagleton, "Ideology," in *The Eagleton Reader*, ed. by Stephen Regan, 236.

又与当时在西方社会兴起的民权思潮相融合。更重要的是，随着教育和文化的普及，来自社会中下层阶级和少数族裔的新一代人文学者进入知识生产场域。他们有别于前代学者的文化观，更加关注边缘、少数、底层和非西方文化艺术，关注这些文化艺术如何受到"欧洲白人中产阶级男性异性恋"这一统治阶级的统治思想的压制和排斥。于是，文学艺术和美学研究场域中，文化政治的讨论便成为压倒一切的热门话题，艺术形式分析和审美价值的讨论已经成为过时的话题。在这方面，可以说文学理论始终走在最前列，后结构主义所引领的各种激进理论都在文学理论中试用、发展和变异，文学理论成为20世纪60年代以来最为激进的思想试验场，新历史主义、文化研究、性别研究、女性主义、后殖民主义、东方主义、酷儿理论、生态批评、同性恋批评、动物理论……大凡新奇的理论都在文学理论中留下了深浅不一的印迹。而美学、艺术理论等知识领域一方面显得相对滞后，另一方面又明显地受到文学理论激进思潮的影响。英国艺术史家布莱森的一段话可以佐证："这是一个可悲的事实：艺术史的发展总落后其他的人文学科研究……当过去的三十年，文学、历史、人类学等研究都相继做出了重大变革，艺术史学科依然停滞不前毫无进展……逐渐退到人文学科的边缘地带……唯有彻底检讨艺术史的研究方法（那些操控着艺术史家标准的活动、未被言明的假设），情况才会有所改善。"[1]

从马克思到葛兰西到福柯再到伊格尔顿，有一个文化政治理论发展的内在逻辑和知识谱系，当它与20世纪60年代以来的社会政治思潮相契合时，便成为文学艺术和美学研究的主潮。除了福柯，德里达的

---

[1] 转引自Pam Meecham、Julie Sheldon：《最新现代艺术批判》，王秀满译，台湾韦伯文化出版公司2006年版，第xxii页。

解构分析方法、巴特的文本论和神话论、克里斯蒂娃的符号分析、拉康的后结构主义精神分析、利奥塔的后现代主义理论、布尔迪厄的趣味的社会批判等，为文化政治分析提供了有效的理论武器。它们尽管主张各异，但都隐含了一个共同的假设，那就是历史上的文学艺术作品，特别是那些经典之作，往往潜藏着统治阶级的统治思想。不过这些统治思想往往是以自然的、普遍的和不可改变的面目呈现出来的，使得人们很少产生怀疑。而"劈开符号"就可以揭露这些统治阶级的统治思想是如何占据统治地位的，揭露其他文化和风格是如何被压抑和排斥的。比如，在布尔迪厄那本著名的《区分：判断力的社会批判》中，把趣味视为一个阶级标明和社会地位的概念，其实并不存在全社会所有人共有的趣味，如他所言："趣味是分类性，它把人们区分为不同类型。"[1] 原因很简单，因为趣味是通过教育习得的，在一个存在着复杂阶级分层的社会里，不同的人接受不同的教育并习得不同的趣味。今天欧洲流行的所谓审美趣味，不过是中产阶级文化表征而已。由此布尔迪厄揭示了启蒙运动以来资产阶级的审美趣味是如何形成的，是如何产生欧洲中产阶级的文化习性的。这就是前面我们提到的"欧洲白人中产阶级男性异性恋"主导的文化或意识形态，亦即马克思所说的统治阶级的统治思想。

晚近文学理论、艺术理论、美学和文化研究中最热门的概念是"身份认同"（identity）。这个概念是具有高度包容性的，它与人们对他们是谁以及什么对他们有意义的理解相关。具体说来，认同的主要来源包括性别、性取向、国际或民族以及社会阶级（吉登斯）。[2] 晚

---

[1] Pierre Bourdieu, *Distinction: A Social Critique of the Judgement of Taste* (Cambridge: Harvard University Press, 1984), 6.
[2] 参见安东尼·吉登斯:《社会学》，李康译，北京大学出版社2003年版。

近的法国理论，特别是福柯的话语论对身份认同研究具有重要的方法论意义。根据话语论，人们对社会和自我的认知都是通过话语而建构起来的，因此，身份认同并不是一个一成不变的刻板范畴，而是处在不断的建构过程中。这方面，霍尔的认同理论最具代表性，它反映了身份认同研究新的方向。霍尔依据福柯的话语论，力图把"我是谁"的本质主义追问，转变为"我会成为谁"的建构主义追问。"成为谁"就是通过自己的话语实践来建构自己，于是，文学艺术便成为身份认同建构的一个有效路径。按照这一理路，文学艺术研究不外乎两个方面：其一是揭露过往的作品中统治阶级如何确立其身份认同并扩展为全社会的共识；其二是借助新的话语实践来建构自己新的身份认同，并努力获得相应的文化权益。于是，批评家们争相成为"种族-性别-阶级批评家"[1]，他们先入为主的研究兴趣就在身份认同，具体化为种族、性别和阶级等。文学艺术的研究不再是审美价值和艺术分析，转而成为一个文化政治的战场，一个表明自己政治立场和意识形态倾向的辩论场所。至此，可以说文化政治已经一边倒地压制了审美论，并由此改变了文学理论、艺术理论甚至美学理论的地形地貌。

审美论的回归与反击

也许是厌倦了文化政治的讨论，也许是人们需要重新思索文学艺术，时至今日，审美论重又崛起，再次回归理论场域的中心。当审美论回归时，我们听到的是对理论或法国理论一片唱衰的声音，诸如

---

1 John Ellis, "Critical Theory and Literary Texts: Symbiotic Compatibility or Mutual Exclusivity?" 117.

"理论终结"(詹明信)、"理论之后"(伊格尔顿)或"后理论"(麦奎连等),这些说法都隐含了一个判断:法国理论风光不再。

理论方向的变化其实是源于发展的内在逻辑,河东、河西的轮转反映了理论家和批评家们价值取向和研究兴趣的转移。雅各布森的"主导"论认为,每个时代的理论都有某种"主导"趋势,[1] 20世纪上半叶的主导理论是审美论,而下半叶占据主导地位的理论则是文化政治论。以威廉斯的"主导""新兴"和"残存"三种文化形态的结构关系来描述,可以说20世纪上半叶的主导性理论是审美论,而文化政治论则是一个新兴理论;下半叶则颠倒过来,文化政治论占据上风,而审美论则沦为残存理论了。[2] 历史地看,可以说审美论一直存在着,只不过在解构主义盛行的语境中,它不再处于理论的中心,而是渐渐处在比较边缘的地位了。审美论的回归就是重新回到理论的前台和中心。

正像后结构主义对审美论的一些核心概念釜底抽薪一样,审美论也是通过对它及其形态各异的文化政治论基本观念的反驳来重新确立自己合法性的。那么,审美论是如何通过批判后结构主义来确立审美的重要性呢?概括起来有如下几个方面。

首先是对种种语言建构论的批判。从结构主义到后结构主义或解构主义,在语言学转向的哲学大背景中,德里达的"分延论"和福柯的"话语论"开启了语言建构主义思路,并成为一切文化政治论最上手的批判武器。福柯的"一切都在话语中"、德里达的"一切均在文本中",最典型地代表了这种观念。文学艺术被视为一种话语实践,

---

[1] 参见雅各布森:《主导》,任生名译,赵毅衡编选《符号学文学论文集》,百花文艺出版社2004年版。

[2] 参见Raymond Williams, *Problems in Materialism and Culture* (London: Verso, 1980)。

被作为一种建构性的文化，所以就可以逆向解析书写或话语，进而读出隐含其后的种种文化政治意味。韦勒克早在20世纪80年代初就开始批判这一理论主张，他写道："文学研究可以融入一般文化的和社会的历史，这个古老的看法如今正在被一种全然不同的忧虑所取代。这种新理论宣称，人是生活在一个与现实无关的语言囚牢之中。"[1] 韦勒克认为后结构主义无疑是夸大语言的建构功能，将现实–语言–主体关系简化为语言–主体关系，不但把语言看作是塑造社会生活的力量，而且规定为是决定历史进程的力量。它否认自我并无视人的感性生活，这也就否认了心灵与世界的关系要比语言更重要的事实。所以，批评家热衷于在理论和批评中把玩各式各样的语言游戏。韦勒克抓住了这个理论的牛鼻子：所谓"在场的形而上学"批判，亦即对任何终极的、本原的和本质的东西的消解。

德里达拒斥了他名之为"在场的形而上学"的西方思想传统，所谓"在场"意指此一传统所依赖的诸如存在、上帝、意识、自我、真理和本原等的终极概念。德里达提出了一个有悖常理的理论，即书写先于言语，这种观点甚至经不起儿童的反驳，也经不起成百上千种无书面语记录的口语的反驳。[2]

假如这种奇谈怪论只是某个饱学之士的个人想法，倒也无伤大雅；令韦勒克感到惊讶的是，它居然会引发众人仿效而形成如此广泛的影响，最终解构了我们赖以思考的知识和真理概念。"解构主义理论游离了现实和历史。令人感到矛盾的是，它走向了一种新的反审美

---

1 René Wellek, "Destroying Literary Studies," in *Theory's Empire: An Anthology of Dissent*, eds. by Daphne Patai and Will H. Corral, 43.

2 Ibid., 44.

的象牙塔，走向了一种新的语言学孤立论。"[1] 另一位美国文学理论家克里格也尖锐地指出，解构批评的模式抨击审美统一是一个神话，坚持认为词语习惯于挣脱诗人的审美控制，脱离各种联系，逃向不确定性，从而漫无目的地播撒。他断言，解构主义实际上是一种"失败的诗学，一种反诗学"[2]。其实这里有一个很有趣的现象值得考量，尽管韦勒克等人抨击德里达、福柯夸大了语言符号功能的建构主义很有道理，但是，如果我们仔细回顾一下19世纪的形式主义理论，它们对语言符号的赞美较之后结构主义亦有过之而无不及。所不同的是形式主义的审美论强调的只是语言诗意用法或它的审美特征，而后结构主义则把语言或话语的建构性推广到人类社会和文化的一切层面，这样再反观文学和艺术时，语言的诗意和审美属性便荡然无存了。这正是审美论回归后力图要重新夺取的一个阵地，回归语言的诗意本质或审美特性。

其次是对文本论的反思与批判。我们知道，后结构主义一个重要成果就是其文本论，这一理论最具代表性的表述就是巴特所谓"从作品到文本"。在巴特看来，作品是一个无生命的印刷物，而文本才是现实语言活动的产物，随着"作者之死"的宣判，文本遂脱离了作者对意义的掌控，这就把作品意义生产的权利从作者发还给了广大读者，文本意义便具有了无限丰富的生产可能性。这就是巴特和克里斯蒂娃所说的"文本性"或"文本的生产性"。值得注意的是，提倡文本生产性与其审美价值和形式价值的生产毫无关系，人们追随后

---

[1] René Wellek, "Destroying Literary Studies," in *Theory's Empire: An Anthology of Dissent*, eds. by Daphne Patai and Will H. Corral, 45.

[2] Murray Krieger, "The Current Rejection of the Aesthetic and Its Survival," in *Aesthetics and Contemporary Discourse*, ed. by Herbert Grabes, 22.

结构主义大量生产的是文本的文化政治意义。更有甚者,后结构主义认定有机统一等审美原则,实际上与总体性的专制密切相关,这就把政治领域的讨论直接横移到文学艺术领域。克里格在论证审美论回归时,特别指出了解构主义关于审美的统一性趋向于总体性专制的看法是荒谬的,他反过来论述了审美原则的多样性和包容性,审美的统一是一种多样统一,并不拒斥丰富性和多样性,反倒构成了一种社会其他领域所不具备的包容性。[1] 其实,在后结构主义那里,文本是一个充满了矛盾的概念。一方面,从福柯到德里达再到巴特,都在放大语言或话语功能的同时,也放大了文本的功能,德里达的"一切均在文本中"就是一个典型的表述。另一方面,通过否定作者及其意图,通过对"在场的形而上学"的批判,文本所具有的权威性也被消解了。韦勒克对此有系统的反思,他认为后结构主义理论否认了文本的权威性,一味强调读者或批评家解释共同体的作用,赞赏各式各样的误读,也就彻底抛弃了作品固有的意义和价值而走向了相对主义和虚无主义。他还毫不留情地批判了康斯坦茨学派的接受美学和费什的读者反应批评,特别指出了读者反应批评的危险主张:"不存在错误的阐释,也不存在用于文本的规范,所以也就不存在某个对象的知识。"[2] 我以为,审美论对后结构主义的这一点批评有其合理性,审美原则简单地与政治上的总体性专制勾连显然是悖谬的。如果我们把目光转向法兰克福学派,可以发现该学派其实正是把审美作为人类社会的理想形态,这一观念继承了德国浪漫主义和启蒙运动的理念,因为在康德、席勒、谢林和黑格尔这些古典哲学家看来,审美带有令人解放的

---

[1] Murray Krieger, "The Current Rejection of the Aesthetic and Its Survival," in *Aesthetics and Contemporary Discourse*, ed. by Herbert Grabes.

[2] René Wellek, "Destroying Literary Studies," in *Theory's Empire: An Anthology of Dissent*, eds. by Daphne Patai and Will H. Corral, 46.

性质。阿多诺从卡夫卡、勋伯格和贝克特独特的艺术表现形式中,看到了颠覆我们惯常的刻板思维的可能性;[1] 马尔库塞则直言艺术的形式即"现实的形式",体验贝多芬和马勒的无限悲痛,用柯罗、塞尚和莫奈的眼光看世界,"这些艺术家们的感觉曾经帮助过这个现实的形式"的实现。更重要的是,艺术独特的表现形式"是对既定生活方式的控诉和否认"。最终,要消除的不是艺术,而是作为艺术对立面的那些虚伪的、顺从的和安慰人的东西。[2] 由此来审视后结构主义对审美原则的否定,我们至少可以得出一个初步的结论,那就是审美原则包含了丰富的内容和多种可能性,审美统一性原则必然走向总体性专制的看法是缺乏根据的。但是,审美原则本身是不是也有值得反思的地方呢?这就涉及下一点。

第三个方面是关于审美论的精英主义文化观及其价值判断。我们看到,后结构主义式的文化政治论,总是以宽容和民主为切口,引入民粹主义观念,直指精英主义的文化观,在颠覆精英主义文化的同时放弃了文学艺术研究的审美价值判断。或者说,提出了全然有别于传统审美价值判断的另一评价系统。依照布尔迪厄的分析,所谓高雅的审美趣味不过是中产阶级教育和文化习性的表现,它并不是全社会所有人的普遍诉求,与中下层民众的趣味迥然异趣。这种对精英主义的解构实际上消解了启蒙运动以来所确立的文化理念和价值观,韦勒克对此提出了有力的质疑,他分析晚近后现代主义的影响,伟大的文学经典与通俗侦探小说之间的差别日趋模糊,精英主义被视为过时的对传统的坚守,价值评判被当作是一种压迫或排斥的手段,这些都是对

---

[1] T. W. Adorno, *Aesthetic Theory* (London: Routledge & Kegan Paul, 1984), 280.
[2] 参见马尔库塞:《作为现实形式的艺术》,邢培明译,伍蠡甫、胡经之主编《西方文艺理论名著选编》(下卷),北京大学出版社1987年版,第725页。

伟大文学传统及其审美价值的公然漠视。审美论的一个核心思想就是理直气壮地提倡审美价值判断,"稍加反思便可揭示价值评判乃是文学研究的基本任务。伟大的艺术和真的垃圾之间确有一道难以逾越的鸿沟"[1]。克里格从另一个角度捍卫了文学艺术的审美价值,他认为后结构主义者以及强烈吁求社会改革的批评家们,误认为审美只是某个有闲阶级的自娱自乐,具有某种保守和逃避的色彩,所以审美作为某种奢侈品必须被放弃,克里格认为这既不合情也不合理。不同于韦勒克恪守精英主义立场,克里格从另一个角度论证了审美的重要功能。他认为当前文学研究中有两种对抗的理论取向,一种是审美论,一种是意识形态论,后者正是通过强调意识形态分析而抛弃了审美论。面对这一状况克里格提出了一种潜在的危险,即鼓吹意识形态分析的人会不会用某种意识形态来压制其他意识形态(比如审美意识形态)呢?由此他明确提倡一种反意识形态路径:

  文本的对抗意识形态解读法,把文学视为不受话语通常会有的逻辑限制和修辞限制,这种解读法所产生的持久影响有赖于它所获得的反讽力量,因而有赖于无限宽广的文学素材和彼此冲突的态度,一旦赋予文学这种对抗意识形态的特许权,文学就会认可这些毫无限制的素材和彼此矛盾的态度。[2]

克里格虔信,后结构主义及其意识形态批评,其实暗含了以某种

---

[1] René Wellek, "Destroying Literary Studies," in *Theory's Empire: An Anthology of Dissent*, eds. by Daphne Patai and Will H. Corral, 47.

[2] Murray Krieger, "The Current Rejection of the Aesthetic and Its Survival," in *Aesthetics and Contemporary Discourse*, ed. by Herbert Grabes, 29.

意识形态来压制或排挤其他思想的文化暴力,而审美论的方法就是以对抗意识形态的解读方法,来赋予文学更为宽广的素材和彼此冲突的态度。换言之,在克里格看来,正是文学的审美特性赋予它对差异和矛盾的宽容,抵制了某种意识形态的强权,使文学成为一个包容万象的想象性世界。这里,我们看到一个有趣的现象,审美自主论受到解构主义及其文化政治论批判,是因其资产阶级精英主义的排斥性,是因其曲高和寡的文化领导权而缺乏民主性,是因其对差异和地方性的不宽容等。但在克里格等人的反驳中,却是以其人之道还治其人之身的方法,直击意识形态批评的压制性和不宽容,反衬出审美作为文学本性所具有的多样性和宽容性。这种反思和批判说实话是值得我们关注的,审美价值判断的复杂性也不是一个精英主义标签就可以打入冷宫的,审美论对审美价值的拓展性界说,从根本上维护了审美的尊严与合法性。

审美回归的理论主旨

"审美论回归"是由一些不同理论主张构成的思潮,它既不是一个严格的理论体系,也没有明确的纲领和学派。审美论回归之所以值得关注,首先是它可作为理论生态某种缺失的必要补充。经过后结构(解构)主义、新历史主义、后现代主义、文化研究、女性主义、后殖民主义等新理论的轮番冲击,文学艺术研究的地形图早已面目全非,文化政治的争议沸沸扬扬,文学范畴被扭曲和夸大了,而文学艺术自身的问题和特性完全被忽略了,理论家和批评家们争相扮演政治批评家的角色,文学艺术的知识生产变成了政治辩论。文学艺术自身独特问题的缺场导致了反向作用力的出现,于是审美论再次回到了知识场域的前台。其次，晚近跨学科、多学科和交叉学科成为时尚，文化研究消解了文学艺术的诸多边界，去分化和模糊界限的文化实践和理论思考，消解了文学艺术同日常生活事物之间的区别。因此，从该研究对象到研究方法，作为一门独特学科的文学理论和艺术理论甚至美学，都变得眉目不清、性质不明了。社会学、政治学、人类学、符号学、文化史、思想史、心理学等多种学科的渗透与交叉，也在相当程度上改变了文学理论和艺术理论的属性。文学艺术研究场域的学者不再满足于形式、文体和审美分析的独门绝技，而是努力和哲学、社会学、历史学等行业竞争，恶补各种各样其他学科的知识，讨论各式各样的非文学问题（从政治体制到国际贸易不一而足）。文学艺术的研究者慢慢地从"专家"演变为"杂家"，表面繁荣之下暗含着严峻的学科危机，文学理论、艺术理论和美学的学科合法化遭遇到前所未有的挑战。回想当年新批评在北美崛起，原因之一就是确立文学理论学科的合法化，通过细读和形式分析确立作为一门人文学科的独立性与方法论。我想晚近审美论的崛起与当年新批评的立法者角色有相似的作用。

那么，晚近出现的审美论有哪些值得关注的理论主张呢？

文学艺术的本质或特性是晚近审美论倾力探究的难题。我们知道，俄国形式主义的一个重要发现就是所谓的"文学性"。历史地看，这个概念有其重要性，它通过语言的诗化技巧运用而区别于其他语言现象。但是，这个概念也有其先天局限，它把文学视作一个孤立的、自在的和自足的语言系统，使得文学作品与写作和阅读都无关系。新批评更加明确地亮出"意图迷误"和"感受迷误"两把刀，于是武断地切断了文本与主体的关联，转而集中于"文本自身"的研究。经过近一个世纪的理论发展，审美论重新聚焦文学的本质特性。

我发现，经过后结构主义的塑造，晚近关于文学独特性的看法有不少新的进展，俄国形式主义、布拉格学派和英美新批评等比较狭隘的文学性界定被许多新的富有创意的观点所取代。晚近英国学者阿特里奇的"文学事件独一性"理论，就是吸纳了后结构主义的合理资源后对文学特性所做的新探究。在阿特里奇看来，文学是一个操演（述行）性的事件，作者写作出文本，文本再经读者解读，都是主体参与的事件，事件是打开新意义和新体验的扭结点和聚会空间。从这个角度看，文学文本不是一个物，而是一个或多个"行动-事件"：

> 文学作品"是"什么：一个阅读行动，阅读事件，它从未完全与一个或多个写作行动-事件相分离，正是写作使得一个潜在的可读文本出现了，它也不会完全脱离于历史的偶然性，正是由于进入其中，文本才为人们所期待，也正是在其内，文本才被人们所阅读。作品不是一个物，而是一个事件，这种说法也许是不言自明的，但这种不言自明说法的含义却一般并不为人们所接受。[1]

这个理论明显可见德里达、巴特、南希等人的影响，却又和文学独特本质特征的审美论追求相一致，它在一个全新的基础上对文学独一性做了富有创意的新解。"文学事件独一性"这一表述不但揭示了文学不可能还原为物质性的特征，很像巴特对文本的解说，而且还规定了文学的偶然性和可能性。阿特里奇强调，文学的独一性总是和平庸的、刻板的、凝固的东西相对立。独一性在事件中每一次都会呈现

---

[1] Derek Attridge, *The Singularity of Literature* (London: Routledge, 2004), 59.

出异样性和新颖性,这就像一个人的签名,虽有固定的格式,但每签一次都会有所不同。[1] 从俄国形式主义的文学性到阿特里奇的"文学事件独一性",我们可以瞥见晚近审美论崛起需要注意的一个特点,那就是向前看的未来导向,即充分汲取一切对审美论有益的当代理论资源,在一个全新的语境中更加开放和系统地重构审美论。当然,相较于阿特里奇这样的新一辈学者,一些老派学者在批评后结构主义的同时,不断地唤起某种向后看的怀旧心态,期待着重新返归传统的审美论。比如韦勒克就相当怀念布拉格学派和英美新批评的黄金时代,克里格甚至直言,当他进入文学研究领域时,形式主义和新批评所提出的诗性与文学性,给他很大的启迪。通过对诗歌语言偏离正常语言用法的陌生化效果的探究,褐橥了文学和诗学对规范刻板语言方式的颠覆,进而鼓励读者们去培育自己特殊的语言反应机制,抵制僵化的阅读。比较两种不同的取向,向前看与向后看实际上构成了当代审美论回归的内在张力。单纯地回到传统审美论的"向后看"取向不是审美论发展的最佳路径,比较起来,阿特里奇的"向前看"更有发展前景,因为它一方面反思了传统审美论的优长和局限,特别是考虑到如何避免其局限而获得新的进展;另一方面,它又汲取了后结构主义等学派的有益理论资源,进而为探讨文学艺术特性找到一些新的视角和方法。比较一下阿特里奇的"文学事件独一性"和雅各布森的"文学性",不难发现西方文学理论对文学特性理解的进步和深化。

与上述工作密切相关的另一种关切,是如何使审美的、诗意的和形式的观念再次合法化,如何使这些曾经重要的概念重新处于理论思考的中心。自古希腊以来,关于审美的一些原则,从有机统一论到

---

[1] Derek Attridge, *The Singularity of Literature*, 63–64.

诗意语言形式论,再到艺术结构封闭性原则等,成为文学艺术分析的方法论。经由启蒙运动到浪漫主义,德国古典哲学家和浪漫主义艺术理论家合力确立了审美在文学艺术场域的中心地位。但是随着文化政治论对审美理论的解构性分析,将其与精英主义、意识形态、阶级区隔、统治阶级统治思想或文化领导权的混为一谈,审美的、诗意的和形式的不再是普遍有效的范畴,不再处于文学艺术研究和理论思考的中心,甚至变成一个"问题概念"。审美论回归的一个重要工作就是把审美及其相关观念的重新合法化,并再次置于文学艺术研究的中心位置。

　　让审美重归文学艺术知识生产的中心,首先要为审美正名。在这方面,当代审美论是通过两个路径论证审美合法化的。其一是回到启蒙精神及其伟大遗产。我们知道,后结构主义对启蒙理性精神做了解构性破坏,最著名的文献就是福柯的《何谓启蒙?》。重回启蒙首先就是清理被后结构主义歪曲误解了的启蒙美学遗产,重温并重释康德、席勒等人的美学思想。在这一点上,无论是老一辈审美论者,还是新一代审美论者,都赞成继承启蒙美学的理念与方法。这里也有"向前看"和"向后看"两种不同取向:或是回到以往对启蒙美学精神的传统理解上去,如韦勒克和克里格都强调康德和席勒美学精神的传统理解;或是反思后结构主义质疑启蒙精神的某些合理因素,对启蒙美学精神做出新的阐释,这在新一代学者中比较流行,比如重新阐释康德的审美无功利和美的普遍性原则,重新界说席勒的审美冲动的人文主义内涵等。其二是回击后结构主义强加给审美的过度政治化阐释,指出这些对启蒙美学精神理解上的谬误。前文提到了克里格对后结构主义关于审美非但没有导致总体性专制,反而是提供了一个宽容的理想场所,就是一个典范性的回击。审美论的崛起在努力回到启蒙运动及其浪漫主义的美学基本原则时，意在把曾被剥夺并宣判无效的审美权利发还给文学艺术，并以此来抵抗过于意识形态化的解读。克里格说得好："拒绝文学概念要比崇拜文学更加危险。今天，与那些剥夺审美权利的人截然不同，我们非常需要文学那种对抗意识形态的力量，来防止我们当前的知识型变成以手段的理论化来僵化自己的东西，它才是我们努力要挣脱的某种话语。"[1] 我注意到晚近审美论的一个重要发展，那就是在恪守启蒙美学精神及其美学原则的同时，不是简单化地对审美"去政治化"，而是尽力保持审美与政治、形式主义与现实主义、美学原则与社会关切之间的平衡。詹姆斯在讨论法国文学理论晚近形式回归的趋向时指出，新形式主义在努力追求包含历史理解或政治承诺，努力保持理论反思和细读、特定作家研究和重要取向的语境化之间的平衡。[2] 这一点非常重要，这是当下审美论不同于历史上审美论的一个关节点。如果说传统的审美论确有走向纯形式和精英主义的可能性的话，那么，经过了各种文化政治论的批判和重构，今天的审美论已不再是唯美论，而是包容了许多政治意涵的新的审美论，它一定程度上实现了审美与政治的平衡。也正是在这个意义上说，重归启蒙精神的审美论，并不是简单地回到启蒙原点，毋宁说是在正反基础上的重返，是螺旋上升后的重返启蒙。

审美论关注的第三方面是文学艺术的形式，这一关注的典型代表是所谓"新形式主义"。或许我们也可以说，新形式主义的崛起代表了审美论的强势登场。在英语学界，新形式主义是在对新历史主义的反思中渐臻形成的。从后结构主义（尤其是福柯）到新历史主义，其

---

[1] René Wellek, "Destroying Literary Studies," in *Theory's Empire: An Anthology of Dissent*, eds. by Daphne Patai and Will H. Corral, 29–30.

[2] Alison James, "Introduction: The Return of Form," *L'Esprit Créateur*, Vol. 48, No. 2 (2008): 3.

间的知识谱系关系是显而易见的。新历史主义不再关注审美分析，而是热衷于各种不同文本或文献与文学文本的参照、关联和互证，因而把视线转向了意识形态分析，转向诸如身份认同、权力、领导权、他者、表征等概念。当这样的研究走到极限时，越来越多的理论家和批评家发现："他们（学文学的研究生和本科生——引者注）很少或完全没有形式主义或文体学批评方面的知识，对美学也不熟悉。即使他们相信自己所学的任何东西是值得追问的，但他们却往往沉溺于对某些当代理论家的模仿拷贝之中，盲目地而非充满洞见地接受这些理论家的观点。"[1] 针对这一文学研究和教学窘境，新形式主义提出了重返形式分析，提倡一种"为形式而读"的方法。[2] 有学者指出，对新形式主义来说，最好的情况是，展现出某种对启蒙的批判观念和对实践的高度关注，特别是启蒙对那些作为经验可能性条件的形式方法的高度关注，诸如文本的、审美的或其他方法。对新形式主义来说，最坏的情况是，它使自己努力挽救的病情继续恶化了，即那些对立的、宗派的、实用主义的或工具性的阅读，趋向于塑造或维系自由中产阶级主体，诸如自主的、自明的、复杂的但并不冲突的主体。[3] 新形式主义其实并不是一个统一的理论派别，甚至不像法国理论那样有一些一呼百应的思想领袖，而是包含了诸多立场观念差异，但都强调文学研究要回归文学形式层面。如果说文化政治论是隐含了某种文学艺术研究的政治承诺的话，那么，新形式主义则有一个鲜明的审美承诺或形式关切。那就是要把抽象政治概念式的枯燥分析转化为感性的审美体验式的阅读。如莱文森所言："以某种审美的或形式的承诺来建构新

---

[1] Daphne Patai and Will H. Corral (eds.), *Theory's Empire: An Anthology of Dissent*, 9.
[2] Susan Wolfson, "Reading for Form," *Modern Language Quarterly*, Vol. 61(2000): 1–16.
[3] Marjorie Levinson, "What is New Formalism?" *PMLA*, Vol. 122, No. 2 (2008): 562.

形式主义，努力抵御某种认知的、伦理的和司法的承诺所引发的不和谐。"[1]一方面，新形式主义主张回到启蒙思想家的基本观念上去，特别是康德、席勒等人的美学思想，并把形式作为一个富有生产性的概念；另一方面，新形式主义针对后结构主义以来的历史，以更为宽容的格局来重新清理形式主义知识谱系：俄国形式主义、布拉格学派、英美新批评、结构主义、解构主义、新历史主义、后结构主义等等，从中发现新形式主义的理论资源，因此许多暂时被忘却或边缘化的理论家又被重新定位和阐释。不难发现，新形式主义不是一种简单回归过去的主张，而是把过去和现在甚至未来的不同维度都置于理论的建构之中。在传统的对形式和审美概念的理解基础上，新形式主义汲取了晚近后结构主义等理论的某些养料，大大拓展了形式的内涵。

最后，由"为形式而读"引发的进一步的问题是，如何使文学艺术的理论和批判避免抽象枯燥的理论概念的分析，重返文学艺术研究所特有的愉悦体验。不难发现，"理论终结"和"理论之后"的"后理论"，正在改变自己的研究策略和方法，关注审美体验式的分析与阐释。早在20世纪60年代文化政治论登场之时，桑塔格就举起了"反对阐释"的旗帜，强调文学研究应拒斥抽象的理论化而回归感性体验。[2]审美论再次提出了文本分析的审美体验而非政治概念解析的重要性，强调文本审美层面的细读愉悦，这就使得文学艺术的研究和批评更加接近审美而非思辨。经过法国理论的洗礼，理论先行和理论宰制已经成为文学艺术研究的大趋势，没有理论的文学研究和艺术研究被认为是低层次的，缺乏思想的生产性。但是如何把思想的生产性与

1　Marjorie Levinson, "What is New Formalism?" 562.
2　参见苏珊·桑塔格：《反对阐释》，程巍译，上海译文出版社2003年版，第3—17页。

审美体验性两者完美结合,始终是文学理论、艺术理论甚至美学理论的关键环节。审美论的一个重要取向就是使研究向审美倾斜,恢复文本细读的审美愉悦,用克里格的话来说,就是文学研究具有某种"对抗意识形态"的功能。在这样的理论和批评的思考中,审美体验和审美判断成为不可或缺的环节。在有条件地接受各种"后主义"对差异和边缘的宽容之后,审美论仍旧坚守审美体验和审美价值是非常重要的,当然,今天审美论所提倡的审美体验及其判断不再是狭隘的、独断论的和排他性的,但坚持某种审美价值标准却是显而易见的。

最后,我用克里格的一段话作为本章的结语:

> 研究文学的价值在于通过向我们揭露总体化之危害,进而揭秘了意识形态(以及否定的意识形态)。想想在艺术领域之外碰到的那些僵化的话语,我只能寄希望于它们也受到艺术话语的熏陶。文学性的艺术服务社会最重要的是它对读者别的阅读经验的熏陶:通过引导那些顺从的读者学会完整阅读的方法,去领会文本语言游戏性以及文本的虚构性,进而帮助他们在各种表面上看来并非"文学"或"审美"的文本中,发现这种游戏和这些虚构。
>
> ……我提倡一种文本,它具有超越周围话语环境限制去创造的力量,具有使那些顺从的读者感到惊奇的力量。确切地说,被意识形态批评解读的文本所匮乏的正是这种令人惊奇的力量。审美无须回避政治;事实上,我们有理由在美学与政治意识之间确保某种关联,虽然这一关联并非那么令人放心的牢固。如今在这一关联中也有了某种抵抗意识形态总体化强制的因素;不只是抵抗某种意识形态,而是抵制依附于意识形态的褊狭性(哪怕不是

总体的封闭性)。席勒以后,我们现在已把解放的意识当作审美本身,如果是这样,那么作为政治动物的我们沉浸在审美之中时,甚至用审美来超越时,我们就都会感到愉悦。[1]

---

[1] René Wellek, "Destroying Literary Studies," in *Theory's Empire: An Anthology of Dissent*, eds. by Daphne Patai and Will H. Corral, 30.

第四章 "剪不断理还乱"的艺术边界

为什么艺术界时常发生艺术边界的争议？为什么艺术边界的问题总是争论而毫无结果？为什么人们对艺术边界的看法会随着时间的推移而有所变化？

大约是自19世纪中叶以来，艺术定义或艺术边界的问题热议不断，提出的解决方案林林总总，却莫衷一是，常常是各说各的理，离达成共识相去甚远。也许正因为这是一个无法解决的问题，所以才有那么多人奋不顾身地投身其中，汇入了艺术边界论争的大合唱。美学家亦有人钟情于为艺术划边界，丹托可能是其中最大牌的一个。他先是提出"艺术界"理论，后又紧跟着"艺术终结论"，再后来是"艺术终结之后"，晚近则警告说"美的滥用"。[1] 好在艺术并不像丹托所划定的那样，他说他的，艺术走自己的。不过，艺术界的争论是一种复调，但声音却并不和谐，有些声音还挺刺耳。每隔几年，艺术界一有风吹草动，便有人拿"边界"来说事。此一情景可模仿马克思的传神说法："一个幽灵，一个艺术边界的幽灵，在艺术界和美学界徘徊。"

---

1 分别参见 Arthur Danto, "The Artworld," *The Journal of Philosophy*, Vol. 61 (1964): 571–584; *The Philosophical Disenfranchisement of Art* (New York: Columbia University Press, 1986); *After the End of Art: Contemporary Art and the Pale of History* (Princeton: Princeton University Press, 1998); *The Abuse of Beauty: Aesthetics and the Concept of Art* (Chicago: Carus, 2003)。

本章并不想提出什么新的艺术边界的假设，而是想清理一下此问题如何被建构，又为何难以解决，简言之，换个角度来思考"剪不断理还乱"的艺术边界问题。

现代性的分化与艺术自立

稍有艺术史和美学史常识的人都知道，今天我们所说的艺术，实际上是一个现代性的产物。现代性率先出现在西方国家，文艺复兴之后已初见端倪，到了启蒙运动时渐趋成型。与艺术边界问题密切相关的两件事不能不提：一是1746年法国神父巴托写了一篇题为《归为单一原则的美的艺术》的论文。他在论文中，把艺术分成三种：美的艺术、实用艺术、机械艺术。美的艺术存在的唯一理由是为了情感愉悦，它少得可怜，只有区区五种：音乐、诗歌、绘画、戏剧和舞蹈。[1] 二是1750年，德国哲学家鲍姆加通史无前例地提出了哲学应建立一门美学学科，旨在研究人的感性经验，而最集中体现这一经验的是美的经验，而美的经验就是艺术的经验。[2] 于是，美学一开始就作为艺术哲学而被确立起来。法国人说有一类艺术可以称为"美的艺术"，其功能和目的都不同于机械的和实用的艺术；德国人则断言要有一个专门研究艺术的哲学分支，它不同于逻辑学、伦理学等其他哲学分支。两者可谓遥相呼应，密切配合。今天听起来都是常识，但当时却有极其重要的开天辟地功能，为一片混沌的艺术和关于艺术的知识划定了边界。

关于这两件事，我以为有些关节点需特别留意。其一是时间节

---

[1] Abbé Batteux, *Les beauxarts réduits à un même principe*, 1746.
[2] 鲍姆嘉滕：《美学》，简明、王旭晓译。

点，两件事同时出现在18世纪中叶，正值西方启蒙运动高潮时期。其二，两件事都发生在西方，因为现代性率先出现在西方。所以，历史地看，艺术边界的问题也是率先在西方语境中被提出来，晚近才在中国语境中被讨论。其三，这两个事件也许没有谁影响谁的直接关系，可能是各自独立发展的，但这倒提醒我们，为什么会同时出现两个有关艺术边界的事件呢？其中一定有某种内在关系。对这三点的思考，都指向了现代性这个核心问题。

现代性是启蒙运动最直接的成果，想想那时的艺术家、哲学家、科学家、教育家……真的让人敬仰。他们个个抱负远大，关心人类社会和文化的重大问题，提出了种种激动人心的宏大叙事。那时最响亮的口号大约是康德在1784年在《答复这个问题："什么是启蒙运动？"》中大声喊出的："要有勇气运用你自己的理智！"[1] 启蒙哲学家、思想家及刚获得合法头衔的美学家们想做些什么呢？用今天的话来说，他们个个都有强烈的"边界意识"，要为一切人类活动和知识领域划出界限。从自然科学到古典知识，上至天文下至地理，无所不及。法国"百科全书学派"可以说是这一冲动的典范。在这样一个声势浩大的划界运动中，少不了要给美的艺术定位，给音乐、绘画、诗歌、戏剧和舞蹈划界，给哲学、美学划界……在一个知识和观念经历巨大转变的时期，搞清一切边界，乃是一种合乎逻辑的思想冲动。

划清边界，也就是区分不同的事物、知识、对象，其实这就是现代性的核心观念。到了20世纪初，韦伯用更加冷静和客观的口气说到现代性。他认为现代性乃是一个不断分化（或区分）的过程。最重要的区分是宗教的和世俗的东西分离，唯此世俗社会和科学知识才得以

---

[1] 康德：《历史理性批判文集》，何兆武译，商务印书馆1991年版，第22页。

形成。倘若没有这个分化，艺术仍旧卑躬屈膝地处于宗教伦理的宰制之下，便绝无什么美的艺术之蓬勃发展。由于宗教和世俗的区分，导致了一系列更多领域的细分，这就是韦伯所说的现代性的"价值领域的分化"。他特别指出了五个价值领域的区分：经济、政治、审美、性爱和智识五个领域在过去是彼此不分家，现代性则像一个催化剂使之各奔东西了。韦伯注意到，审美（艺术）脱离了宗教教义和兄弟伦理的束缚后，开始注重艺术形式和感性表现，原先在宗教伦理的高压下，艺术家即使有这样的冲动也被宗教的力量给压抑了。只有当宗教的、道德的标准不再适合于艺术，艺术理直气壮地按自己的标准来评判时，艺术的潜能才被激发出来。[1] 我以为，艺术的自身合法化乃是艺术从现代性那里得到的最大奖赏，否则我们今天不可能讨论什么艺术的边界问题。

图4.1

上图（图4.1）也许是现代性的分化过程的一个形象说明，把世

---

[1] H. H. Gerth and C. W. Mills (eds.), *From Max Weber: Essays in Sociology*, 340–343.

界区分为不同的区域，把人类活动区分为不同的价值领域，把美的艺术区分为音乐、绘画、诗歌、戏剧和舞蹈不同类型，就像图例所标示的那样，在一个原本不加区分且无限广延和开放的人类生活世界里，区分出特定的区域，界划出各自的边界。它们彼此不同，各有各的游戏规则而井水不犯河水。我们不妨设想，"美的艺术"就是图中的一个大格子，其中又包含了音乐、绘画等五个小格子。经过这样的区分，艺术家就可以心安理得地在自己的地盘上耕耘，而美学家也守土有责地在自己的空间里思考。

如果说美的艺术与实用的和机械的艺术区分还只是艺术领域的分化的话，那么，背后一个更大也更重要的分化在悄然发生。那就是真、善、美的区分。虽说艺术从来被看作是真、善、美的统一，美学的理想也必以三者统一为指归，但现代性的实际进程却使三者分离。此话听起来有点不可思议，但却是实实在在的事情，现代性的逻辑就是这样！道理很简单，艺术要获得自己存在的权利和合法性，就必须有自己的存在根据和价值判断标准，因此与真、善分离在所难免。回到康德，他在大声吁请人们摆脱人的不成熟状态、勇敢地运用自己的理智时，雄心勃勃地建构了宏大的三大批判体系。这三大批判体系究竟是啥意思呢？黑格尔说："康德哲学是在理论方面对启蒙运动的系统陈述。"[1] 那么，康德是如何阐述启蒙运动的呢？新康德主义者文德尔班一语中的：康德的贡献是把心理活动区分为思想、意志和情感三种形式，通过理性批判来检验认识原则、伦理原则和情感原则。康德学说的理论、实践、审美三大部分，构成了纯粹理性、实践理性和判

---

[1] 黑格尔：《哲学史讲演录》（第四卷），贺麟、王太庆译，商务印书馆1983年版，第258页。

断力批判。[1] 美学就是判断力批判，关乎审美活动中的情感问题，它有别于其他两大批判，有其独立存在的合法性。尽管三大批判关系密切，但从知识根基上说，它们各有各的问题和价值评判标准。韦伯以后，哈贝马斯从新的高度更加明晰地阐述了真、善、美分家，并在此指认这一重要的分化就是现代性的征兆：

> 韦伯认为，文化现代性的特征是，原先在宗教和形而上学世界观中所表现的本质理性，被分离成三个自律的领域。它们是：科学、道德和艺术。由于统一的宗教和形而上学世界观瓦解了，这些领域逐渐被区分开来。18世纪以降，古老世界观所遗留下来的这些问题被安排在有效性的各个特殊层面上，这些层面是：真理、规范性的正义、本真性和美，它们因此而被当作知识问题、公正性和道德问题或趣味问题。科学话语，道德理论，法理学以及艺术的生产和批评依次被体制化了。文化的每一个领域都和文化的职业相对应，其中专家们所关心的是对这些问题的处理。这种专业化地对待文化传统彰显出文化这三个层面的每一个所具有的内在结构。它们分别呈现为认知-工具理性结构，道德-实践理性结构，以及审美-表现理性结构。[2]

在这一著名的陈述中，哈贝马斯指出了真、善、美各有其"理性结构"，各有其特定的核心观念和问题。更重要的是，分化所导致的体制化以及专业化地处理这些问题，这就构成了我们今天讨论艺术边界

---

[1] 文德尔班：《哲学史教程》（下卷），罗达仁译，第732—733页。
[2] Jürgen Habermas, "Modernity—An Incomplete Project," in *Postmodernism: An International Anthology*, ed. by Wook-Dong Kim (Seoul: Hanshin, 1991), 261.

的基本语境。一方面是价值领域或真、善、美的区分,艺术作为以美为根据的人类文化活动,有自己的游戏规则和价值评价标准;另一方面,相应的社会制度、专家及其专业知识建构起来了,美学的出现不过是这一制度化的必然结果之一。一方面是艺术家在不断地拓展艺术的疆界,另一方面是美学家在不断地清理和论证艺术的边界。康德以后,黑格尔直接把美学界定为艺术哲学,而美学家几乎都把自己定位成艺术哲学家,他们关心的基本问题就是为艺术的发展和存在提供学理上的根据,为艺术独立存在做必要论证。

说到这里,得出一个结论是合乎逻辑的:(美的)艺术是现代性的产物,现代性的分化使艺术作为一个独立自足的价值领域而出现。真、善、美的区分既为艺术的自主性提供了前提条件,但又为艺术后来的危机埋下了种子。

现代主义与艺术自主性

现代艺术发展的必然后果是现代主义的诞生。现代主义艺术是西方文化发展历程中的一次激变。从19世纪50年代起至20世纪50年代,现代主义一百年的发展彻底改变了西方艺术的地形图。就绘画而言,从马奈始,平面化改变了西方绘画文艺复兴以来所恪守的透视原则,印象派有力地颠覆了古典绘画的灰调子而解放了色彩,立体主义动摇了牛顿式的三维空间及其视觉呈现,表现主义凸显出艺术家情绪和形式的新型关系,超现实主义以梦幻入画,达达主义无所禁忌地表现,抽象主义更是把画什么变成了不画什么,传统绘画的任何规范和原则都不复存在。只要看一下马列维奇的《黑方块》,就会明白现代主义绘画有多大的颠覆性!这一切似乎是在应验马克思《共产党宣言》关于现代性特征的著名判断:"一切固定的古老的关系以及与之相适应的素被尊崇的观念和见解都被消除了,一切新形成的关系等不到固定下来就陈旧了。一切固定的东西都烟消云散了。一切神圣的东西都被亵渎了。"[1]

马克思的判断不啻是现代艺术的真实写照。要注意的是,极尽新奇之能事的现代主义艺术,在宗教和世俗未加区分的时代是完全不可能的。只有在现代主义艺术家摆脱了其他社会价值和体制的束缚、限制和强暴之后才有可能。所以,美国社会学家贝尔强调现代主义三个冲动之首是艺术和道德的分治,其他两条依次是对创新和实验的推崇,把自我奉为文化的准绳。[2]毫无疑问,第一条是现代性的分化之体现,也是后两条所以可能的前提条件,而后两条创新实验和自我崇拜则是现代主义的动因。只有当艺术与非艺术边界截然分开,"为艺术而艺术"的观念才有可能出现。所以王尔德作为一个开风气之先的人物在19世纪下半叶登场。他的人生经历几乎就是一个艺术的生存方式,其座右铭是:"生活模仿艺术远甚于艺术模仿生活。"[3]正是因为艺术有如此重要的功能,所以他断言在画家描绘伦敦的雾之前,伦敦人令人悲哀地视而不见,是画家教会了伦敦人欣赏伦敦的雾。这大概说的就是印象派画家莫奈所画的多幅伦敦雾景画。这么来看,唯美主义的主张就有其独特的社会和文化批判性了。艺术不但和非艺术的生活泾渭分明,更重要的是艺术乃是生活的典范,而生活是平庸、乏味的,充满了无趣、刻板的成见。是艺术提供了生活中所没有的东西——美。美并不在生活中,美只存在于艺术世界。王尔德郑重其事

---

[1] 马克斯、恩格斯:《马克思恩格斯选集》(第一卷),第254页。
[2] 丹尼尔·贝尔:《资本主义文化矛盾》,赵一凡、蒲隆、任晓晋译,第30页。
[3] 王尔德:《谎言的衰朽》,杨恒达译,赵澧、徐京安主编《唯美主义》,第127页。

地提出了唯美主义三原则：第一，"艺术除了表现它自身之外，不表现任何东西"；第二，"一切坏的艺术都是返归生活和自然造成的"；第三，"生活模仿艺术远甚于艺术模仿生活"。[1]

艺术不再模仿生活的最典型形态大约是抽象表现主义绘画，我们所熟悉的生活世界在波洛克的绘画中彻底消失了。彩色的斑点和流淌的色线构成了画面，既无视觉焦点，又无熟悉的物象，除了有些标题的暗示性之外，我们的生活世界在绘画中被彻底过滤掉了。关于现代主义绘画的这种走向，格林伯格有精彩论断，他认为这是康德之后艺术的现代性自我批判的必然结果。传统绘画画什么或让观众看到什么曾被认为是天经地义的造型艺术原理，现在的画家不要观众看到画了什么，而要他看到"画自身"。只有当画什么也不画的时候，"画自身"才能出现，那就是画的媒介，就是色彩、线条和形状。[2] 格林伯格的经典看法从造型艺术角度阐释了现代艺术的边界是如何被建构起来的。

这里，我们瞥见现代主义艺术对于艺术边界确立的积极作用。这里的一个关键词是现代主义美学的核心观念——艺术"自主性"（autonomy）。自主性就是自身合法化的，艺术的价值判断和存在的根据不在艺术之外，而在艺术自身。唯此真和善的价值标准都不再适合于艺术。艺术的唯一标准是它自身的美，唯此它才被称为"美的艺术"。它与任何有实用功能和目的的"艺术"都有所不同。自主性是现代艺术安身立命的根基，甚至有人把它视为现代主义的意识形态。从以上分析还可以得出另一个结论：现代主义的审美意识形态进一步加强了艺术的自主性。自主性是艺术边界的学理依据。

1　王尔德：《谎言的衰朽》，杨恒达译，赵澧、徐京安主编《唯美主义》，第143页。
2　格林伯格：《现代主义绘画》，周宪译，周宪编《激进的美学锋芒》，第203—210页。

但是，现代主义又有另一面，即当它要摆脱宗教的、伦理的和政治的影响时，就深深地依赖于艺术的自主性，可一旦获得了自主性，它便在其庇护下恣肆狂放地生长，最终又危及艺术的自主性。回到贝尔关于现代主义动因的三点概括，摆脱道德束缚的艺术已经彻底自由了，创新实验和自我崇拜也就无所顾忌地膨胀起来，好比风筝解脱了绳索的牵制而在天空自由地翱翔。凡事没了限制就必有相反的可能，现代艺术正是这样。以形形色色先锋派或激进面目出现的现代主义艺术，在高扬"为艺术而艺术"的大旗时，暗中潜藏摧毁自身的反冲动——反艺术。反艺术是从艺术自主性那里得到合法性的，但反艺术的出现又反过来反对艺术自身，其结果必然是对艺术本身的敌意，与人类文明的反目仇视。现代主义艺术的这一危机早在20世纪20年代就被西班牙哲学家奥尔特加所预见，他发现形形色色的"新艺术"来者不善，它们采用一种"去人化"的策略来表征，我们所熟悉的一切都从艺术中被驱逐了，剩下的是充满怪诞不经之物的艺术世界。这种艺术的命运是对文明的敌视，对传统的颠覆，最终是艺术自身的瓦解。[1]

我们看到，如果说从印象派开始的现代主义绘画还只是在架上画的小天地里折腾的话，那么，创新和自我标榜的无限冲动便会冲出藩篱，冲破一切可能束缚创新和自我呈现的桎梏。各种极端的艺术实验在所难免。当杜尚把男厕所的小便斗拿去展出时，他究竟是出于什么考虑呢？在我看来，与其说《泉》有什么价值和看点的话，不如说它的重要性不在它自身，而在于向种种艺术价值、规范、观念、惯例挑战，也即对艺术边界的挑战。也许在他看来，必须以一个完全和艺

---

[1] 奥尔特加·伊·加塞特：《艺术的去人性化》，莫娅妮译，译林出版社2010年版，第17—20页。

术不沾边的现成物来颠覆艺术既有的边界，必须以极度陌生化甚至令人震惊的方式，才有可能把现代性所确立的艺术边界的人为性彰显出来：既然小便斗都可以成为艺术品，那还有什么不能成为艺术品呢？既然没有什么不是艺术品，那么艺术边界也就不攻自破了。杜尚是一个绝顶聪明的现代艺术"巫师"，他的《泉》是一个艺术边界的"魔咒"。几百年来多少代人辛辛苦苦建构确立的艺术边界，在这个现成物的致命一击中灰飞烟灭了。美学家费舍尔认为，杜尚的极端现成物解构了视觉艺术最基本的五个假设：(1)艺术是手工做的；(2)艺术是独一无二的；(3)艺术看起来应是完美的或美的；(4)艺术应该表达了某种思想；(5)艺术应有某种技巧或技艺。[1] 一言以蔽之，杜尚以一种最意想不到却又最有震撼力的方式戳穿了艺术边界的神话。现在，美的艺术这个沾沾自喜于"新衣"的皇帝，一下子赤裸裸地呈现在众人面前。《泉》明白无误地告诉人们：所谓艺术的边界，一如皇帝的"新衣"那样并不存在。

说到这里，我们又得出了一个悖论性的结论：现代主义在加速划定艺术边界的同时，又无情地摧毁了这个边界。现代主义也许就是艺术自主性所孕育的必定抛弃自己的不肖子孙。

资本逻辑对艺术边界的进一步消解

假如说现代艺术的创新实验和自我张扬在不断地突破原有的艺术边界的话，那么，越来越多的社会体制性力量的加入，也在深刻地改变着艺术的版图。"为艺术而艺术"日益成为一个幌子、一个骗人的把戏。我们知道，资本主义的逻辑就是资本无孔不入的渗透和宰制，

---

[1] John A. Fisher, *Reflecting on Art* (London: Mayfield Pub, 1993), 121.

艺术也不能幸免于难。得到自主性的艺术并不是存在于不食人间烟火的天国里，艺术家要吃饭，他必须养活自己，他不得不出卖自己的作品，他不得不去引起公众和艺术界对其创作的关注。于是，艺术与商业结盟成了别无选择的选择。而艺术一旦受制于资本，告别"为艺术而艺术"的终局就为期不远了。今天，我们一次又一次瞥见艺术家"不为五斗米折腰"不过是个神话，数不清的艺术家在金钱的诱惑面前，会变得一反常态，卑躬屈膝，甚至斯文扫地。当代中国艺术的现状即如是。在一个金钱是"硬道理"的社会中，艺术不得不严重地依赖于各种社会的、市场的体制来存活。

　　从巴托和鲍姆加通到康德，再经过韦伯到哈贝马斯，前面我们勾勒了一条清晰可见的线索，它揭橥了艺术如何在现代性的分化中逐渐自立家门的过程。艺术家从过去看主子脸色行事的工匠，变成了独立创作的自由人。在古代社会，今天被我们敬仰的伟大艺术家们其实也不那么伟大，因为他们不过是些被贵族雇用的家族艺匠而已，仰人鼻息常常使他们违背自己的心意而依从主子的喜好。"文艺复兴三杰"，当初也不过是依主子意旨行事的匠人，所做的工作也就是为那些显赫家族光宗耀祖而已。艺术社会学的研究表明，艺术家的人格独立和创作自由是在摆脱了赞助人豢养方式、进入艺术的自由市场之后才获得的。齐美尔说得好，现代货币经济解放了个体，把人从一种传统的依附关系中解放出来，因此理论上说每个人都是自食其力的自由人，只有在这时个体才获有自我的人格独立，因为钱装在自己的口袋里也就不再依赖任何人了。[1] 现代公共领域的发展和艺术品市场化，把艺术家从依附主子的艺匠，转型成自由的创作者。难怪浪漫主义时

---

[1] 齐美尔：《货币哲学》，陈戎女译，华夏出版社2002年版，第224—229页。

期的艺术家把自己和神相提并论,将自己誉为"是世间未经公认的立法者"[1]。这里既有启蒙运动以降艺术家的宏大理想与抱负,又有难以掩蔽的清高、自大和狂妄。遗憾的是,艺术家的这种理想角色从未真正实现过,他们告别了封建社会的赞助人之后,其实日子并不好过。凡·高的一生是一个典型个案,他的大多数作品在生前并不被看好,因此而穷困潦倒一生。他可能完全无法理解当年他以几英镑成交的一幅画,会在他死后拍出6000万英镑的天价,这不啻是对艺术家艺术追求的莫大嘲讽!

的确,谁也不曾想到,艺术在好不容易摆脱了宗教和道德的看护之后,却又落入了资本宰制的窠臼,看似清晰起来的艺术边界重又模糊起来。平心而论,商业化对艺术来说确实是一把锋利的双刃剑,它在斩断束缚和压抑艺术家的种种社会的、道德的和宗教的锁链的同时,又在不经意间揭开了艺术家不食人间烟火而鄙视铜臭的假面。20世纪30年代先锋派艺术巅峰之时,格林伯格就揭露了先锋派艺术家的暧昧:他们一方面自我批判式地为追求艺术而艺术,另一方面又有一条黄金"脐带"与充满资本铜臭的市场暗中相连。[2] 如今,经纪人、策展人、资助人、收藏夹、拍卖行、博物馆、批评家等体制和角色,如此之多的"看不见的手"扼住了艺术家的咽喉,"功夫在诗外"已是一个颠扑不破的真理。当艺术家跟着市场和买家来转悠时,艺术的边界再一次被打得粉碎,艺术品已经沦为与普通商品别无二致的物品,艺术的尊严和斯文也不再被人称道。19世纪下半叶以来,资本对艺术日益严重的渗透和支配,艺术品市场对艺术风向的左右,拍卖、

---

[1] 雪莱:《为诗辩护》,缪灵珠译,刘若端编《十九世纪英国诗人论诗》,人民文学出版社1984年版,第160页。

[2] 格林伯格:《先锋派与庸俗艺术》,周宪译,周宪编《激进的美学锋芒》,第196页。

收藏、投资等商业性活动对艺术品的虚高价格的飙升,在神速造就屈指可数的几个顶尖的艺术富翁的同时,又将大多数艺术家抛入一生默默无闻、衣食窘迫的困境。如今,艺术并不像哲学家、思想家和美学家所标榜的那样崇高和神圣,也不像艺术家自吹自擂的那样有至高无上的地位。

更有趣的一个问题是,当资本深度浸淫、艺术品流通日趋商业化时,艺术品与其说是一个给人审美愉悦的对象,不如说是蕴含了无限商机和暴利的"超级商品",一个马克思所说的储存交换价值的手段。更严重的问题在于,今天,无论是在西方,还是在中国,艺术品的艺术价值与其商品价格已经严重脱节,价格的天文数字与其艺术价值高下已毫无关系。艺术品作为一个异化了的商品,成为金钱发酵的温床。曾被奉为圭臬的纯粹的审美和艺术价值,已经彻底地消解在价格攀升的曲线之中。艺术的边界只依稀留存在人们美好的幻觉里,艺术市场严酷的金钱法则凌越于一切古老的艺术法则之上。鲍德里亚在1987年惠特尼美术馆的演讲中,一方面指出了艺术在高度商品化后必然消失的宿命,另一方面又坚决否定了回归艺术现代性源头的复辟之路。他说道:

> 如果商品形式破坏了这对象(指艺术品——引者注)先前的理想性(美、本真性,甚至功能性),那么,无须通过否定商品的本质来尝试使其得以恢复。相反,必须——并且这构成了现代世界反常的和冒险的诱惑之物——使这一断裂绝对化。两者之间不存在辩证关系,综合通常是一种乏力的解决方案,而辩证法通常是一种怀旧的解决。唯一激进的和现代的解决方案:使商品中新奇的、不可预期的、卓越的东西成为可能,换句话说,对有用

性和价值保持形式上的冷淡成为可能，使毫无保留地赋予流通以首要性成为可能。这就是艺术品应成为的东西：它应具有在商品里可见的如下特征：令人震撼、新奇、令人惊异、焦虑、流动性，甚至自我毁灭、瞬时性和非现实。[1]

显然，鲍德里亚的方案是激进的和偏颇的，有点像尼采提出的方案，当这个世界衰落时不是拯救它，而是给它以致命一击。艺术中商品的特征越是明显，就将越是迅速地导致艺术的消失，而艺术的边界也就越发难以存在。我们有理由认为，资本的法则在艺术内部内爆了艺术边界，将艺术推入了危险的困境，艺术品越来越成为一个充满诱惑的"超级商品"。

后现代与边界的不可能

现代主义在经历百年挣扎后寿终正寝，后现代主义取而代之。从现代到后现代，一系列的反叛、转向和否定是显而易见的。后现代性不同于现代性的一个显著特征是对现代的分化实施"去分化"。去分化意味着曾经被设想为一个具有自主性的独立艺术领域的消失，把它融入了更为广阔的非艺术空间之中。也许韦伯无法预料在他死后不到半个世纪，他关于现代性的价值领域分化的判断已被这些领域的去分化所取代。后现代的一系列命题、概念和主义似乎都在模糊艺术的边界，王尔德说的生活模仿艺术倒是成为现实，越来越多的艺术家不再满足于画室创作，形形色色的行为艺术、装置艺术、大地艺术、偶发

---

[1] Jean Baudrillard, *The Conspiracy of Art* (New York: Semiotext, 2005), 100–101.

艺术、人体艺术、观念艺术等大行其道。美术馆的艺术空间也被一些艺术家所越界，如有人把国旗从美术馆的封闭空间一直延伸到大街的开放空间，艺术的边界再一次被有意凌越。"日常生活审美化"彻底改变了艺术的精英主义观念，艺术的审美体验不再限于音乐厅、美术馆、剧院或其他体制化的艺术空间，日常起居，衣食住行，甚至锅碗瓢盆的使用都变成了审美体验，因为设计已成为关乎情感体验的一门艺术。[1] 今天，艺术所遭遇的这种状况很像马格利特的《人类状况》这幅画所寓言的，窗外的风景好比是非艺术的广大生活世界，而画中那个半虚半实的画框恰似艺术，它若隐若现在广袤的实景中，象征着当下艺术所处的不确定形态。不确定性，恰恰就是后现代的基本信念。

美国艺术批评家罗森伯格在1972年出版了一本书，名为《艺术的去定义》(*The De-Definition of Art*)。"去定义"意味着什么？不可定义、无定义，还是反定义？我以为这些意思都是题中应有之义。书中引用了雕塑家莫里斯的一段话耐人寻味："静态的、可携带的室内艺术物只是一个变得日益无趣的装饰物而已。"请注意，莫里斯这里没有使用"艺术品"(art work)概念，而是使用了"艺术物"(art object)。从"品"到"物"的用词细微变化，道出了后现代艺术的真谛。"品"是人有意创作出来的东西，而"物"则是无处不在的东西。所以艺术家用"现成物"(ready-made)来取代艺术品也就是合乎逻辑的了。更值得注意的是，莫里斯这里已经宣判，传统的艺术品变得越来越无趣了，已沦为某种无足轻重的装饰物。1971年，重要的人文杂志《视界》(*Horizon*)发表了一篇长文，题目也可与罗森伯

---

[1] 参见 Virginia Postrel, *The Substance of Style: How the Rise of Aesthetic Value is Remaking Commerce, Culture and Consciousness*。

格的书名相呼应，曰《"非艺术""反艺术""非艺术的艺术""反艺术的艺术"都是无用的，如果某人说他的作品是艺术，那就是艺术》(Non-art, anti-art, non-art art, and anti-art art are useless. If someone says his work is art, it's art.)。此话实际上出自美国极简主义艺术家加德，这句话无疑代表了当下艺术家对艺术边界消解的一种普遍判断。

当艺术家忙着颠覆艺术边界时，批评家、理论家和美学家们也没闲着。在一个艺术变得日益恼人的时代，应该说美学家们会有更重要的角色去扮演。但是如果我们从现代性到后现代性的历史转变过程来看，这角色经历了一个天壤之别的转型。根据社会学家鲍曼的看法，文艺复兴以来，美学家们曾经风光一时。他们曾作为艺术界的"立法者"出现，发动了一个"发现文化"的运动，前面所说的现代性分化导致美的艺术的出现，就是这一运动的产物。他们所以有"立法权"，是因为他们在理论上论证了艺术的正当性和合法性，确立了艺术和非艺术的边界，厘清美的价值标准和批评的原则，建构良好趣味的准则等。他写道：

> 在整个现代时期（包括现代主义时期），美学家们依然牢牢地控制着艺术判断领域。……控制意味着对艺术领域行使权力。在美学领域，知识分子权力看来尤其未曾受到质疑，事实上可以说他们垄断了控制整个领域的权力。……教养良好、经验丰富、气质高贵、趣味优雅的精英人物，拥有提供有约束力的审美判断、区分价值与非价值或非艺术的权力，他们的权力往往在当他们的评判或实践的权威遭到挑战而引发论战的时候体现出来。[1]

---

[1] 齐格蒙·鲍曼：《立法者与阐释者：论现代性、后现代性与知识分子》，洪涛译，第179页。

在启蒙运动以来的西方美学的发展历程中，我们可以清楚地看到美学家的"立法者"作用，康德、黑格尔、狄德罗、莱辛、歌德、席勒、休谟等一大批美学家可谓典范。曾几何时，随着中产阶级的急剧扩张、大众文化的全面渗透、资本致命渗透导致的商品化、多元文化论的流行，加之后现代艺术的广泛去分化，美学家的"立法者"资格很快就被取消，他们不得不从制定艺术标准的权威人士，沦落为解释艺术现象的阐释者。比较一下康德与丹托的美学，不难发现两人的巨大差异，后者再也没有前者"要有勇敢地运用你自己的理智"那样的勃勃雄心了，他所做的工作不过是躲在书斋里不那么自信地向一小拨人解释为什么沃霍尔《布里洛盒子》也算是艺术品。

从后现代主义及其后现代性来看，艺术无边界。一切都是不确定的，为什么要给艺术划出一个确定边界呢？

从以上历史的描述来看，为艺术划"界"实在是一个"剪不断理还乱"的费力之举，也许它根本无法得到解决。但一些反对这一看法的人仍在孜孜不倦地在为艺术划界，提出了无数假说。不过我认为，许多关于艺术边界的理论多少有点像是自娱自乐的幻象。这些艰苦的工作固然令人敬佩，但过了好多年之后，我们会发现这些假说好像都在原地踏步，并没有解决任何问题。就像埃舍尔的画《上升与下降》一样，提出假说的人自以为对艺术边界的假说已提升了我们对艺术的理解，或自以为已经深入到了艺术的内核，但面对艺术新的发展和挑战，他会突然发现自己又回到了原来的出发点。埃舍尔的画妙就妙在幻象与事实之间的微妙关系上，幻觉中以为自己在上升和下降，实际上却是在一个平面上移动。

今天，我们只要对美学文献稍加翻检，可以整理出无数有关艺术边界的假说。如果有一千个假说，再增加一种或数种亦无助于问题的解决。仍痴迷于艺术边界问题的美学家，变得越来越像西西弗斯，刚把沉重的艺术边界之球推上山，旋即轰隆隆滚下来，无限重复的工作实在让人气馁。所以，我建议换个角度来思考：不再关注艺术边界本身，而是转向艺术的发展和变迁问题。当我们不再受边界问题的束缚时，当我们更多地获有艺术不断发展演变的感性经验时，当我们明白原来的艺术本性就是反边界时，那我们也就醍醐灌顶、大彻大悟，会自觉地把自己有限的精力用在更值得思考和探究的问题上去。艺术本无边，美学家们何苦为它人为地圈一块地呢？这算不算一个画地为牢之举呢？我怀疑。

第五章　换种方式说"艺术边界"

何谓"艺术边界"？

在日常生活中，"边界"的概念无处不在。从空间上说，国家有边界，校园亦有边界，这是一些看得见摸得着的物质性的边界，比如唐古拉山口的界碑。从时间上说，年龄也有边界，五十多岁的人不会说自己还是青年人，牙牙学语的孩子则刚刚开始自己的童年。职业也有边界，比如医生，一般的医生是给人看病的，兽医则给动物看病。如今就业市场流行各种职业考试，从教师资格考试，到会计资格考试，再到律师资格考试等，连开车都要有驾驶员资格考试，三百六十行，每行有自己的边界，所谓"交通警察"各管一段。边界的意义就在于确立某种规范或标准，使人的行为有据可依。

"边界"的汉语规范解释是："地区和地区之间的界线（多指国界、省界、县界）。"[1]这可谓是"边界"最基本的含义，对此不会有人有疑义。"边界"的西文解释就有点复杂，比如权威的《新牛津英汉双解大词典》对边界（boundary）的解释，其基本意思是"分界线、边界、界线"。还有比喻义："（某些抽象事物的）界限：一个没

---

[1] 中国社会科学院语言研究所词典编辑室编：《现代汉语词典》（修订本），商务印书馆1997年版，第74页。

有阶级或政治界限的社区。"[1]在这个词义解释后面,还有一系列的组合词汇,诸如"边界条件""边界层""边线裁判""边界值"等。这些引申义的概念,清楚说明了"边界"概念的要旨所在,所谓"边界",就是一些条件、层级或值的规定,以此规定界内和界外。比如"边线裁判"这个说法,就是专司边线的裁判员,足球或网球比赛,总有这样的裁判来判定球是否出了边线。在我们的日常用语中,也有很多相似的概念,比如常见的说法"道德底线",说的就是最低限度或最后的防线,越出了这个底线就另当别论了。再比如,社会学上的"失范"或"越轨"概念,前者指社会变化进程中失去或缺乏社会规范的情况,后者指人的社会行为偏离了特定的社会行为规范。这里"范"和"轨"都有"边界"的含义。

那么,"艺术边界"又是一个什么样的概念呢?它具体意指什么?

在汉语中,当我们说到"艺术边界"这个概念时,多半是在指艺术有一个"底线",不越出这个底线,就叫作艺术;越出了这个底线,也就不能称之为艺术了。这一用法和上面提到的"边线裁判"具有同样的意思,球一旦出了边线就失误了,而一旦越出艺术边界,也就不再叫作艺术了。

在西方美学中,"艺术边界"的说法不常见,同样的意思在西文中被表述为艺术界定,就是对艺术与非艺术的差异的规定,是关于艺术本质或特性的界定和讨论。诸如此类的讨论在西方当代美学中汗牛充栋,哲学家和美学家们提出了无数方案,并激烈争论。比如,一种最常见的思路是这样的论证逻辑:艺术的特性有赖于艺术品,因为艺术品有别于人类的其他产品,如不同于食品或化妆品,因此艺术品有

---

[1] 《新牛津英汉双解大词典》(第2版),上海外语教育出版社2013年版,第252页。

某种特别的审美特质，它为其观赏者提供某种情感愉悦，而对艺术边界的思考应该从这里入手。18世纪中叶，最早提出"美的艺术"概念的是法国哲学家巴托，他就是依循这一逻辑来处理的。他坚信"美的艺术"迥异于"机械的艺术"和"实用的艺术"，关键之处就在于愉悦人们的情感。[1]这种思考方式通常被称为"审美特性"方法。但问题接踵而至，既然艺术品有某种使欣赏者情感愉悦的功能，那么，艺术之谜就不仅仅在于艺术品本身，它与欣赏它的审美主体密切相关。这样一来，原本对一个艺术品客观特质的讨论，又不得不转移到审美主体身上来，需要继续讨论这是什么样的情感愉悦，如何产生愉悦等。比如，这种愉悦与其他非艺术的愉悦（比如美食）又有何种不同？既然艺术品有接受者，那么，就不得不考量创造艺术品的人——艺术家。所以，艺术品与艺术家的关系也就合乎逻辑地成为界定艺术边界的条件。于是，对艺术品的讨论同样无可避免地也转移到了艺术家的主体性上来了。艺术家的创造性、审美趣味、艺术技巧等等，成为讨论艺术的重要内容。

让我们简单地清理一下以上分析的逻辑：艺术有赖于艺术品，艺术品又有赖于欣赏者，最终又有赖于艺术家。如此关联就构成了某种循环论证，要讨论艺术就要讨论艺术品，要讨论艺术品就要讨论艺术家或欣赏者，这是艺术边界讨论难以逃脱的逻辑困境。海德格尔独辟蹊径地指出了另一个思路：

本源这个词在这里指的是，一件东西从何而来，通过什么它

---

[1] 参见巴托：《美的艺术简化至一个唯一原则》，殷曼楟译，殷曼楟主编《艺术理论基本文献·西方古代—近现代卷》，生活·读书·新知三联书店2015年版。

成为一件东西,这件东西是什么,它如何是这件东西。使一件东西是什么以及如何是的那个东西,我们称之为这件东西的本质。某种东西的本源就是这件东西的本质的来源。对艺术品的本源的追问就是追问艺术品的本质的来源。一般人认为,艺术品是从艺术家的活动或通过这种活动产生的。但是,艺术家之为艺术家又是通过什么呢?是作品,因为如果我们说作品给作者带来了声誉,实际上是说,作品才是作者第一次以一位艺术家的主人身份出现。艺术家是作品的本源。作品是艺术家的本源。二者相辅相成,缺一不可。然而,任何一方也不是另一方的全部依据。无论就它们自身还是就两者的关系来说,艺术家和艺术品都依赖于一个先于它们的第三者存在。这第三者才是那使艺术家和艺术品获得名誉的东西。这东西就是艺术。[1]

海德格尔所说的"本源",显然有"边界"的意思了。有此一本源的就可以称之为艺术,反之,缺乏本源自然不能叫作艺术了。这里虽然没有用"边界"概念,但本源在逻辑上当然获有"边界"的含义。当海德格尔执意要从第三者开始讨论时,就否定了从作为艺术次级概念的艺术家和艺术品入手的思路,而是要回到艺术的总体性概念,进而上升到一个形而上的哲学层面来审视。海德格尔认为,艺术的本源乃是真理的自行显现。我想,这种说法对很多关心艺术的人来说有点匪夷所思,它像是一个玄学问题。

---

[1] 海德格尔:《艺术作品的本源与物性》,M. 李普曼编《当代美学》,邓鹏译,光明日报出版社1986年版,第385页。

总体性或局部性的方法论张力

在当代美学中，坚持寻找艺术边界的探索从未停歇过。人们发明了各种不同的理论和概念来描述艺术边界。西方美学中一种具有长久影响的学说是"模仿说"，其较新的版本是所谓"再现说"。这一理论的要旨是认定艺术有别于其他事物或活动的典型征兆是它对实在世界的模仿，或者说艺术再现实在世界的特性是艺术边界的条件。前面提到的巴托对"美的艺术"的界定，就是从这个基本原则上去论证的。但问题在于，模仿或再现实在世界并不是艺术的唯一特权，仅从这个条件来考量艺术与非艺术的差异，往往很难说清楚。

既然模仿说或再现说无法穷尽艺术边界，在模仿说衰落后，其他种种新学说纷至沓来。由于浪漫主义的影响，由于艺术家的情感和想象被推崇，所以一些美学家虔信艺术与非艺术的主要差异在于其情感表现性。这个理论在中国也有悠久的传统，从先秦孔子"诗可以怨"的美学命题，到清代王夫之"景以情合，情以景生，初不相离，唯意所适"的经典表述[1]，一直到晚近很热闹的中国文化"抒情传统"说[2]等。在西方从浪漫主义美学，到托尔斯泰的艺术表现论，再到克罗齐-科林伍德"表现说"，各种强调情感表现的理论蔚为大观。但是，情感表现也并非艺术的唯一特性，人作为一种情感动物，情感表现在几乎任何人类活动的领域，所以如果只从情感表现来界定艺术的边界，显然会碰到许多麻烦和困难。

正像后来的学者们系统归纳的那样，模仿说强调艺术作品与实在

---

[1] 王夫之:《姜斋诗话》卷二，转引自叶朗《中国美学史大纲》，上海人民出版社1985年版，第457页。
[2] 高友工:《中国文化史中的抒情传统》，《中国美典与文学研究》，台湾大学出版中心2004年版。

世界的关系，而表现说聚焦于艺术品与艺术家的关系，于是，随着19世纪现代主义艺术自主性概念的流行，艺术越来越被视为一个独立自足的世界，艺术特有的形式和风格引起了美学家们越来越多的关注，并以此来探索艺术的边界所在。[1] 美学家们不再关注艺术品与外在方面（社会、艺术家或欣赏者等）的关联，而是日益关注艺术品自身所特有的某种审美的或艺术的特征。英国美学家贝尔"有意味的形式"说堪称此一理论的范本。在贝尔看来，一切可以称为艺术品的事物都有一个共同的特征，"那就是'有意味的形式'。在各种不同的作品中，线条、色彩以某种特殊的方式组成某种形式或形式间的关系，激起我们的审美情感。……'有意味的形式'，就是一切视觉艺术的共同性质"[2]。推而广之，不仅是视觉艺术，一切艺术均有这样的"有意味的形式"。因此，形式主义的艺术边界论便开始流行，成为20世纪美学讨论艺术边界最有影响的学说之一。

虽然海德格尔早已告诫人们要跳出艺术家和艺术品的循环论证，去寻找一个更高的范畴——艺术，但从美学对艺术边界的研讨来看，林林总总的关于艺术边界的假说和结论，实际上都离不开对艺术品的讨论。如果我们不能搞清艺术品的特性，我们就无法明确地划出艺术的边界，这是一个显而易见的道理。至此，我们碰到了一个界定艺术边界的方法论难题：究竟是以局部来规定总体呢，还是以总体来涵盖局部？这个总体性与局部性的矛盾构成了艺术边界讨论的方法论张力，颇有些类似于阐释学"循环"，即究竟是从局部开始解释文本呢，还是先从整体上把握文本？海德格尔的思路显然是后一种，即

---

[1] 参见M. H. 艾布拉姆斯：《镜与灯：浪漫主义文论及批评传统》，郦稚牛、张照进、童庆生译，北京大学出版社2015年版，导言。
[2] 贝尔：《艺术》，薛华译，中国文联出版公司1984年版，第4页。

首先要把握整体再谈及局部,所以艺术家和艺术品必须依赖于第三者——艺术;而我们引证的再现说、表现说和形式说,则代表了另一种方向的努力,即抓住一点,不及其余,从局部出发来规定艺术的边界。这里所引发的问题是,艺术的边界究竟是艺术的局部性特征还是整体性特征?

由此引申出来的进一步的问题是,艺术边界的规定方法问题。假定有一个整体的艺术概念,那么,判定艺术边界的条件就会有一与多的不同取向。一般来说,从整体上探究艺术边界,往往会带有指向唯一条件的倾向,比如海德格尔式的本源说。一旦进入艺术边界的局部性分析,就会依据不同的要素(艺术品、艺术家或欣赏者或其他),形成多重因素的局面。虽说每一种局部性的界定都认定自己的界划是唯一正确的,但各种界说的百家争鸣恰恰表明了艺术边界的局部特征是无限多样的。今天来看,单一甚至唯一条件的理路显然已不合时宜,因为就艺术发展的复杂现状而言,不可能有一个唯一的条件来界定艺术的边界。所以就出现了另一种思路,不再抽象地讨论艺术特性,而是考察在何时何地艺术才存在。换言之,艺术何时出现?

何时为艺术?

从对艺术边界的逻辑上的推证,不管是模仿再现论,还是情感表现论或有意味形式论,这些不分具体时间地点的归一化处理,伴有忽略了艺术边界出现的具体境况的潜在危险。其实,艺术之所以为艺术是有一些具体的语境或功能要求的。于是,分析哲学家古德曼把"何为艺术"的追问,转换为"何时为艺术"的问题,这就颠覆了美学家长久以来不分具体情境和功能的传统理路。在他看来,"何为艺术"

根本就是一个错误的提问，他写道：

> 正如我在开始时所提到的那样，这个麻烦部分在于问了错误的问题——在于没有认识到一个东西在某些时候是艺术作品，而在另一些时候则不是。在关键情形中，真正的问题不是"什么对象是（永远的）艺术作品？"而是"一个对象何时才是艺术作品？"或更为简明一些，如我所采用的题目那样，"何时是艺术？"[1]

古德曼批判了"什么对象是（永远的）艺术作品"的说法，而将其改成"一个对象何时才是艺术作品"，看起来只是抛弃了永恒艺术边界的看法，转而提出一些具体的限定条件，其实这标志着思考这个问题的方法论的深刻转变。按照古德曼的想法，一件物品之所以在某个时间成为艺术品，而在其他时间则不是，"正是由于对象以某种方式履行符号的功能，所以对象只是在履行这些功能时，才成为艺术作品"[2]。他接着提出了五个方面的功能："句法密集""语义密集""相对充实""例证"和"多重复杂指称"[3]。这里我关心的是他解决艺术边界问题的思路，他坚信艺术边界不存在某个恒定不变的条件，它随着物品呈现时所实现的某些功能而出现，因此，艺术边界的问题应聚焦于相对的、有限的条件的讨论，而不是刻板地固执于任何一个普遍的、绝对的条件。一个物品是否成为艺术品，取决于特定时空条件下该物品是否履行其"象征性功能"。"说出艺术做了什么并不等于说出了什么是艺术；但是我认为，前者是需要首先和特别关注的问题。根据

---

[1] 纳尔逊·古德曼：《构造世界的多种方式》，姬志闯译，上海译文出版社2008年版，第70页。
[2] 同上。
[3] 同上，第71页。

暂时性功能界定恒久属性,根据'何时'规定'什么'——更深层次的问题,并不仅限于艺术领域,而是相当普遍的。"[1]这个看法直击探讨艺术边界问题的方法论,古德曼明确指出不存在永恒不变的艺术边界,只有暂时实现了的艺术品象征功能的艺术边界。

"何时为艺术"的思路实际上否定了关于艺术边界的本质主义思路,甚至像海德格尔那样追问艺术本质之本源的做法,也变得成问题了。假如我们把古德曼的思路与后结构主义思潮关联起来,可以看出一个思考艺术边界的反本质主义策略:没有永恒不变的艺术边界,只有暂时的、有差异的艺术边界。因此,需要讨论的不是艺术永恒不变的本质,而是艺术所以为艺术的特定时空条件下的暂时性条件。这个思路与维特根斯坦对美的分析也很接近,维特根斯坦强调并不存在具有美的普遍特性的事物,只有人们使用"美的"词语的条件。[2]

此一思路与艺术史的事实是完全相符的,无论哪个时代,创造性的艺术家似乎都是一些生性反叛的颠覆者,他们总是要挑战那些已经确立的艺术边界,用新的艺术品来颠覆人们关于艺术的刻板观念。这里不妨枚举两个例子。杜尚的作品《泉》不用说了,一个有趣并发人深省的例子是艺术家卡斯特里的挑战,他不满于艺术与工艺之间人为分界,因而制作了一件可称之为雕塑的凳子,名曰《凳雕》,他的目的是给艺术界出个难题,如果被艺术界所接受,那就证明艺术和工艺

---

[1] 纳尔逊·古德曼:《构造世界的多种方式》,姬志闯译,第73页。古德曼的这个方法与雅各布森在讨论语言的诗的功能时的分析几乎如出一辙。雅各布森认为,语言有六种基本功能,而诗的功能只是其中之一。只有当语言以诗的功能为主时,文学性才出现。参见雅各布森:《语言学与诗学》,滕守尧译,赵毅衡编选《符号学文学论文集》,第174页及以下。

[2] 参见维特根斯坦:《美学讲演录》,廖世奇等译,刘小枫主编《人类困境中的审美精神》,知识出版社1994年版,第556页。

之间的界限是模糊的、任意的和人为的。另一个例子是一位加拿大策展人将沃霍尔的《布里洛盒子》运进加拿大办展，但在加拿大海关时却遇到了对这件作品是否属于艺术品的争议。策展人一再陈说这是件艺术品，但海关官员则不那么认为。根据加拿大法规，创造性的艺术品进关是免税的，否则必须上税。但海关官员坚持认为沃霍尔的《布里洛盒子》不属于艺术品，必须上进关税。[1] 前一个例子说明，在艺术和非艺术（比如工艺）之间，其实并不存在一个泾渭分明的界限，而是有一个范围广大的模糊的灰色地带，卡斯特里就是利用这个模糊的灰色地带来挑战业已形成的关于艺术的刻板观念；第二个例子进一步地证明了古德曼"何时为艺术"的观点，在海关那个特定场合，沃霍尔的《布里洛盒子》完全未能呈现出其符号的象征功能。这两个例子都在提醒我们，对艺术边界的思考绝不能想当然，更不能简单化。

从中国哲学中寻找启示

在西方美学的逻辑体系中，艺术边界成为一个棘手的难题，本质主义的理路已经被质疑，而反本质主义又会走向相对主义和虚无主义。那么，我们能否在中国哲学和美学中寻找智慧，提供新的思想资源，进而解决艺术边界的难题呢？

在以上所提及的种种界定艺术边界的尝试中，存在着一个显而易见的取向，那就是一种非此即彼的二元对立思维，要在艺术和非艺术之间划出一条明晰的边界。在这个界内就属于艺术，而在界外则是非艺术。但实际情况是，艺术和非艺术之间并无如此分明的边界，它们

---

[1] 两个例子均参见丹托：《再论艺术界：相似性喜剧》，殷曼楟译，周宪主编《艺术理论基本文献·西方当代卷》，生活·读书·新知三联书店2014年版，第249—251页。

交互渗透不但是常见的，而且经常是你中有我、我中有你。如果我们注意到这种情况，那么中国哲学和美学正好提供了一些可资借鉴的方法论观念。

中国哲学和美学有许多独特性，较之于西方哲学和美学，它的一个特征尤其明显，那就是强调二元范畴之间的关系、转换和渗透，而不是两者的对立、排斥和冲突。这为我们解决非此即彼二元对立的倾向提供了可能性，关于这一点李泽厚说得很精到：

> 正是因为重视的不是认识模拟，而是情感感受，于是，与中国哲学思想一致，中国美学的着眼点更多不是对象、实体，而是功能、关系、韵律。从"阴阳"（以及后代有无、形神、虚实等）、"和同"到气势、韵味，中国古典美学的范畴、规律和原则大都是功能性的。它们作为矛盾结构，强调得更多的是对立面之间的渗透与协调，而不是对立面的排斥与冲突。[1]

中国哲学和美学的这一思维特点，在中国哲学史上有很多研究。张岱年曾用"两一"关系来加以概括。所谓"凡对待皆有其合一，凡一体必包含对待；对待者相摩相荡，相反相求，于是引起变化"[2]。根据张岱年对中国哲学史的考察，他认为有五种稍有区别的"两一"关系，它们构成了中国式的哲学和美学智慧。其一是对待之相倚，有此即有彼，即对待者相依而有；其二是对待之交参，彼此的相互包含，即对待相互含储；其三是对待之互转，彼此互换，即对待之转而相

---

1 李泽厚：《美的历程》，文物出版社1981年版，第52页。
2 张岱年：《中国哲学大纲》，中国社会科学出版社1982年版，第121页。

生；其四是对待之相齐，消弭一切对立，即对待之无别；其五是对待之同属，对待为更广一体所统，即对待之统属于一。[1] 就本章讨论的艺术边界问题而言，我以为前三个关系作为方法论，对我们思考艺术边界问题启发良多。

从中国哲学和美学的传统来审视，我们可以把关于艺术边界的思考分为如下几个层面。

首先，按照中国哲学的方法论，二元概念绝不是非此即彼对立的排斥性结构，而是一个相互关联和转化的融通性结构。据此，对艺术边界问题的思考，不必一开始就设定一个二元对立的构架，而且坚信可以找到一个作为非艺术对立面的艺术的本源。这个出发点很重要，如果不是去论证截然有别于或对立于非艺术的艺术特性，那么，对艺术边界的讨论就会更加开放、更加富有弹性。这是中国哲学的"两一观"教给我们的一种思维方式。依循这样的方法论，我们就会放弃一元排斥另一元的非此即彼的僵硬做法，把重心放在艺术与非艺术复杂的相互关系上，而不是两者彼此对立排斥的简单关系。

其次，如果我们把重心放在艺术与非艺术的相关性而非对立上，那么，"两一"关系的三个方面就显得尤为重要了，即相互依存关系、相互包含关系、相互转换关系。这三种关系的每一种又可以衍生出更多的复杂关系，使得艺术边界的情况甚为复杂。

相互依存关系揭橥了艺术存在的条件，没有非艺术作为艺术的语境或背景，艺术将不复存在。因此，对艺术的考察绝不是只就艺术本身来展开，而必须紧紧地关联非艺术的语境来考量。相互依存的关系作为方法，要求人们把艺术看作是一个更大的人类文化活动场域中的

---

[1] 张岱年：《中国哲学大纲》，第122页。

一个小场域,脱离了这个大场域而专注于小场域的做法是不可能有成效的。正是在这种观念支配下,我们必须注意到艺术与非艺术在逻辑上并不是一组对等的二元概念,而是有所轻重的范畴,非艺术是比艺术更为重要的决定性概念。换言之,对艺术边界的思考,需要更多地进入人类文化的大场域,避免把艺术看作是与文化平起平坐甚至自我封闭的自足领域。这么来看,前面提及的形式主义的艺术边界说,甚至古德曼的符号象征说都是值得疑问的。

从相互包含的关系来看,对艺术边界的思考更有启发性。相互包含意在强调两个事物是你中有我、我中有你,并不是泾渭分明地截然不同。从人类漫长的文化史角度看,艺术与非艺术的关系正是如此状况。在人类早期文化中,艺术并不是一个独立的领域,它深蕴在早期人类原始宗教、生产和社会活动中,甚至连艺术家和欣赏者的角色都不存在。一个所谓的艺术家(比如荷马或早期中国诗歌的佚名作者)可能同时也是巫师、族长、社会活动家、狩猎高手、巫医、诗人、音乐家、舞蹈家等等,共同的参与性使得每个人都可能是艺术家,也可能是欣赏者。今天意义上的艺术概念在人类早期社会甚至古代社会并不存在。从西方的情况来看,只是到了18世纪中叶,随着巴托提出了"美的艺术"的概念,艺术才作为一个相对独立的领域出现。但是,更值得关注的发展是,随着现代主义艺术的终结,后现代主义颠覆了现代主义关于艺术纯粹性和自主性的观念,将现代主义所形成的种种分化进一步"去分化"了,这就导致了艺术与日常生活之间界限的消失。就像丹托在论证美术馆功能的历史变化时所指出的那样:"我们很清楚地看到,美术馆至少有三种不同的模式,主要取决于我们所面对的是哪一种类型的艺术,以及取决于究竟是'美''形式'还是我所谓'参与介入',定义了我们和艺术品之间的关系。"[1] 简单地说,"美"的模式是希腊式的古典概念,而"形式"模式则是现代主义艺术的概念,"参与介入"却是后现代艺术的理念,艺术与其说是供人情感愉悦的观赏对象(巴托),毋宁说是艺术家实现个人或社会目标的活动,所以艺术介入社会的模式彻底打破了原有的艺术边界。丹托的观察是,"这个有关艺术本质的哲学性问题,基本上是在艺术家推倒了一道又一道的疆界,最后发现所有疆界都已消失于无形之后,于艺术界内部形成的。60年代所有典型的艺术家都各有鲜明的疆界意识,每一道疆界背后都隐含着某种艺术的哲学定义,而我们今天所面临的处境,即是这些疆界擦去之后的状态"[2]。这种情况也广泛地发生在中国当代艺术中,徐冰、何云昌、蔡国庆等艺术家及其艺术品,已全然不是传统意义(无论是"美"抑或"形式")的艺术了,如果我们没有一种新的艺术边界的视角,完全不可能理解这些艺术实践。

从中国哲学的理念来看,艺术与非艺术的这种复杂关系不足为奇,两者本来就是相互包含、互相兼容的,其间的边界不过是特定历史阶段的特定美学家或哲学家人为界划出来的。但是无论怎样界划,也无法隔断艺术与非艺术互相包容的复杂关联。用朱熹的一段论阴阳关系的话来描述这一关系是很传神的:"阴阳虽是两个字,然却是一气之消息,一进一退,一消一长,进处便是阳,退处便是阴,长处便是阳,消处便是阴。"[3] 艺术和非艺术正是这样的动态关系,彼此之间的进退消长构成了璀璨的艺术史。我们的思维惯性倾向于在艺术边界问题上划出黑白分明的两极,艺术与非艺术各自有所归属。但实际情

---

[1] 丹托:《艺术终结之后》,林雅琪、郑慧雯译,台湾麦田出版社2004年版,第45页。
[2] 同上,第42页。
[3] 朱熹:《语类》卷七四,转引自张岱年《中国哲学大纲》,第134页。

形正如朱熹所描述的，是一种进退消长的变动边界，在艺术和非艺术的黑白两极之间，存在着广大的相互融汇的灰色地带。讨论艺术边界的传统方法把注意力引向了对立两极，完全忽略广大的灰色地带。其实，艺术史的进程一再提醒我们，每个时代或阶段的艺术的新发明和新变革，常常就来自艺术外部的那些非艺术活动或事物，而不是来源于艺术内部。所以，艺术史演变的逻辑从来不是"从老子到儿子"，而是"从舅舅到外甥"。前者是发生在艺术内部的嫡传关系，而后者是发生在那广阔的灰色地带。中国式的哲学智慧似乎在提醒我们，必须要高度关注黑白之间的灰色地带，它们往往是比艺术领域本身更具生产性和创新性的领域。这一点已为艺术史的发展所证明，所以，我们大可不必在黑白之间划界，而是应把注意力投向广大的灰色地带。前引《凳雕》之例证，就是一个睿智的在灰色地带挑战黑白两极分立原则的尝试。

从相互转化的关系来看，艺术边界就是一个不断游移变动的边界线，因此，我们必须放弃那种寻找亘古不变放之四海而皆准的艺术本质，而转向对艺术边界游移变动的考察。相互转化的关系意在强调变化，这是典型的中国智慧。相互转换的关系也许和古德曼的"何时为艺术"思路有异曲同工之妙。用古德曼的思路来解释，其一，艺术和非艺术是相关转换的，不存在永远的始终如一的艺术和非艺术的边界线，关键要看何时为艺术；其二，此时为艺术之物，彼时就可能成为非艺术之物，正像古德曼举例说的，伦勃朗的画挂在美术馆展出是艺术品，而用作毯子御寒则是非艺术品，这取决于物品的主导功能，当物品服务于其符号象征功能时，物就成为艺术品，而没有彰显此功能时则是非艺术品。

从非此即彼到兼而有之

中国哲学和美学的智慧指出了一条解决艺术边界的有效路径，说得明白些，就是要克服西方哲学传统的本质主义或基础论的局限，更加关注边界的不确定性和变化。这一理路的核心在于从"非此即彼"转向"兼而有之"。表面上看这种思路去除了清晰的逻辑区分，实际上则是一种更加符合事物复杂性和变动性情状的方法论。非此即彼的方法有其明显优点，那就是逻辑上很清晰，不是黑即是白。但其局限也是显而易见的，只看黑白两极却忽略了广大的灰色地带，忘却了两者之间存在着的依存、包容和转化关系。

如果我们采用中国哲学和美学的方法来审视艺术边界问题，就会采取一些新的视角并获得新的发现。从非此即彼到兼而有之，看起来似乎是模糊了艺术与非艺术的边界，但它带来的却是更为复杂的认知和分析。从某种意义上说，这一解决方案有点接近后现代的思维范式。这里我想特别引用英国社会学家鲍曼的理论来说。在鲍曼看来，现代性是一种对明晰秩序的追求，它不能容忍矛盾和混乱，以数学的方式解决问题，强调明晰性和秩序整一，其结果是造成了广泛的归类以及相反面——排斥性。如果我们把鲍曼的理论和福柯的看法结合起来，可以更加深入地看到非此即彼思维方式的问题。福柯通过知识考古学的谱系分析发现，现代知识与权力一直存在相互依存的共谋关系中，而实现这一共谋的方法就是不断地确立一系列的二元对立的话语，比如真理与谎言、善与恶、理性与疯狂等。而这一系列的二元对立扮演了复杂的社会行为和认知的排斥规则，其结果是彼此对立，褒扬肯定一方、贬斥否定另一方，因此造成了现代社会知识和权力合力对人的规训。[1] 回到鲍曼，他认为作为现代性思想的基本方法——命名和分类，现代性避免了矛盾和含混，但却造成了它的对立面后现代的独特思维方式，两者形成了一种复杂的张力关系。鲍曼写道：

> 这是确定对歧义的抗争、清晰对晦涩的抗争、明了对模糊的抗争。作为一个概念、一个幻象、一个目的，秩序只能在不断地进行着生存之战。秩序的他者并不是另种秩序，因为混乱是其唯一的选择。秩序的他者是不确定和不可测性的不良影响。他者即是不确定性，是一切恐惧的源泉和原型。"秩序的他者"的转义是：不可界定性、不连贯性、不一致性、不可协调性、不合逻辑性、非理性、歧义性、含混性、不可决断性、矛盾性。[2]

尽管鲍曼此处有把现代性与后现代性方式对立之嫌，但是他确实一针见血地指出现代性的问题和局限，也指出作为现代性的"秩序之他者"的后现代性的特征："不可界定性、不连贯性、不一致性、不可协调性、不合逻辑性、非理性、歧义性、含混性、不可决断性、矛盾性。"这些特征与中国哲学和美学的思考方式有一些共同的精神气质。当然，我们不能简单化地把中国哲学与后现代思想等同起来，但可以得出的一个初步结论是，在强调逻辑明晰和非此即彼思维方式的西方世界，智者们也逐渐醒悟了那种片面追求秩序清晰统一的思维方式是有问题的，于是才会有相辅相成的后现代思想的萌芽和发展。

诚然，用中国哲学和美学的方式来解构、思考艺术边界的通常路

---

1 参见 Michel Foucault, "Discourse on Language," in *Critical Theory Since 1965*, eds. by Hazard Adams and Leroy Searle (Tallahassee: University Press of Florida, 1986), 148–162。
2 齐格蒙特·鲍曼：《现代性与矛盾性》，邵迎生译，商务印书馆2003年版，第11页。

径，并不是走向后现代的反本质主义和反基础主义。从中国智慧中汲取营养，有助于我们建构一种有限的或相对的本质主义。一方面，我们认为并不存在亘古不变的艺术边界，所以本质主义和基础主义的传统思路是有问题的；另一方面，我们又不是去拥抱后现代的反本质主义和反基础主义，进而堕入相对主义甚至虚无主义的渊薮。有限的和相对的本质主义，就是在认同艺术有其本质属性的同时，对这种本质做出必要限制，包括时间和空间的限制、历史的和文化的限制。一言以蔽之，艺术边界就存在于不断流动的社会文化复杂的变迁过程中。

第六章　再现危机与当代现实主义观念

作为一个问题的现实主义

现实主义是一个说不尽的话题，无论中西。这个话题之所以说不尽，在我看来，是因为现实主义是艺术家看待他们生活世界最基本的认知方式。心理学也指出了一个事实，艺术的基本问题就是艺术家如何处理自我-世界的关系。因此存在着两种最基本的方式，"一端是包含着自我的世界，在另一端是被世界包围的自我。个别的艺术家、时代、流派，可以根据他们的创作中自我和世界的相对比重来加以区别"[1]。以中国美学来审视，这与王国维关于"有我之境"和"无我之境"的论断有异曲同工之妙。这两种基本的审美认知和表征方式，构成了人类艺术丰富多彩的形态，现实主义与浪漫主义、写实与写意、再现与表现、写实与抽象等一系列二元对立均由此派生而来。

在西方文化中，缘起于希腊的模仿论，在西方哲人和诗人的观念中根深蒂固。阿诺德在论述希腊人的精神气质时特别说到，"希腊精神的最高观念就是按如其所是的样态来看待事物（to see things as they really are）"[2]。这大概是对模仿论源于希腊的一个很好的注解。正是因

---
[1] 考夫卡：《艺术与要求性》，M. 李普曼编《当代美学》，邓鹏译，第415—416页。
[2] Mathew Arnold, *Culture and Anarchy* (Cambridge: Cambridge University Press, 1932), 131.

为模仿论的本源性和经验性,所以由此发展而来的现实主义便成为处理文学艺术与现实关系最基本的认知甚至表征方式。据此我想提出两个关于现实主义的判断:第一,现实主义作为一种认知或表征方式始终存在于各个历史时期,尽管其表现形式有所不同。换言之,现实主义是艺术家看待事物的基本方式,其他的审美认知或表征方式要么是从现实主义发展而来,要么是颠覆现实主义转变而来,总是与现实主义处于一种剪不断理还乱的状态。第二,现实主义的基本原则其实就是阿诺德所说的"按如其所是的样态来看待事物",但是,不同历史时期现实主义的表现形态是有差异的。本章的主旨是从现实主义的基本原则出发,考察现实主义在当代的变化,尤其是表征危机引发美学观念的转变,对现实主义的理解和阐释究竟产生哪些新的转变。确切地说,本章所讨论的现实主义当代性并不是作为现实主义流派的当代文学如何,而是理解和解释现实主义的当代观念和方法发生了哪些转变。

本章的讨论不局限于文学,而是采用一个文学与艺术(绘画)相互论证的方式,进而从更加广泛的历史语境中来分析现实主义的当代观念。

让我从比利时画家马格利特的一幅画开始,他的画作《这不是一只烟斗》在历史上充满了争议,因为这幅画触及许多复杂的哲学和美学问题,以至于有哲学家以此画为题写出专门的著作(如福柯)。令人好奇的是,为什么这幅画上的文字断然否定了画面上的"烟斗"?明明是画了烟斗却以文字加以否定,它至少提出了两个问题:一是语言陈述与图像再现的关系;二是艺术再现与现实本身的关系。马格利特或许是在善意地提醒我们:艺术的真谛就在于"以假乱真",所以不必将假的视作真实物。我想,以此画来反观现实主义,会有一些新的发现。

第六章　再现危机与当代现实主义观念

依据《牛津英语词典》的界定，现实主义（realism）这个概念与艺术有关的意涵有如下两个方面：1.具有如下特质或事实，即以忠实于生活的方式来再现人或事物；2.一种艺术的或文学的运动或风格，其特征即如其所是地再现人或事物。[1]以上界定有两个要点：其一，把现实主义界说成一种艺术的表达方式或风格，其要旨在于"再现"（或"表征"）；其二，对艺术再现与再现对象关系的规定，必须忠实于对象，如其所是地加以再现。

对此我想做一些补充性的说明。第一，现实主义是一个具有相对性和比较意义的概念，这可以从两个方面来看：一方面，现实主义的自身定性是通过比较参照而呈现的，最常见的与现实主义比较的概念便是浪漫主义。奥尔巴赫就曾指出，现实主义虽与许多社会变化（如资本主义或工业化）及思潮观念（实证主义或经验科学）相关，但这些均不足以说明现实主义，所以有必要参照其"对手"浪漫主义，只此才可厘清现实主义形成的原因。[2]换言之，现实主义的诸多特质是通过与浪漫主义的对比参照而被揭示出来的。另一方面，尤其重要的是，浪漫主义的文体混用（the mixture of styles）打破了古典的文体禁忌，为现实主义的文体出现奠定了基础。[3]文学史上著名的福楼拜与乔治桑关于文学想象力的争议，就鲜明体现出现实主义和浪漫主义文学的巨大差异。[4]

---

[1] Judy Pearsall (ed.), *The New Oxford Dictionary of English* (Oxford: Oxford University Press, 1998), 1544.

[2] Erich Auerbach, "Romanticism and Realism," in *Time, History, and Literature: Selected Essays of Erich Auerbach*, ed. by James I. Porter (Princeton: Princeton University Press, 2014), 144–145.

[3] Erich Auerbach, *Mimesis: The Representation of Reality in Western Literature* (Princeton: Princeton University Press, 2003), 481.

[4] 参见 *The George Sand-Gustave Flaubert Letters* (Charleston: Nabu Press, 2010), 222。

第二，现实主义既是一种历史悠久的艺术表现方法，同时也是19世纪在欧洲和北美出现的一场文学运动。奥尔巴赫《摹仿论：西方文学中现实的再现》(*Mimesis: The Representation of Reality in Western Literature*)一书，就是从荷马史诗和圣经《旧约》开始对这一传统做历史考察的。他认为，这两种传统奠定了西方文学的现实主义范式，前者着力于外在化的描述，完整而统一，一切事件均凸显于前景之中；后者则突出某些局部而不及其他，未说的东西具有暗示性，具有背景化特点和多元意义，因而需要解释。从发生学意义上看，"这两种风格对欧洲文学中现实的再现具有决定性的影响"[1]。就现实主义作为一个家族相似的概念而言，它包含了许多不同程度的文学艺术风格，除了奥尔巴赫所描述的来自希腊和希伯来的两个不同源头之外，还有很多复杂的差异和历史演变，但它们都属于同一家族——现实主义。即使是在19世纪法国现实主义运动中，根据奥尔巴赫的看法，司汤达、巴尔扎克和福楼拜三人的现实主义就有明显不同。奥尔巴赫认为，司汤达的人物形象是在政治及社会大变动的舞台上呈现的，其叙事注重事件之间的关联性，其作品更接近悲剧传统的崇高。巴尔扎克则注重人与环境的关系，热衷于生物学意义上人与动物的比较，并把风俗史的描绘发展成鸿篇巨制的历史著作，因而在人与历史关系方面超越了司汤达。到了福楼拜，他反对巴尔扎克在作品中抛头露面、评头论足的风格，追求"不偏不倚、非个人化和客观化"的叙事。[2]于是，一种不动声色的冷静叙述的现实主义风格诞生了。按照布斯的看法，福楼拜是西方现实主义叙事的一个重要转折点，从技术上说，就是从古典小说由叙述者来说故事的讲述（telling）方式，向现代小说

---

[1] Erich Auerbach, *Mimesis: The Representation of Reality in Western Literature*, 23.

[2] Ibid., 482.

的无叙事者的展示（showing）叙述的转变，故事就像是电影镜头一般客观地、自动地呈现出来。[1]

从司汤达到巴尔扎克再到福楼拜，19世纪法国现实主义有一个逐渐走向客观冷静叙事的发展趋势，这恰好说明了现实主义是一个相对的概念，在艺术家的艺术再现与所再现的事物之间的复杂关系上，的确存在着很多不同的处理方式。司汤达和巴尔扎克比较偏向于作者议论或作者现身出场，福楼拜则强调作者应像不动声色的上帝操纵木偶那样叙述，自己绝不现身于故事之中。这表明，现实主义是一个包容性很大的概念，涵盖了许多不同的再现方式和风格特质。尤其是到了20世纪，现实主义已经高度泛化了，除了一些恪守或公开标榜自己仍是传统现实主义的艺术家之外，现实主义日益作为一种艺术家处理艺术与现实关系的特殊方法，深深地融入了其他路径的艺术变革与创新之中。唯其如此，才有名目繁多的"+现实主义"的概念，诸如新现实主义、社会现实主义、心理现实主义、理想现实主义、魔幻现实主义、超现实主义，等等。看来，现实主义在当代不但存在着，而且出现了许多值得关注的新变化。导致现实主义在当代的范式转型原因很多，本章打算从一个独特的角度来审视现实主义的当代性，这个视角就是"再现危机"（或"表征危机"，the crisis of representation）。

"再现危机"与现实主义的范式转型

19世纪下半叶是西方文化的一个重要转折期，尤其是现代主

---

[1] Wayne C. Booth, *The Rhetoric of Fiction* (Chicago: University of Chicago Press, 1983), 8.

义的兴起，逐渐取代了现实主义，成为西方文化的"主导"（the dominant）。[1] 转变的一个重要标志就是，传统的现实主义观念遭遇严峻挑战，因此现实主义不得不改变自己的观念和范式。奥尔特加用"非人化"（dehumanization）概念来描述"新艺术"的特点，他认为一个19世纪的青年人会爱上蒙娜丽莎，但一个20世纪的青年人决不会爱上毕加索的"阿维侬少女"。所谓"非人化"，就是在艺术中我们熟悉的日常生活消失了，取而代之是我们感到陌生的形象和事物。他具体概括了20世纪新艺术的七个特征：1. 将艺术非人化；2. 避免生动的形式；3. 将艺术品只当作艺术品；4. 艺术不过是游戏而已；5. 本质上是反讽的；6. 生怕被仿制因而精心完成；7. 艺术被认为是无超越性结果之物。[2] 这也许是对当代"再现危机"最早的描述。

我们知道，现实主义有两个核心概念，一个是模仿，另一个是再现。奥尔巴赫里程碑式的著作书名就是一种典型的表述：《摹仿论：西方文学中现实的再现》。文学是通过模仿来再现现实，这一表述精准地揭示了现实主义的特质。所以，在美学和批评中，再现往往和表现或象征概念对举，前者用以说明现实主义的特质，而后者常常指浪漫主义、表现主义或象征主义等。

如果说现实主义最重要的特征就是再现的话，那么，当再现遭遇危机时，现实主义必然面临严峻的挑战。一些比较流行的说法是，自此以后，现实主义衰落了，现代主义取而代之成为主导倾向。或者换一种说法，反（或非）现实主义挤压了现实主义曾经有过的广大空

---

[1] 雅各布森：《主导》，任生名译，赵毅衡编选《符号学文学论文集》，第9—10页。
[2] José Ortega y Gasset, "The Dehumanization of Art," in *Criticism: Major Texts*, ed. by J. W. Bate (New York: Harcourt Brace Jovanovich, 1970), 661.

间，使之日益边缘化为过时的艺术风格。这些看法自然有一定道理，但我在这里要论证的一个看法是，正是因为遭遇了再现危机，现实主义不得不别立新宗、革新观念，由此实现现实主义的当代转型。从这个意义上看，当代现实主义也许并不是一个统一的运动或派别，而是深蕴在许多不同的探索路径之中，这就导致了当代现实主义的泛化而非集中化。我们可以在许许多多不同名目的艺术实践中瞥见当代现实主义的踪影。由此来看，再现危机非但没有导致现实主义的危机，反倒成就了现实主义自身的变革。

"再现危机"这个概念最初出自何时何人，暂时无从考据。詹明信在1985年的北大演讲中，就提出了现代主义时期的"表达危机"。[1] 再现危机有不同的界定和表述，而德国符号学家诺特的以下说法颇有代表性：

> 在艺术和媒体领域，再现危机是随着以下变化而出现的，即，现代绘画和文学中的指涉物消失了，数字媒体和大众媒介中所指涉的世界与现实的距离越来越远。
>
> 在现代艺术中，一般认为达达主义、立体主义和抽象艺术导致了视觉再现和语言再现中指涉物的消失。当然，由于关注点从指涉物偏激地转向了符号载体，所以摒弃指涉物显然是有意为之。[2]

依照这一界说，再现危机是指艺术再现中的指涉物的消失，或者说是艺术世界离现实世界的距离越来越远。这就是奥尔特加所说的

---

[1] 弗雷德里克·杰姆逊（又译为"詹明信"）：《后现代主义与文化理论》，唐小兵译，陕西师范大学出版社1988年版，第161页。

[2] Winfried Nöth, "Crisis of representation?" *Semiotica,* Vol. 143, 1/4 (2003): 9–10.

"非人化",我们熟悉的生活世界在艺术的再现中渐行渐远,变得难寻踪迹。最典型的就是造型艺术中从表现主义到抽象主义再到抽象表现主义的发展。然而,从极度写实到极度抽象两极之间,实际上还存在着许多不同艺术风格的广阔区域,当代现实主义就存活在这个黑白两极之间的广大灰色区域中。说到这里,我们有必要回到历史,回到19世纪现实主义运动高峰时期,看看现实主义曾经确立了哪些规范和标准,由此把握现实主义历史发展和演变的理据。

19世纪是现实主义取得辉煌成就的时代,福楼拜和库尔贝分别代表了文学和艺术两个领域的现实主义高峰。这一时期艺术和文学的现实主义互相影响,造就了一种建构现实主义"艺术界"的"艺术史氛围"(丹托语)。[1] 那么,库尔贝是如何认识现实主义的呢?库尔贝在1861年给友人的信中坦陈道:

> 尤其是就绘画而言,艺术只能是每个艺术家对具体可见之物的再现。……我也认为,绘画完全是一门非常具体的艺术,它只能由对真实有形物的再现所构成,它运用物质性的语言,也就是看得见的事物。对绘画来说,从不会有抽象的、看不见的和不具形的素材。艺术想象就是去探索如何再现具体有形之物,从不会是去想象或创造那个事物本身。[2]

在库尔贝看来,只有那些真实的、具体可感的事物才是绘画艺术的对

---

[1] 参见 Arthur Danto, "The Artworld," in *Aesthetics: The Big Questions*, ed. by Carolyn Korsmeyer (Oxford: Blackwell, 1998)。

[2] Gustave Courbet, "Letter to Young Artists," in *Art in Theory: 1815–1900*, eds. by Charles Harrison and Paul Wood (Oxford: Blackwell, 1998), 403–404.

象，任何抽象的、不可见的东西都不可能成为绘画的素材。所以他得出了一个普遍的结论：绘画乃至一切艺术"只能是每个艺术家对具体可见之物的再现"。这个简短的结论既是现实主义的基本观念，也是其艺术再现的基本准则。

然而三十年后，另一位法国艺术家莫里斯·德尼（Maurice Denis）却颠覆了库尔贝宗教般的现实主义信仰，他直言绘画的本质不过是画的二维平面上覆盖的各种色彩而已。"我们应该记住，一幅画在成为一匹战马、一个裸女之前，或讲述什么故事之前，本质上不过是以某种方式覆盖了色彩的平面而已。"[1] 值得注意的是，库尔贝所虔信的在绘画中再现的具体可见的真实事物，被德尼认为只是色彩所覆盖的平面而已。换言之，不论你画了多么惟妙惟肖的事物或人物，绘画的本质不过是经营色彩以覆盖画面而已。照库尔贝的逻辑，画面中的人物或事物乃是真实具体的人或物的再现，而在德尼看来，无论你画得多么逼真多么传神，画终究不过是覆盖色彩的平面而已，此一真言颇有些揭穿了"皇帝新衣"的效果。从库尔贝恪守艺术中再现与被再现物关系的现实主义信念，到德尼转而聚焦绘画平面上的媒介，传统意义上的艺术的再现关系被颠覆了。这里，我们又一次体会到马格利特那幅画的深意——"这不是一只烟斗"。的确，画了烟斗的画不是烟斗而是涂满色彩的画，画作与现实之间并不存在直接的对应关系。德·库宁用更简洁的语言道出了真相："这就是绘画的秘密，因为一张脸的素描不是一张脸，它只是一张脸的素描。"[2] 据此，我们可以将这一原理推演到各门艺术中去：小说并非再现真实生活本身，而

---

[1] Maurice Denis, "Definition of Neo-Traditionalism," in *Art in Theory: 1815–1900*, eds. by Charles Harrison and Paul Wood, 863.

[2] 陈侗等编：《与实验艺术家的谈话》，湖南美术出版社1993年版，第106页。

是以某种方式组织语言来叙事；戏剧也并非社会生活及其矛盾冲突的还原，而是剧场里演员和观众之间面对面的表演，等等。

以下，我们进一步从符号学角度来讨论这一革命性的观念，并由此考量现实主义的当代观念究竟出现了哪些转变。

艺术是一种特殊的符号，而符号是由三个相关的要素构成的：能指、所指和指涉物。能指是符号的物质形态，如声音、印刷文字或形象等，也就是德尼所说的色彩等；所指是符号所表达的意义或概念，不同的能指总是在意指不同的意义或概念，如德尼所说的画上的"战马""裸女"等；指涉物则是符号所表示或代表的事物，亦即现实世界中的人或物，即德尼所说的"战马"和"裸女"在现实中代表真马、真人。库尔贝和德尼实际上代表了符号要素关系的两种截然不同的看法。库尔贝虔信从能指到所指到指涉物，三者之间存在着一致的关系。换言之，作为指涉物的现实事物、事件和人物，是可以通过符号的能指来再现的，因此，符号的所指和指涉物之间存在着某种对应关系。作家也好，画家也好，他们都认为自己的作品真实再现了特定的现实事物。巴尔扎克的鸿篇巨制《人间喜剧》，真切地描述了资本主义社会各色人等的遭遇和命运；米勒的画作《拾穗者》逼真地再现了法国北方农民田间辛苦劳作的场景。人们在欣赏这些现实主义的经典作品时不会产生理解的歧义和困惑，而艺术家必须最大限度地接近现实物本身，将生活场景逼真地呈现出来。比如福楼拜的现实主义叙事，就完全把作者自己当作小说中的人物，并不无夸张地说：包法利夫人就是他自己。他写到包法利夫人和罗道尔弗坠入爱河时坦言："今天写的是男人和女人，情夫和情人，秋日午后我在树林里骑马，枯叶阵阵飘来，我就是马儿，落叶，风声，笔下人物的谈话，甚至是使他们微微闭上沉醉于爱乡的双眼的红日。"[1]当他写到包法利夫人中毒时,自己竟然也真真实实地两次反胃并呕吐出来。他不只是忘我而是无我地真正进入了人物的世界,如王国维所说的"无我之境"——"无我之境,以物观物,故不知何者为我,何者为物"[2]。

德尼的看法则大相径庭,当他指出绘画是以某种方式用色彩所覆盖的平面时,他至少做出一个明确的否定,亦即否定了画面与指涉物之间的直接对应关系,一幅画乃是一个平面,即使它逼真地描绘了一匹战马或一个裸女,也不能改变这个事实。至于能指与所指的关系,在德尼那里仍保留着某种关系,因为他也承认画面上有战马或裸女呈现。以这一观点来看现实主义,那么就可以推论出两个截然不同的结论:其一,艺术的本质是不能还原作为指涉物的现实事物的,而是以艺术的方式来处理的媒介、技术或形式,否则就会丢弃艺术的特性而去追求种种非艺术的目标;其二,绘画所再现的事物充其量只是真实物的符号呈现,经过色彩、线条和形状的特定处理后,画上的形象与所指涉的真实物其实相去甚远,因而不能简单化地把艺术混同于现实。正是在这里,马格利特"这不是一只烟斗"具有某种棒喝作用。因此,从符号三要素的关系看,所谓再现危机,也就是从能指、所指和指涉物的一致性关系,转向了三者的间离关系,它们之间甚至出现了某种程度的断裂。

接下来的问题是,再现危机引发了当代现实主义的哪些变化,尤其是关于现实主义的哲学和美学观念上有何转变。

---

[1] 转引自雷纳·韦勒克:《近代文学批评史》(第四卷),杨自伍译,上海译文出版社1997年版,第11页。

[2] 傅杰编校:《王国维论学集》,中国社会科学出版社1997年版,第319—320页。

从再现现实到再现的艺术

贡布里希在讨论造型艺术问题时，曾指出一个值得关注的问题，他写道：

> 很清楚，一幅画或一尊雕像越是反映出自然的样子，那么它对秩序和对称原则的自动展示也就越少。相反，某个结构越是有序地加以安排，它对自然的模仿也就越少。……自然主义方面的增多必然意味着秩序安排方面的减少。[1]

这段话虽然说的是绘画艺术，但对各门艺术都是适用的。实际上贡布里希指出了艺术中的两极对立现象：一极是再现的事物，另一极是再现的手段，或者用更为宽泛的概念，一极是再现的内容，另一极是再现的形式。重要的是，这两极之间具有显而易见的抵触或排斥关系。越是逼真地再现事物的自然外观形态，那么如何再现的形式和媒介就越是被遮蔽；反之，越是凸显艺术的再现方法和技巧，再现的自然也就变得不那么直观醒目。在我看来，贡布里希所指出的这一复杂关系，从一个方面触及现实主义当代观念问题。

这里我们可以提出一个设问：现实主义内部是否也存在这两种不同取向呢？历史地看，大致可以说，19世纪下半叶以前的现实主义，可统称为古典现实主义（或传统现实主义），其关注的重心不在艺术自身而在艺术之外的现实世界，因而倾向于追求逼真地、镜子般地反映自然和社会；此后的当代现实主义则更加注重艺术再现的形式、技

---

[1] Ernst Gombrich, *Norm and Form: Studies in the Art of the Renaissance* (London: Phaidon, 1966), 94.

巧和方法，便把关注的重心从再现的现实本身，转向了再现的艺术性。这是当代现实主义范式转型的主要特征，福楼拜和库尔贝则是这个转变的重要分野。具体说来，这一范式转型可描述为：从艺术再现现实，转向现实的艺术再现。前者聚焦现实，后者彰显艺术。正是这一深刻转变，导致当代现实主义遭遇再现危机。反过来，也正是由于再现危机的出现，导致当代现实主义不再拘泥于古典传统，日益转向新的形态。历史地看，这一矛盾其实始终存在着，古德曼在谈及文艺复兴时期的历史叙事时，就曾指出有两种历史叙事，"一种是不排除战事但却突出艺术的历史；另一种是不排斥艺术但却聚焦战事的历史。这一风格差异亦即重心有所不同，它向我们呈现出两个不同的文艺复兴的世界"[1]。但是，我想特别指出的是，在当代现实主义的语境中，这一矛盾尤其明显地呈现出来，当代现实主义的艺术实践强化了这一矛盾，这使得艺术家对艺术再现有了更加自觉的意识、更加主动的探索。

再现危机语境下的当代现实主义，受到了许多思潮的影响，尤其是现代主义及其先锋派。19世纪后期，王尔德就对传统的现实主义提出了质疑，他认为，越是模仿性的风格，越难以再现时代精神，反倒是越抽象、越理想化，越能揭示出时代精神。他认定过于专注现实生活必定会拘泥于琐屑的细节而单调乏味，而古老的"说谎的艺术"在当代日益衰落了，因此有必要大力恢复，"最后的启示是，撒谎——讲述美而不真实的故事，乃是艺术的真正目的"[2]。现实主义其实一直存在着某种张力。一方面是努力模仿或再现艺术之外的现实生活，另

1　Nelson Goodman, *Ways of Worldmaking* (Indianapolis: Hackett, 1978), 101–102.
2　王尔德：《谎言的衰朽》，杨恒达译，赵澧、徐京安主编《唯美主义》，第144页。

一方面则是全力营造艺术的氛围和精致的形式。这两方面在历史上曾经是统一的，精致的艺术形式是为了逼真地再现现实。然而到了王尔德的时代，两者出现了明显的裂痕，追求前一方面被认为是过时的观念，所以王尔德的结论是："文学总是居先于生活。它不是模仿它，而是按照自己的目的浇铸它。"[1]

到了20世纪，诸如此类的说法随处可见，几乎成为当代流行的艺术观念。俄国现实主义明确提出了文学性的观念，认定文学本质就在于其形式和技巧，尤其是诗意地使用文学语言的"陌生化"技巧。什克洛夫斯基指出："艺术所以存在的理由在于，可使人恢复对生活的感觉，它的存在就是使人感受事物，使石头更像石头。……艺术是对表现事物之艺术技巧的体验，被表现的事物本身并不重要。"[2] 如果我们把什克洛夫斯基的说法和贡布里希的判断结合起来，就不难发现为什么现实主义在当代会遭遇新的挑战和范式转型。贡布里希从艺术心理学角度指出，绘画所再现的自然外观与其再现的技术手段之间存在着内在的相斥性。逼真再现自然外观的画作，观者的目光就会被所再现的事物吸引，因而忽略了再现的技术和形式；反之，当艺术家突出技术表现手法和形式要素时，被再现的自然或现实事物便退居背景，而不再是关注的重心，两者关系是一方多则另一方必少。什克洛夫斯基则强调艺术技巧和形式的重要性，他直言，艺术乃是对表现事物之艺术技巧的体验，意在强调文学的"文学性"，一种艺术的匠心之所在。平心而论，造型艺术先于文学半个世纪发现了这个转型，什克洛夫斯基的判断不过是在文学领域里重复了德尼的结论。至此，我们的

---

[1] 王尔德：《谎言的衰朽》，杨恒达译，赵澧、徐京安主编《唯美主义》，第129页。
[2] Viktor Shklovsky, "Art as Technique," in *The Critical Tradition: Classic Texts and Contemporary Trends*, ed. by David H. Richter (New York: St. Martin's, 1989), 741.

第六章 再现危机与当代现实主义观念

讨论进入了表征危机对当代现实主义范式建构的一个重要层面，那就是，相对于古典现实主义，当代现实主义更加注重艺术表现的技巧和形式，它不再把逼真地再现现实当作艺术的唯一主旨，从单纯关注再现什么，日益转向了如何艺术地再现。正是在这里我们才能理解，为什么当代现实主义会走出古典现实主义的窠臼，颠覆了许多天经地义的古典现实主义规范，在热衷于革新和实验的道路上不断前行。

当代现实主义的实验性

现实主义并不是一个亘古不变的概念，它随着时代的变化而变化。当代现实主义作为一种艺术再现现实的复杂方法，也在随时代而变。当再现危机导致现实主义的古典范式崩溃时，现实主义，或倾向于现实主义的艺术家们，开始尝试新的实验。

雅各布森认为，艺术在不同时段有其主导风格，他特别指出了三个不同时段的三种不同主导风格：

> 文艺复兴的艺术有这样一种主导，代表这个时期最高美学标准的艺术，显然是视觉艺术。其他的艺术均指向视觉艺术，其价值按照与后者接近的程度来确定。另一方面，在浪漫艺术中，最高价值当定于音乐。因而，例如浪漫主义诗歌就指向音乐：它的诗体的核心是音乐性；它的诗体的语调模仿音乐的旋律。这种集中于一个实际上外在于诗歌作品的主导的情况，从本质上改变了依存于声音特征、句法结构和意象的诗的结构；它改变了诗的韵律标准和诗节标准，改变了诗的构成成分。而在现实主义美学

中，主导成分是语言艺术，从而改变了诗的价值等级系统。[1]

从雅各布森的风格分期系统来看，文学在文艺复兴以后一直在追随视觉艺术，尤其是强调语言描述的形象性，把造型艺术视觉表现的精确性和真实性奉为圭臬，正是古典现实主义的特质。到了浪漫主义阶段，音乐性成为文学的追求目标，无怪乎佩特曾断言："一切艺术都在不断追求以趋向于音乐状态。"[2] 只是到了晚近的现实主义运动阶段，文学的主导风格才回归语言自身，语言的文学性问题便凸现出来。雅各布森的历史描述给我们一个启示，现实主义文学开启了语言探索和创新的新时代。这个说法和艺术批评家格林伯格对现代主义绘画回归平面性的判断完全一致。后者认为，自文艺复兴发明透视法以来，绘画一直在和雕塑竞争，追求在二维平面上逼真地产生三维深度幻觉。只有到了当代，艺术家们才明白绘画的本性在于其二维平面性。过去画家努力描摹逼真的自然，以三维的深度幻觉来掩盖其二维平面性，并把二维平面性作为艺术的一个缺点而加以掩盖。当代艺术家则公开承认绘画的特质就是其平面性，非但不遮蔽它，而且明目张胆地凸显它。至此，绘画便与雕塑彻底分道扬镳了。[3] 格林伯格这个说法其实就是一个世纪前德尼的发现的当代阐释，不过这次格林伯格是为抽象艺术的合法性提供论证。

这些观念对现实主义在当代的发展影响至深。按照马拉美的说法，在纯粹的艺术作品中，诗人业已消失，其说话人资格转给了词

---

[1] 雅各布森：《主导》，任生名译，赵毅衡编选《符号学文学论文集》，第9—10页。

[2] Walter H. Pater, *The Renaissance: Studies in Art and Poetry* (New York: Dover, 2005), 92.

[3] 参见Clement Greenberg, "Modernist Painting," in *20th Century Theories of Art*, ed. by James M. Thompson (Ottawa: Carleton University Press, 1999).

第六章　再现危机与当代现实主义观念

语。唯其如此，我们才一再听到这样看似费解的说法：不是诗人在说，而是语言在说。这一观念的直接后果是，当代现实主义艺术更加关注其语言媒介和形式的实验，从语言到色形，从舞台表演性到乐音的组合，从电影的上镜头性到舞蹈的肢体语言，艺术家们告别了把语言当作透明媒介的古老观念，打碎了艺术只不过是映射现实之镜的传统，开始了各种各样的大胆实验，以挑战古典现实主义原则和规范。

奥尔巴赫在谈及现实主义运动如何可能时，指出了一个有趣的现象，是浪漫主义成就了现实主义，因为浪漫主义的文体混合实验打破了传统的文体规范，使得现实主义文体及其叙述得以确立。我发现，在当代现实主义的媒介和形式实验方面，陌生化的理念其实也有其浪漫主义的影响。柯尔立治曾经写道："给日常事物以新奇的魅力，通过唤起人们对习惯的麻木性的注意，引导他去观察眼前世界的美丽和惊人的事物，以激起一种类似超自然的感觉；世界本是一个取之不尽、用之不竭的财富，可是由于太熟悉和自私的牵挂的翳蔽，我们视若无睹、听若罔闻，虽有心灵，却对它既不感觉，也不理解。"[1]这类观念其实一直在激励当代现实主义，比如文学领域，20世纪出现了各式各样的叙述实验和创新。布托的《变》采用了前所未有的"第二人称"叙事视角来讲故事，给人以耳目一新的阅读感受。马尔克斯的魔幻现实主义小说，真真假假的奇幻世界改变了传统叙事前因后果的线性结构，鬼魂作为高度象征性的因素反复造访马贡多小镇，人长出猪尾巴的怪事见怪不怪，魔幻与现实相互交织，构成了小说的逻辑。阿什伍德的短篇小说《皆大欢喜的诸结局》（*Happy Endings*），一口气说了关于约翰和玛丽的六个不同故事，过程千差万别，但结局都是皆

---

[1] 柯尔立治：《文学生涯》，刘若端译，刘若端编《十九世纪英国诗人论诗》，第63页。

大欢喜，最终重复了第一个故事的结局。这一高度实验性的短篇小说，人物和情节都变得不确定了，它不但反映出作者结构故事的丰富想象力，同时也在邀约读者的参与和重写。既然是用语言来讲故事，那么重要的不只是故事，更有如何讲故事的实验与创新。于是，小说家把传统中隐而不现的叙事手段摆到了前台，让读者意识到作者是在以某种方式讲故事，让读者感悟到文学独特的叙事技巧及其魅力。

不仅文学如此，其他艺术中的当代现实主义或带有现实主义倾向的艺术，亦有同样的情况。马格利特的《人类状况》以其超现实主义的方法，创造了一个典型的"画中画"结构，窗外的风景和画上的风景完全是一体的。这幅画对思考现实主义观念提出了两个有趣的问题：第一，如果我们把窗外的风景视为艺术以外的自然，那么显然，画上的风景不过是对自然的再现。由于画面和窗外的景观严丝合缝地融为一体，可以说画是对窗外风景逼真的再现，这就是古典现实主义的模仿说或再现说所表述的观念。第二，窗外的风景其实也不是自然，它不过是这幅画的一部分，是画面上所呈现的艺术图景。换言之，这个场景至少预示了两层关系：一是窗外风景与画面风景的再现关系；二是整个画（窗外风景加画面风景）所虚构的再现关系。这就暗含了某种双重否定：第一重否定关系是画架上画布的风景对窗外风景的否定，它告诉我们那不是风景而是一幅风景画；第二重否定关系是对前一种再现关系的进一步否定，整个画都是艺术再现，而非自然风景或这一风景的直接照搬。马格利特用"画中画"的形式向我们展示了一个现实主义的难题：艺术原本就是面向自然所打开的一扇窗户，艺术家正是透过这扇窗户去观察和再现自然的。然而问题的核心在于，画面上所再现的自然并不是自然本身，而是一种艺术的"把戏"，是一种"以假乱真"的视觉游戏。马格利特正是通过这两层矛盾来说明再现和观看自然的多种可能性，他让我们在真真假假之间转换，意欲颠覆我们的习惯性思维和观看方式，进而建构一种崭新的眼光去观察艺术和自然。诚如他所言："可见之物总是遮蔽了其他可见物。"[1]如何打破这些遮蔽，正是艺术家要探索的，尤其是一些习以为常的观看方式遮蔽了许多东西，而马格利特这幅画的目的正是要揭露绘画艺术"谎言"的真相，彰显绘画再现自然的复杂性，进而否定艺术与自然之间直接对应的简单化观念。这里用毕加索的一段话来说明再恰当不过，毕加索认为："我们都知道艺术并不是真理，艺术是一种谎言，但它让我们认识到真理，起码是让我们去理解真理。艺术家必须深谙让他人相信自己谎言真实的手法。"[2]哲学家加缪（Albert Camus）的说法亦有同工异曲之妙，"小说（或虚构，Fiction）乃是谎言，正是通过谎言我们讲述了真理"[3]。

或许我们可以这样来表述，在古典现实主义阶段，艺术家要努力地掩盖艺术的虚构或"说谎"功能，他们总是身体力行地证明艺术是真相的直接呈现，由此来揭橥艺术与真理的直接对应关系，从而使得艺术合法化。这一倾向在古希腊柏拉图和亚里士多德关于模仿的讨论中可见一斑，后来的西方美学大都依循这一理路。再现危机逼促当代现实主义寻找新的思路，艺术家和美学家们不但不否认艺术的虚构或"说谎"功能，而且直接在艺术中揭穿艺术所以造成真实幻觉的谜底，让人们看到，艺术在再现现实时从来不是亦步亦趋地模仿，也不是依样画葫芦，而是经由媒介探索实现富有想象力的创构。古德曼关于两

---

[1] 转引自Todd Alden, *The Essential of Rene Magritte* (New York: Abrams, 1999), 95。
[2] 参见Alfred H. Barr Jr., *Picasso: Fifty Years of His Art* (New York: Arno Press, 1980), 57。
[3] 转引自Jean-François Vernay, *The Seduction of Fiction: A Plea for Putting Emotions Back into Literary Interpretation* (London: Palgrave, 2016), 53。

种现实主义的论断对我们有所启迪,他认为现实主义概念有两种不同的用法。一种是最常见的用法,特指在习以为常的再现系统中的正确程度,比如丢勒的画要比塞尚的画更具写实性,这里所依据的是再现符号与指涉物之间的相似性原则。艺术再现的事物与我们日常经验所感知的事物相像或一致,这样的再现,其标准有赖于我们的习惯或日常经验。在我看来,这就是古典现实主义的观念。值得注意的是,古德曼指出了现实主义概念的另一种用法:"在我们不熟悉的正当系统状况下的再现中,我们所得到的现实主义不是惯例化意义,而是启迪(revelation)意义上的现实主义。这两种'现实主义的'意涵反映出惯性与首创性因素,我们在归类和分类的正确性中会看到惯性和首创性的对决。"[1]特别要注意古德曼说的这另一种现实主义,是具有"启迪"意义的现实主义。这里,古德曼用了revelation(启迪)这个词,该词意为"向别人揭示令人惊异和前所未知的事实"[2]。接着他又指出,两种现实主义分别反映了两种认知活动:一种是在熟悉的系统中对熟悉事物的把握,因而会趋向于习惯化或惯例化;另一种是在陌生系统中对陌生事物的把握,因而趋向于启迪和首创性,这一看法与前引柯尔立治和什克洛夫斯基的理论相一致。我们有理由认为,当代现实主义在相当程度上就是"启迪意义上的现实主义",它是对习惯性的一种颠覆,是对日常经验惯例化的一种挑战,如果说古典的现实主义倾向于让人们在熟悉的再现惯例中感知熟悉事物的话。正是在当代现实主义的艺术再现中,我们不再以如其所是的方式再现如其所见,而是以别样的复杂眼光看待生活世界的复杂性和多样性。

---

1 Nelson Goodman, *Ways of Worldmaking*, 101–102.

2 Judy Pearsall (ed.), *The New Oxford Dictionary of English*, 1588.

趋向"可写文本"的当代现实主义

当代现实主义迥异于古典现实主义,在许多方面大胆创新,改变了艺术家及其公众关于模仿和再现的传统观念,也改变了他们理解自然或社会的方式。在这方面,布莱希特的史诗剧是一个很有说服力的个案。通过对这一案例的分析,我们可以进一步瞥见当代现实主义有别于古典现实主义的诸多特性,并发现现实主义无可限量的可能性。

布莱希特的史诗剧出现在20世纪上半叶,他特立独行地实践一种介于自然主义和表现主义之间的戏剧路线。这种戏剧的特征在于拒绝自然主义戏剧的逼真性,比如斯坦尼斯拉夫式的戏剧,但又不至于走入依赖象征手法的表现主义戏剧。他把自己的戏剧风格明确地定义为现实主义,他写道:

> 现实主义戏剧无须运用表现主义和存在主义舞台上的象征主义,因为它表达的是一般的观念;另一方面,现实主义戏剧也不会以其相关事件和琐碎细节返回到自然主义的舞台上去。仅仅模仿现实是远远不够的。现实不仅需要被认识到,而且有必要被理解。[1]

这段话清楚地表达了他的戏剧关切:表现主义戏剧追求一般观念的表达,因而落入了抽象玄虚的渊薮;自然主义戏剧则过于琐碎和具体,又跌入平庸繁杂的困境。两者都不是他理想的戏剧情境,古典现实主义的模仿对他来说已经远远不够,19世纪以来的自然主义也问题

---

[1] John Willett (ed.), *Brecht on Theatre: Development of An Aesthetics* (New York: Hill & Wang, 1964), 233.

多多。所以他强调,"现实不仅需要被认识到,而且有必要被理解"。那么如何去"理解"呢?这就需要了解史诗剧特有的技巧——间离效果(Verfremdungseffekt,或陌生化效果),在布莱希特看来,间离效果有助于人们对现实的理解。何以见得?

布莱希特明确反对回到亚里士多德式的戏剧,反对晚近的自然主义戏剧,这是他仔细观察现实主义所面临的困境而得出的结论。布莱希特认为,戏剧是改变人们思想观念最有效的手段,在"二战"前后的欧洲,让戏剧成为国际工人运动有效帮手是他的戏剧关切。亚里士多德式的戏剧和自然主义戏剧,一方面由于过于琐碎平庸地模仿现实,无法揭示变动的社会发展的宏大气象;另一方面由于煽情效果而使观众完全沉醉在幻真的剧情中,失去了自我意识和批判能力。因此,努力把舞台变成真实生活场景的做法,让观众如醉如痴入戏的情绪共鸣效果,在他看来都是不可取的。所以当代现实主义戏剧必须另辟蹊径,迫切需要一些新的技术来改变现状,于是他发明了间离效果。所谓间离效果,说到底就是一种戏剧技术手段,它包含了一系列复杂关系的特殊处理方法。首先,是演员和所扮演的角色之间的间离。古典的和自然主义的戏剧,通常要求演员忘掉自我而完全变成角色。布莱希特反其道而行之,他明确提出了演员和角色的间离,由此造成角色表演时的某种陌生化效果,进而阻止观众的移情共鸣。其次,是舞台与观者的间离。许多戏剧家都想打破隔绝舞台和观众之间的"第四堵墙",使观众忘我地进入戏剧剧情,这在自然主义戏剧中达到了登峰造极的地步。布莱希特则认为,这种类似于通过房门钥匙孔看真实场景的戏剧方式,完全取消了观众的主动性,把观众变成了被动的偷窥者。因此,需要在舞台和观众之间造成某种疏离感,使舞台呈现为舞台,使表演呈现为表演,阻止观众把舞台当作真实场景的幻觉发生。最后，通过以上两方面的间离，构建观者与戏剧若即若离的复杂关系。他经常采用的手法是，一旦观众产生移情共鸣，使用某种特殊的方法阻止这一共鸣，使观众回到看戏而非偷窥生活的状态。史诗剧的宗旨在于如何保持观众观戏时的自我意识和批判性能力，不再被剧情牵着走，不再与人物命运遭际产生移情共鸣，这就从根本上改变了看戏的传统习性和期待，唤起观众的自我意识和理性批判能力。

其实，布莱希特的史诗剧创造了一种写实（看生活）与非写实（看戏）之间不停转换的状态。其人物、表演、舞台或道具，既不是自然主义的逼真，也不是表现主义式的抽象意象，而是介于两者之间。这就意味着他的戏剧有可能或者必然会导致现实主义的真实感，比如《大胆妈妈和她的孩子们》。大胆妈妈的性格化表演、不同的场景、那破旧的大篷车，等等，都在不同程度上引起观众的真实感，进而产生移情共鸣现象。另一方面，布莱希特又采用各种间离手段，来阻止观众产生真实幻觉，进而使之保持一种清醒的看戏意识。在《大胆妈妈和她的孩子们》一剧中，布莱希特使用了近十个不同的人物或声音，在剧中多达十三次地打断正在进行的戏剧情节，使剧情暂时停顿下来，让观众从对戏剧人物的移情共鸣状态中暂时解脱出来；在《四川好人》中，主要角色在其表演的中间，戴上面具扮演另一角色来评说自己；或是《高加索灰阑记》中，格鲁雪的表演由另一角色来说明，等等，这些都构成了幻真效果中断的间离效果。这些技术的使用旨在创造戏剧舞台上的复杂状况，让观者在欲共鸣与去共鸣、看生活与看戏中交替进行，进而改变了各种看戏的传统期待和认知。戏剧理论家威尔逊认为："在当代戏剧中，剧作家常常采用一些特殊的技巧，如果我们对此一无所知，就会感到迷惑不解。德国剧作家布莱希特……意欲激发观众思考他们正在观看的东西。为此他用一首歌或者一个叙述者的话来打断故事。布莱希特的理论认为,当故事以这样的方式中断时,观众就有机会更仔细地去考虑一下他们已经看到的东西,并把舞台上的戏和生活的其他方面联系起来。"[1]

从古典现实主义一味把观众带入现实,到当代现实主义让观众在真实与虚构的边界上来回穿梭,艺术再现范式的变革意义不可小觑。这里,用巴特关于"可读文本"(lisible)和"可写文本"(scriptible)来说明也许颇为恰当。巴特认为,文本的价值有赖于再现,但存在着两种性质完全不同的文本。一种是古典文本,亦即"可读文本",其特征是,描绘很容易辨识的人物或事件,依照线性因果关系来讲述故事,这类文本往往把读者变成被动的接受者;另一种是当代文本,名之为"可写文本",其特征是强调别具一格的语言运用,进而使作品的艺术性或人为性彰显出来,旨在将读者变成文本的合作者,甚至是文本的重写者。迥异于可读文本的完成性和过去时特征,可写文本总是正在进行时,它有待读者的主动"重写",生产出新的意义,所以它是开放的、未完成的。巴特写道:

> 可写的文本是永恒的现在……降低入口多样性、网络开放性和语言多样性单一系统(意识形态、文类、批评),穿越、分隔、停滞和塑形了这世界(作为功能的世界)的无穷游戏,而可写文本也就是先于这些活动的正在书写的我们自己。……然而何谓可读文本呢?它们是产品(而非生产),它们构成了我们文学的绝大部分。[2]

---

1 Edwin Wilson, *The Theater Experience* (New York: McGraw-Hill, 1994), 56.
2 Roland Barthes, *S/Z* (Oxford: Blackwell, 1990), 5.

第六章　再现危机与当代现实主义观念

用巴特的两种文本概念来解释布莱希特的史诗剧，显然，布莱希特就是要创造出一种"可写文本"，而古典现实主义和自然主义的戏剧则属于"可读文本"。如果我们把布莱希特史诗剧的间离效果与马格利特画中画的效果稍加比较，就会发现两者可谓殊途同归。它们都颠覆了关于艺术与现实关系的传统看法，颠覆了古典现实主义的艺术惯例，颠覆了人们对艺术欣赏的习惯期待。他们意欲告诉欣赏者，看戏就是看戏，不是看戏剧以外的生活；同理，观画就是观画，并不是观现实中的所画之物。经过这样的翻转，古典现实主义"可读文本"，也就转变成为当代现实主义"可写文本"。

贡布里希在讨论画家与风景关系时，曾说过一句相当精彩的话，他说道："绘画乃是一种活动，因而艺术家将倾向于看他要画的东西，而非画他看到的东西。"[1] 从表面上看，贡布里希指证了一个心理学事实，画家不是一面被动的镜子，照向什么就反射什么，他是一个有着高度选择性的创造主体。更重要的是，贡布里希强调每个艺术家都深受传统的制约，所以不可避免地依赖于传统所构成的"图式"来看世界。如果说古典现实主义是一种传统的话，那么，当代现实主义则建构了另一种传统，它建构了当代艺术家关于艺术及其与现实关系的新"图式"。所以，现实主义在当代迥异于它的过去。

当代现实主义的新传统不是平白无故地形成的，它与再现危机密切相关。有人曾经悲观地认为，再现危机导致了现实主义的崩溃，现实主义不再流行。我的观点正相反，再现危机与当代现实主义可谓一对孪生兄弟。再现危机导致了古典现实主义的式微，却激发了当代现实主义更加多样化发展的可能性。诚然，文学史和艺术史发展的规律

---

[1] Ernst Gombrich, *Art and Illusion* (London: Phaidon, 1961), 69.

一再表明，历史的发展不是替代型的，而是积累型的。换言之，当代现实主义变成雅各布森所说的"主导"风格，并不意味着旧的古典现实主义风格荡然无存。今天，现实主义与其说是一个运动或风格，不如说是多种可能的再现新方式，它广泛地存在于形形色色的"家族相似"的现实主义取向中，与延续至今的古典现实主义平行发展。当然，文学史和艺术史关注的焦点往往集中在新的"主导"形态而非已有的旧现象，这也是我要写这一章所隐含的一个理由。

第七章　艺术观看：一个哲学问题

要理解作为哲学问题的"艺术观看"，首先需要了解哲学如何讨论观看。人有五官和五感——视、听、触、味、嗅觉，五感是我们作为现实存在的人与世界和他人发生关联的重要通道。感觉经验奠定了我们在世上的存在感或存世感。这里我借用海德格尔的一个重要概念——"人生在世"（being-in-the-world）。在世的感觉是什么？就是通过感官感知世界万物和自我的存在，离开感觉，存在感就荡然无存了。心理学有一个经典的实验，叫作"感觉剥夺实验"，就是让你戴上眼罩、塞上耳塞，躺在一个黑暗无光、空无一物的房间里，当五感全被剥夺，人跟世界便失去了联系，内心便会充满恐惧和焦虑。这个实验表明，人通过感官与世界交流，没有感官经验我们就没有办法跟世界产生联系。

接下来的问题是，在各种感官中，哪些更为重要？黑格尔发现，在人的所有感官中有两个更重要，它们是认识性的器官，一个是视觉，另一个是听觉。为什么呢？黑格尔的解释是，它们是在远距离感知对象，所以有别于触觉、味觉和嗅觉，具备更大的自由度。在中国也有很多关于视觉的表述，许多常用的概念都和视觉相关，如"光明""慧眼""见识""灵见""千里眼"和"火眼金睛"等。

在哲学领域，视觉向来是一个重要的论题。西方古典哲学通常把人类的认知方式分成感性和理性两大领域，并将观看划入感性领域。比如，古希腊哲学家们就把认知方式分为两种：一种叫"可感觉的认识"，一种叫"可理解的认识"。"可感觉的认识"就是感性认识或者感性知识，而"可理解的认识"则指理性认识或推理的、逻辑的知识。以苏格拉底为界，在他之前，两种认识或知识受到同等的关注；而在他以后，希腊哲学就转向了对"可理解的认识"的探讨，逐步将"可感觉的认识"边缘化了。启蒙运动以来，随着现代社会的发展，一个占据主流地位的观念就是理性至上。

众所周知，从传播的历史来看，在印刷文化于15世纪出现之后，书籍或文字慢慢变成了人类文明和知识传播的重要载体。读书就是一种理性活动，所谓"知书达理"，而观看却被认为是较低等的感性认识。尤其到了现代，由于知识分类和科技进步，导致人们普遍认为理性是人类最重要的认知方式，在这方面韦伯有很多精彩的论断。当然，这其中还是有很多变化的，特别是到了20世纪下半叶，比如法兰克福学派的领军人物马尔库塞提出了"新感性"论，他在《单向度的人》中对当代社会理性至上的问题做了深刻反思；批评家桑塔格则提出了"反对阐释"论，强调应回到感觉而不是热衷于理性解释；另一位法国的哲学家利奥塔也提出了图像与话语二分格局的后现代翻转，话语就是理性语言，图像则是感性语言，他认为理性不应该占据唯一重要的位置，应该重新重视图像的感性认知，进而论证了视觉感知的合法性和重要性。这些理论的出现与从印刷文化向以视觉图像为主导的社会文化形态的转变关系密切。这就是所谓后现代文化、消费社会和视觉文化，三个概念看起来完全不同，但实际上是对当代社会不同角度的观察，三者中包含了复杂的关联性和一致性，这也是视觉问题凸显的社会历史语境。

那么如何从观看进入艺术观看呢？从学理上说，艺术是审美的，而审美是感性的，属于感性认识领域。鲍姆加通在1750年给美学命名的时候，就把它明确界定为"感性认识的完善"，也即古希腊所谓"可感觉的认识"。在词源学上，美学这个概念就是感知或直觉的意思，与逻辑学、伦理学等推理性的知识全然不同。今天我们对视觉现象的高度关注和探究，从美学方面来思考是一个重要的路径。

第二个问题是——"什么叫艺术观看？"朱光潜在《谈美书简》中说过，面对一棵松树，不同的人会有不同的"看"。艺术家特别注意松树的造型、色彩和形态；而一个林业学家要看松树生长的情况，看它跟阳光的关系、跟环境的关系；一个经济学家或商人看的则是松树能卖多少钱，能怎么样换取最大价值，等等。朱光潜告诉我们一个很简单的道理，就是面对同一个事物可以有不同的观看方式，而从同一视角看同一对象也可能得到完全不同的认知和经验。艺术的观看是人类诸多观看方式中非常重要的一种，它尤其集中地体现在艺术家的观看之中。当然，艺术家包括很多类型，广义的艺术家包括作家、诗人、戏剧家、舞蹈家等，他们通过各自特有的艺术媒介来观看世界万物。这里重点讨论造型艺术家的艺术观看，其中包括画家、雕塑家、摄影家、建筑师等。

造型艺术家的专业训练实际上就是一种视觉训练，我们今天谈论的所谓的视觉形式、设计感、审美品味或审美能力等，实际上就是一种观看能力或观看经验。回到朱光潜讨论的艺术家看松树的范例，可以说，艺术家是在经营一种独特的观看方式，并把这种独特地观看世界的方式传授给更多人。正如达·芬奇的说法——艺术就是"教导人们学会看"。哲学家卡西尔进一步认为，艺术家最高的天赋就是要教导人,而作为一个有教养的观众,就是要学会看。因为通过看,可以把握到更深层的东西,科学和艺术都在探索深层的东西,但是它们探索的方式是不一样的:一个通过形象,一个通过法则。

艺术的看跟其他的看不一样,达·芬奇在他论绘画的笔记里面有一段话,他坦陈要发展出一种完整的、完全的心智,既要研究艺术的科学,又要研究科学的艺术,最重要的就是要学会如何去看(Learn how to see);要学会如何去看,还要意识到世界万物是关联着的。所谓艺术视觉修养,通常就是指一个人的视觉能力或视觉理解力,这种能力的获得和提升往往需要艺术熏陶和训练。

在这里,要谈及一个观看中的核心哲学问题——视觉性。艺术史家弗斯特在他编辑的《视觉和视觉性》一书中,对视觉性做了如下界定:"我们如何看,我们如何能看,如何被允许看,如何去看,即我们如何看见这一看,或是如何看见其中未现之物。"[1]我们如何去认识这个"看"?或者我们如何看见其中看不见的东西?这些在视觉或观看中都是非常重要的问题。

以范宽的《溪山行旅图》为例,中国人看山、看水或看风景,与西方人完全不一样,我们有独到的观看方式。画中层峦叠嶂,山外有山,可是人物却小得出奇。从西方人的观看方式出发,这样的人与自然的比例似有压抑感,但在中国人看来,人就是自然的一部分,是万物中的一员,完全融入山水风景之中。又如黄公望的《富春山居图》,其横向展开的画卷形式,也蕴含着中国独特的观看方式。与之对应的,西方的架上画或壁画作为一种公共展示型的艺术,或展陈于画廊,或存在于市政厅、教堂里,供公众观看。中国

---

[1] Hal Foster, "Preface," in *Vision and Visuality*, ed. by Hal Foster (Seatle: Bay Press,1988), ix.

传统绘画的手卷形式，在没有博物馆的时代则仅供三五个好友一起观摩，随着画卷徐徐打开，一个个场景才能依次展现出来。《富春山居图》中的山水就描绘得如电影长镜头般，观者的视线不是固定在一个画面上，而是随着画面的移动在不断延伸，如同边走边看，这就是其所隐含的中国人独特的观看方式，与西方人单一视点的焦点透视迥然异趣。

这里不妨讨论一下两幅作品，分别是两位艺术家所描绘的同一个场景，即英国湖区最大的温特湖：一幅为英国浪漫主义时期的佚名画家所绘（图7.1），另一幅由旅居英国的中国画家蒋彝所绘（图7.2）。通过细读这两幅画，可以看到中国和西方画家对同一场景的不同表现方式，以及所呈现的不同观看方式。为什么面对同一场景会画出完全不同的风景呢？用艺术史家贡布里希的一句话来概括："绘画是一种活动，艺术家们是要看他要画的东西，而不是画他看到的东西。"[1]这句话的意思是，艺术家不会看到什么就画什么，艺术家绝不是一个被动反射的镜子；相反，往往是他想画什么才去看什么。按照贡布里希的看法，观看类似于投射，艺术家把他想看的东西投射到观察的对象上，想看的东西就会浮现出来，占据他的视觉中心，当然也要考虑到历史传统和绘画语法的决定性作用。他的这个论断很重要，告诉我们一个道理，艺术家的观看是具有高度主观选择性的。

既然如此，艺术家又是如何选择的呢？法国哲学家柏格森有一句名言：眼睛只会看到那些心智想要弄明白的东西。这就触及艺术想看什么的问题。艺术史家沃尔夫林将之称为"视觉形式"或"视觉图式"，后面我们再详细讨论。当有这样一种艺术观看的"视觉图式"

1　Ernst Gombrich, *Art and Illusion*, 84–85.

图7.1　英国浪漫主义时期佚名画家所绘温特湖

图7.2　蒋彝,《温特湖畔之牛》,1936年,水墨画

时,观者就会看到艺术中美的形态和内涵。

　　进一步看,从社会学的角度讲,观看并不止于对对象的视觉理解,还在建构意义,蕴含着复杂的人类社会关系的生产和再生产。比如说我们怎么看别人,画家怎么表现英雄,他的视线是平视、俯视还是仰视,都有不同的社会意义。这也再一次印证了弗斯特的说法。事实上,看什么、看到什么以及如何理解看见之物,都是社会性的。用社会学家约翰·费斯克(John Fiske)的话来说:"看,制造意义,它

因此成了一种进入社会关系的方式,一种将自己嵌入总的社会秩序的手段,一种控制个人眼下的个别社会关系的手段。"[1] 约翰逊·施罗德(Jonathan Schroeder)认为:"凝视绝不只是去看,它意味着一种权力的心理学关系,在这种关系中,凝视者优越于被凝视的对象。"[2] 这两段话看起来是对社会情境中的观看而言的,但是对艺术的观看来说也同样如此。

这样我们就进入了第三个问题:艺术的观看和观看之道后面有什么?

首先,我们要思考人类文明中为什么会出现图像?关于这个问题,存在各种各样的解释,中国人和西方人也各有一套理论。一种比较常见的说法是,发明图像的一个最重要目的就是代替不在场的事物,或者叫作再现(representation)。古罗马时期的博物学家普林尼在《博物志》中记载了一个关于绘画起源的故事:古希腊一个陶工的女儿,她的男友是一名水手,即将出海去远方,离开很长一段时间。女儿就用烛光投影,将男友的剪影形象刻画在墙上,然后请她的父亲制作成浮雕陶像,这样在女孩思念男友时,就可以拿出陶像观看,就仿佛看到他本人。即是说,这个陶像代替了不在场的男友。

这个故事有很多值得我们深思的美学和哲学内涵。图像因替代缺场之物而出现,当代很多电影中表现离家军人对家人的思念时,就会拍摄他们将照片放在办公室或者自己身上的镜头。古代很多微型画项链,有类似的作用。图像其实有很复杂的功能,如宗教神像、古典绘

---

[1] 约翰·费斯克:《解读大众文化》,杨全强译,南京大学出版社2006年版,第38页。
[2] Jonathan E. Schroeder, "Consuming Representation: A Visual Approach to Consumer Research," in *Representing Consumer: Voices, Views and Vision*, ed. by Barbara B. Stern, (London: Routledge, 1998), 208.

画、山水画、风景画等,都具有特别的作用,甚至具有神奇的魔力。英国艺术批评家约翰·伯格在《观看之道》中也论述了这个判断,他认为形象最初具有模仿性,用以代替不在场的事物,是一个标记物。人类历史上被创造出来的许多图像,都可以引导人们回顾过去,所谓"以图证史",就是通过图像去了解历史。正因如此,形象与文字一道被认为是人类文明最重要的记载形式。由此我们便可以进入另一个有趣的问题。王尔德有一个影响甚广的说法:"看"不等于"看见"。为什么这样说?因为我们经常在看自己不理解或没有兴趣的东西时感觉看了等于没看。相反,如果在具备理解力、认知力和观看欲望的情况下,更多东西就会出现在我们的视野之中。王尔德这个说法的要旨是,生活中的美往往只有艺术家能看到,而普通人却通常视而不见。对此,他举了一个例子(我猜测例中所指是法国印象派画家莫奈):历史上曾有一段时间伦敦的雾是紫色的,但很多人并没有注意到这个现象,只有在它被艺术家表现出来时,人们才"看见"。

在艺术史研究中有一种看法,认为艺术史就是人类的艺术观看方式的历史演变。沃尔夫林就持有这样的观点,他说艺术史就是要研究观看的形式或视觉形式,关于这种形式他还有很多其他表述,如视觉方式、想象方式、想象的观看方式或者视觉图式等。视觉形式有其自身的历史发展逻辑,不同的个人、群体、地区以及民族都有不同的视觉图式。其来源一方面是艺术家们所做的视觉探索,另一方面又要受到特定文化的限制。艺术史要研究的就是这种视觉图式。他的结论是,观看方式是艺术史研究的基本对象。

那么观看本身又蕴含着怎样的哲学问题呢?德里达提出过一个有趣的说法:"如同随着新视觉装置的辅助人们最终可以看见视线一样,

人们不仅可以看见自然风景、城市、桥梁和深渊,还可以看见'看'本身。"[1]他提示我们一种情况,尽管每天都在看世界万物,但却无法看见"看"本身。而在借助于新视觉装置的前提下,怎么看的问题就被揭示出来,从而呈现了"看"本身。以广告研究中广泛使用的眼动仪为例,这种装置可以记录观看的轨迹,以及在每一个注视点上的停留时间,从而运算一幅图像怎样吸引视线,并应用于广告对消费者的视觉吸引力,这个过程就呈现出人们怎么"看"。但是,德里达这句话的一个重要意思是,怎么看或看本身是视觉研究中最重要的核心问题,如果搞不清这个问题,就搞不清艺术的观看。美学、艺术理论和艺术史,甚至心理学,其实都在研究这个"看",在解答"看"本身到底是怎么一回事。

这样我们就进入了一个更复杂的问题,就是"看"如何塑造我们的视觉经验?我觉得一个比较有用的理论就是"话语论"。"话语论"是法国理论的产物,最重要的代表人物是福柯。话语论面对的是语言现象,它揭示了人在学习语言时,实际上也在接纳语言背后的观念和意识形态。这个原理也同样适用于视觉观看的研究,视觉也是这样被建构起来的,学习艺术史、观摩艺术品、探究大师经典作品,以及今天的艺术教育和审美教育,都具有同样的功能。所以建构论成为我们讨论艺术观看的一个很重要的理论方法。这里可以借鉴英国文化研究领军人物霍尔的说法:"话语就是指涉或建构有关某种实践特定话题的知识方式:一系列(或构型)观念、形象和实践,它提供了人们谈论特定话题、社会活动以及社会中制度层面的方式、知识形式,并关联

---

[1] Jacques Derrida, Catherine Porter and Edward P. Morris, "The Principle of Reason: The University in the Eyes of Its Pupils," *Diacritics,* Vol. 13, No. 3 (Autumn, 1983): 19.

特定话题、社会活动和制度层面来引导人们。"[1]正如人所共知的那样，这些话语结构规定了我们对特定主题和社会活动层面的述说，以及我们与特定主题和社会活动层面有关的实践，什么是合适的，什么是不合适的；规定了在特定语境中什么知识是有用的、相关的和真实的，哪些类型的人或"主体"具体体现出其特征。"话语的"这个概念已成为一个宽泛的术语，用来指涉意义、表征和文化所构成的任何路径。

这段话可以和弗斯特关于视觉性的看法结合起来，也就是说，我们在一个特定的社会和文化中能看什么、不能看什么、怎么去看和看到什么，实际上有很多隐而不显的限制。艺术的看也是如此，所以，当讨论艺术观看的时候，不能把它视作自然生成的、中性的问题，其中包含了复杂的社会和文化意涵。换言之，艺术的观看方式是被特定的社会和文化建构起来的。因此，一方面我们要体认自己传统的重要性并加以继承；另一方面，又要看到传统所蕴含的许多规则和观念的局限性和问题。观看是一个复杂的意义建构过程，观看的能力本身也是一个建构过程。

第四个问题跟艺术史相关，即人类的观看方式经历了从抽象到模仿再到抽象的历史过程。人类最早创造的图形都不是写实的，然后被写实/模仿/再现占据了很长时间，最后又进入了抽象，这是艺术史发展的内在逻辑。以一组雕塑为例：第一个是威伦道夫的维纳斯雕像（图7.3），这是在欧洲的奥地利发现的母系氏族社会时期的雕像；第二个是米洛的维纳斯雕像（图7.4）；第三个是罗马尼亚雕塑家康斯坦丁·布朗库西（Constantin Brâncuşi）的作品（图7.5）。三件作品生动

---

[1] Stuart Hall, *Representation: Cultural Representations and Signifying Practices* (London: Sage Publications & Open University, 1997), 6.

图7.3　威伦道夫的维纳斯雕像　　图7.4　米洛的维纳斯雕像

图7.5　布朗库西,《少女的风姿（南希·库纳德）》,1932年

地诠释了这个历史过程。

艺术为什么会从具象发展到抽象,这是一个艺术史的热点问题。面对这一问题,现代艺术理论家和美学家提出很多不同的看法。比如,英国的批评家罗杰·弗莱说:"我敢说,任何人,只要他看重绘

画的题材——绘画所再现的东西，就无法真正理解艺术。"[1]美国抽象表现主义画家德·库宁也说过相似的话："这就是绘画的秘密，因为一张脸的素描不是一张脸，它只是一张脸的素描。"[2]如果我们再往前追溯，会发现19世纪下半叶艺术家们已经经历了革命性的观念演变，比如莫里斯·德尼就说过："我们应该记住，一幅画在成为一匹战马、一个裸女之前，或讲述什么故事之前，本质上不过是以某种方式覆盖了色彩的平面而已。"[3]绘画从题材、人脸到只是"覆盖了色彩的平面"，这里隐含的深刻转变是从绘画对外部世界的模仿，转向绘画自身，转向"覆盖了色彩的平面"。导致这些变化的原因很多，其中一个原因是摄影术的出现。摄影术的出现使写实模仿的艺术观看方式的合法性遭遇危机，因为原来一幅写实的作品要画一年半载或数周数天，其观看能力和表现能力的训练更是要经历漫长过程，可照相几分钟就解决了，尤其是在今天的数码时代，摄影已经非常便捷，我们拿着手机什么都可以照下来，所以根本不需要慢慢描摹。这就提出了一个严肃的问题：既然摄影可以把世间万物形象都精确地记录下来，那么还要画家做什么？换言之，画家能做哪些和摄影师不同的工作呢？于是画家琢磨着如何呈现摄影所不能呈现的东西，这是法国哲学家利奥塔的看法，他认为现代画家要画的是不可呈现的东西，因而抽象绘画应运而生。如此一来，艺术的观看方式又出现了革命性的转变，不再拘泥于可见的物质世界，而转向了看不见的精神世界或想象的世界。既然不再限于模仿，那么对视觉艺术来说，任何观看方式和表现

---

[1] 转引自H. G. 布洛克：《美学新解》，滕守尧译，辽宁人民出版社1987年版，第320页。
[2] 陈侗等编：《与实验艺术家的谈话》，第106页。
[3] Maurice Denis, "Definition of Neo-Traditionalism," in *Art in Theory: 1815–1900*, eds. by Charles Harrison and Paul Wood, 863.

方式都是可能的了。所以我们的观看方式随之发生了激进的变化，我们越来越倾向于多元的方式，而不仅仅是那种逼真的、再现的方式，我们还有各种不同观看世界的方式。

最后讨论一下从真实界到艺术界，以及两者的关系。亚里士多德说过一句很有名的话：诗比历史更富于哲学意味。他是说历史只能记录已经发生的事情，而无法记录没有发生的事情，然而诗则可以记录可能发生的事情，也就是说历史是记录真实的东西，而艺术是可以虚构的。所以对艺术来说，就有一个真实界和艺术界的复杂的关系问题。今天，这个问题变得更加尖锐了，虽然从具象到抽象是一个发展趋势，但另一个也需要高度关注的趋势是从写实到超现实的转变，尤其是在数字时代、网络时代、电脑时代、人工智能时代，真实界的所有东西都可以变成艺术的东西，真实界没有的东西也可以在艺术中出现，比如科幻大片《流浪地球》所表现的，这就带来了图像生成和观看方式更为激进的变革。

为什么艺术家总是在改变我们观看事物的方式？许多艺术家的经验之谈道出了个中三昧。比利时超现实主义画家马格利特认为，我们的"心智喜欢未知的东西，热爱那些意义未明的形象，因为心智本身的意义就是未知的"。而法国印象派画家德加则认为"艺术并不是你看到的那些东西，而是你想让别人看到的东西"。这话听起来有点像刚才我们提到的贡布里希讲的话——艺术家不是看到什么画什么，而是看他要画的东西。也就是说，艺术家总是在寻找着新的观看方式来呈现我们这个世界以及他想象中的世界。后期印象派画家保罗·高更曾言"我闭上眼睛，为的是去观看！"这句话看上去似乎是矛盾的，你闭上眼睛怎么能去看？但很多艺术家都说过相似的话，因为艺术的观看中最重要的不是肉眼所见，而是你心灵的眼睛或你的视觉想象力所见。所以，艺术家并不把自己的眼睛当作一面镜子来反射这个世界，更重要的是他会把我们看不见以及他想象的东西呈现出来。所以我们注意到，艺术在现代和当代的发展，不再拘泥于肉眼所见，而更加强调内心所见，想象所见。视觉从外向内转是一个值得关注的变化。前文提到，当摄影出现之后，艺术家就认为模仿变得不重要了，那艺术家还要画什么？如果照相机可以把任何东西都拍出来，那艺术家就没有什么特长了，也不需要艺术了。所以我们看到，现代主义产生以来，视觉艺术中的观看方式发生了激变，很多作品所表现的都是照相机不可能拍出来的图像。绘画不再是返回现实世界的唯一路径。随着当代技术的发展，古典的虚构转向了当代的虚拟，艺术家可以有更多的手段来呈现他们所幻想的世界、他们心灵之眼所看到的世界。艺术观看中的虚拟性和超现实成为视觉建构又一个新的难题。

第八章　艺术跨媒介性与艺术统一性

作为一个独立的学科，艺术（学）理论已经在中国当代学术体制中确立。按照学界通常的看法，艺术理论的研究对象乃是各门艺术中的共性规律。然而各门艺术千差万别，如何从艺术的多样性进入其统一性，委实是一个难题。在艺术研究领域，实际上存在两种不同的方法论取向：一是，专事于具体门类艺术研究的学者，往往强调某门艺术的独一性而忽略艺术的共通性；二是，具有哲学、美学和文艺学背景的学者，力主各门艺术多样性和差异性基础之上的共通性，共通性是艺术理论作为一门独立学科的合法化根据。两种取向之间的紧张是当下中国艺术研究的真实现状，前者走的是"自下而上"的路线，但很容易止于某一艺术的独一性；后者按照"自上而下"的路线展开，亦局限于从基本观念和原理来推演。建构中国的艺术理论学科及其知识体系，如何平衡归纳与演绎、经验与思辨、差异性与共通性、多样性与统一性的张力，显然是一个难题。古往今来的理论家们就这一张力发表了许多精彩看法，仍给我们诸多启示。本章基于晚近艺术跨学科研究的发展趋势，讨论一个艺术理论知识建构的方法论新议题，即艺术的跨媒介性问题。我认为，解决艺术研究"自下而上"和"自上而下"的矛盾，从艺术的跨媒介性入手是一个很有前景的理论路径。换言之，本章透过跨媒介性的视角，来重新审视各门艺术之间的内在关联，进而达致各门艺术多样性和差异性基础上的统一性或共通性。

艺术间交互关系的研究范式

从中西艺术理论的学术史来看，艺术交互关系研究大致有几种主要的范式。最古老的是所谓"姊妹艺术"的研究。中西艺术批评史和理论史上最常见的理论话语就是诗画比较。在中国文化中，"诗画一律"是一个妇孺皆知的常识。尽管诗画分界是存在的，但在中国文人看来，两者不分家或"你中有我、我中有你"是显而易见的。苏轼的说法影响深远："味摩诘之诗，诗中有画；观摩诘之画，画中有诗。"[1]他得出了"诗画本一律"的结论。如果说这种观念反映了诗画融通的关系，那么如下说法则点出了两种艺术毕竟不同："画难画之景，以诗凑成；吟难吟之诗，以画补足。"[2]此一说法道出了诗、画各有所长和所短，诗之所短乃画之所长，反之亦然。在西方，这样的讨论亦汗牛充栋，[3]在此不再赘述，但有一个问题值得关注，那就是如何以文学的修辞和语言来描述图像，即"ekphrasis"。从词源学上看，这个概念来自希腊语，意思是讲述、描述或说明，是以诗论画的古老传统，泛指一切用语言来描述图像的行为。在中国古典诗画讨论中，整合论或融合论占据主导地位，与西方重逻辑分类的区分性思维有所不同。西方艺术理论更强调文学与绘画的媒介差异性。以语言去描述图像，这其中就产生了某种跨媒介关联。所以"ekphrasis"自古以来是一个讨论艺术间复杂关系的热门话题，从语言对图像的描述，到诗画关系

---

[1] 苏轼：《书摩诘蓝田烟雨图》，郭绍虞主编《中国历代文论选》（第二册），上海古籍出版社1979年版，第305页。

[2] 诗人吴龙翰语，见曹庭栋：《宋百家诗存》卷一九，转引自钱锺书《七缀集》，上海古籍出版社1985年版，第7页。

[3] 参见Herbert M. Schueller, "Correspondences between Music and the Sister Arts, According to 18th Century Aesthetic Theory," *The Journal of Aesthetics and Art Criticism*, Vol. 11, No. 4 (1953): 334–359。

的比较，再到文学借鉴绘画的逼真刻画效果，一直到绘画受制于文学主题等等，都有所涉及。及至晚近的艺术理论，"ekphrasis"再度吸引学者们的注意力，成为一个极有生长性的研究话题，其考察已经大大地超越了古典的以诗论画的范围。[1]

第二种艺术交互关系的研究范式是历史考察模式，通过不同时期艺术间相互关系的变化，总结出一些历史演变的关系模式。这方面的研究很多。豪塞尔发现，从历史角度看，不同的艺术类型并不处在同一发展水平上，有的艺术"进步"，有的则"落后"。"18世纪以来，人们几乎不会注意到，由于公众对艺术的兴趣的社会差别发展起来，文学、绘画和音乐已不再保持同一水平的发展了，这些艺术部门中的某一种艺术几乎不把它们已经解决的诸形式问题表现在另一种艺术之中。"[2] 雅各布森从另一个角度指出，每个时代都有某种占据主导地位的艺术门类，它会对其他艺术产生深刻影响，形成各门艺术争相模仿的关系形态。他基于文学的诗学观念，区分了文艺复兴、浪漫主义和现实主义三个不同阶段的主导审美风格的变迁。文艺复兴时期占据主导地位的是视觉艺术，因而它成为当时的最高美学标准，其他艺术均以接近视觉艺术的程度被评判其价值；浪漫主义阶段音乐占据主导地

---

[1] 参见Murray Krieger, *Ekphrasis: The Illusion of the Natural Sign* (Baltimore: Hopkins University Press, 1992); Peter Wagner (ed.), *Icons-Texts-Iconotexts: Essays on Ekphrasis and Intermediality* (Berlin: Walter de Gruyter, 1996); Emily Bilman, *Modern Ekphrasis* (Bern: Peter Lang, 2013); Asunción López-Varela Azcárate and Ananta Charan Sukla (eds.), *The Ekphrastic Turn: Inter-art Dialogues* (Champaign: Common Ground, 2015); Stephen Cheeke, *Writing for Art: The Aesthetics of Ekphrasis* (Manchester: Manchester University Press, 2010); Gottfried Boehm und Helmut Pfotenhauer, *Beschreibungskunst-Kunstbeschreibung: Ekphrasis von der Antike bis zur Gegenwart* (Paderborn: Verlag Wilhelm Fink, 1995).

[2] 阿诺德·豪塞尔:《艺术史的哲学》，陈超南、刘天华译，中国社会科学出版社1992年版，第242页。

位，因而音乐的特性成为最高的审美价值标准，所以诗歌努力追求音乐性；到了现实主义阶段，语言艺术成为主导的审美价值标准，因此诗歌的价值系统又一次发生了变化。[1] 雅各布森的"主导"理论触及了艺术间相互历史关系的一个重要方面，那就是它们彼此间的影响关系。结合豪塞尔的理论可以看到，各门艺术的不平衡发展导致特定时期的某种艺术成为最有影响力的主导艺术，这门艺术的审美观念遂成为占据主导地位的审美价值标准，广泛影响了其他艺术。有趣的是，雅各布森的三段式聚焦于三种不同的艺术媒介，揭示了绘画的视觉媒介、音乐的听觉媒介和语言媒介在艺术交互关系的历史结构中依次占据主导地位的演变轨迹。

第三种艺术交互关系研究范式是美学中的艺术类型学。美学将各门艺术视为一个统一性结构，无论称其为"美的艺术"，还是大写的"艺术"或复数的"艺术"，都表明艺术是一个家族。但这个家族的成员却各有不同，因此，如何分类确立共通性之下的差异性，一直是美学的一个重要任务。从莱辛的诗画分界的讨论，到黑格尔五种主要艺术类型历史与逻辑相统一的结构，再到形形色色的艺术分类研究，都意在强调不同艺术之间的相互关系及其整体性和统一性。以美国著名美学家芒罗的《艺术及其交互关系》一书为例。他以塑形（shaping）、声音（sounding）、语词（verbalizing）的三元结构来划分，将各门艺术归纳为六类：1. 视觉塑形艺术（绘画、雕塑、建筑、家具、服饰等）；2. 声音艺术（音乐和其他具有声音效果的艺术）；3. 语词艺术（诗歌、小说、戏剧文学等）；4. 视觉塑形与声音艺术（舞蹈和哑剧的结合等）；5. 声音与词语化的艺术（歌曲）；6. 视觉塑

---

[1] 雅各布森:《主导》，任生名译，赵毅衡编选《符号学文学论文集》，第9—10页。

形、声音与词语化的艺术（歌剧等）。[1]需要指出的是，美学的艺术分类研究是从关于艺术的哲学基本观念出发展开的，因此各门艺术的统一性是依照逻辑在先原则处理的，它与"姊妹艺术"从各门艺术的独特性入手进入统一性的研究路径正好相反。

第四种艺术交互关系研究范式来自比较文学的比较艺术（comparative arts）或跨艺术研究（interarts studies）。历史地看，这一研究是过往"姊妹艺术"研究的当代发展，从当下知识生产境况来看，它是比较文学学科走向跨学科和文本交互性的必然产物。比较艺术是在比较文学美国学派中形成的，它是平行研究的一个重要层面，即文学与其他艺术的比较研究。有学者指出："进行文学与艺术的比较研究似乎有三种基本途径：形式与内容的关系、影响以及综合。"[2]还有学者认为，传统的艺术间研究往往关注存在于两个文本之间可感知到的一系列关系，包括关联、联系、平行、相似和差异等。[3]晚近的研究则主要集中在不同媒介文本的类型学，如一个媒介的文本如何被另一个媒介的文本改写或重写（比如电影对文学作品的改编），一个艺术门类中发生的运动如何对其他艺术产生影响，某种艺术特定结构的或风格的特质如何被其他艺术效仿等。"通过涵盖多媒介和新技术并质疑学科的或传统的边界，跨艺术研究试图重新界定比较文学这一领域。"[4]

---

[1] Thomas Munro, *The Arts and Their Interrelations* (Cleveland: Press of Western Reserve University, 1967), 297–314, 528–529.

[2] 玛丽·盖塞：《文学与艺术》，张隆溪译，张隆溪选编《比较文学译文集》，北京大学出版社1982年版，第121页。

[3] Claus Clüver, "Interarts Studies: An Introduction," in *Media inter Media: Essays in Honor of Claus Clüver*, ed. by Stephanie A. Glaser (Amsterdam & New York: Rodopi, 2009), 504.

[4] Anke Finger, "Comparative Literature and Internart Studies," in *Companion to Comparative Literature, World Literatures, and Comparative Cultural Studies*, eds. by Steven Tötösy de Zepetnek and Tutun Mukherjee (Cambridge: Cambridge University Press, 2013), 131.

另有学者提出，如果通过其他艺术来反观文学，便可以更加深入地把握文学的特质。比如以绘画来看文学，便可得出一些颇有启发性的结论，如通过绘画来阐释文学作品的细节，以画面构图来探究文学的概念和主题、文学与绘画的交会互动等。[1] 但从艺术理论的知识建构来看，比较艺术研究有两个明显缺憾。其一是它的语言学中心论，其方法论主要依据语言学，而且文学作为语言艺术，自然将语言学作为知识生产的方法论，这会导致忽略其他艺术自身的特性和方法（比如图像学或音乐学的方法）的弊端。其二是文学中心论，由于比较艺术是在比较文学学科框架内发展起来的，所以文学自始至终都是比较艺术的中心，文学的主导地位使得其他艺术的比较成为参照甚至陪衬，比较意在说明文学特性而非其他艺术的独特性，这就有可能将艺术理论最为关键的问题——艺术统一性及共性规律——排除在外。

最后一种艺术交互关系研究的范式是晚近兴起的跨媒介研究（intermedial studies），它克服了比较艺术的语言学中心论和文学中心论，对于艺术理论的学科建设和知识生产最具生产性。"跨媒介性"（intermediality）是晚近人文社会科学的一个新概念，关于何谓"跨媒介性"也有颇多争议。"跨媒介"（intermedia）概念1966年出现在美国艺术家希金斯的一篇文章中，"跨媒介性"概念则源自德国学者汉森-洛夫。1983年，他用这个概念来和"互文性"概念类比，以此把握俄国象征主义文学、视觉艺术和音乐的复杂关系。此后这个概念和"互文性"概念相互纠缠，甚至有人认为跨媒介性是互文性的一种表现形态，亦有人认为跨媒介性与互文性完全不同。"一般来说，'跨

---

[1] 参见 Helmut A. Hatzfeld, *Literature through Art: A New Approach to French Literature* (Chapel Hill: University of North Carolina, 2018).

媒介性'这个术语是指媒介之间的关系,这个概念因而被用来描述范围广大的超过一种媒介的文化现象。之所以无法发展出单一的跨媒介性定义,原因在于它已经成为许多学科的核心理论概念,这些学科包括文学、文化和戏剧研究,以及历史、音乐学、哲学、社会学、电影、媒体和漫画研究,它们均涉及不同的跨媒介问题群,因而需要特殊的方法和界定。"[1]有学者具体区分了广义和狭义的"跨媒介性",以上界定就是广义的"跨媒介性",只在媒介内、媒介外、媒介间加以区分,"媒介间"正是"跨媒介性"的广义概念。而狭义的"跨媒介性"则更为具体,首先区分为共时与历时的跨媒介性,前者是特定时期的跨媒介性,后者指不同时期跨媒介性的历史演变;其次区分为作为基础概念的"跨媒介性"与作为特定作品分析范畴的"跨媒介性";再次区分涉及不同学科方法的现象分析,不同的学科方法对不同现象的分析是否属于跨媒介性有不同的看法。[2]由此可以看出,跨媒介性并不拘泥于某一个学科(如比较文学),而是一个更具包容性和开放性的范畴,深入到不同学科和领域,关联于很多媒介领域和现象。

以上几种模式比较起来,我认为跨媒介性及其研究范式最有发展前景,与艺术理论的知识体系建构关联性最强。尤其是跨媒介研究的方法论,越出了美学门类研究和比较文学的比较艺术范式,在很多方面推进了艺术理论知识系统建构。主要有如下五个方面:

第一个推进是将媒介因素作为思考的焦点,这既符合当代艺术发展彰显媒介交互作用的趋势,又是理论话语自身演变的发展逻辑所致。如果说在传统艺术中媒介往往被题材和主题遮蔽的话,那么,当

---

1 Gabriele Rippl (ed.), *Handbook of Intermediality* (Berlin: Walter de Gruyter, 2015), 1.
2 Irina O. Rajewsky, "Intermediality, Intertextuality, and Remediation: A Literary Perspective on Intermediality," *Intermédialités*, No. 6 (Automne 2005): 47–49.

代艺术则越来越强调媒介的重要性。对于艺术的比较研究来说，对媒介及其复杂性关系的关注加强了艺术本体论研究，有助于深入揭示出各门艺术的差异性基础上的统一性。

第二个推进是破除了比较文学的文学中心论，将各门艺术置于平等的相互影响的地位，这就为更带有艺术理论性质而非诗学宰制的理论话语建构提供了可能。"跨媒介性"概念原则上说是一个中性概念，它强调每门艺术各有所长所短，其相互作用是关注的焦点。特别是艺术史和视觉文化的兴起，视觉性和听觉性问题的凸显，削弱了语言及文学的中心性，把不同艺术的比较研究推向了更加广阔的领域。

第三个推进体现在较好地实现了自下而上与自上而下方法论的结合。美学范式往往囿于哲学思辨的传统而走自上而下的路线，而媒介问题的凸显一方面打通了与媒介哲学的联系，另一方面又将注意力放在具体的媒介上，这就将经验研究和思辨考量有机结合，更有效地阐释出艺术交互作用背后的艺术统一性。

第四个推进呈现为对新媒介和新技术等艺术发展新趋势的关注。20世纪末以来，随着新媒介和新技术的进步，艺术也出现了深刻的变革。拘泥于"拉奥孔"显然已难以适应这一新的变局。消费文化、信息社会、网络和数字化的普及，尤其是视觉文化的崛起，重塑了艺术的地形图。"跨媒介性"概念和方法的提出恰逢其时，是对这一变局敏锐的理论回应。这在相当程度上改变了比较艺术重视过去甚于当下的倾向，使得比较艺术的知识生产更带有未来导向。由于新媒介和新技术的大量引入，传统雅俗艺术的分界也渐趋消解。"跨媒介性"作为一个包容性很广的概念，起到了拓展艺术研究领域的作用，将以往处在"美的艺术"边缘的亚艺术或非艺术的门类，从漫画到网络视频，从戏仿作品到摄影小说等，都纳入了艺术研究的范畴。

最后一个推进是进一步强化了这一研究领域的跨学科性。如前所述，跨媒介性并不是艺术的专属现象，而是广泛地发生在社会文化诸多领域。就我的观察而言，社会学、传播学、文化研究甚至语言学和数字人文都深度参与了跨媒介性问题，引入了许多新的理论和方法。比如语言学中的模态理论就被广泛用于跨媒介性的分析，符号学、叙事学、社会学、政治学也都把跨媒介性作为一个思考当下现实的独特视角。一言以蔽之，跨媒介性是我们重构艺术理论知识体系并探究各门艺术统一性的颇有前景的研究路径。

跨媒介比较与主导艺术

在比较文学的比较艺术研究中，始终存在着一个"帝国中心"，那就是作为方法论的语言学和作为艺术门类之一的文学。而进入跨媒介艺术研究的一个重要转变则是去中心化，一方面是方法论更加多元化和具有跨学科性，另一方面则是各门艺术平等相处。然而，从历时性角度看，艺术的跨媒介相互关系研究似乎总有主次之分，有些艺术门类长时间占据着重要地位，有些艺术则处于较为边缘的位置。一个最为突出的有趣现象是，诗、画、乐，或广义的文学、造型艺术、音乐，在中西古典艺术的跨媒介性讨论中，从古至今总是处于核心地位。这是为什么？是因为这"三兄弟"比别人更重要，还是因为这"三姊妹"彼此关系密切、经常互动？

历史地看，不同艺术在不同时代居于完全不同的位置，有的是中心地位，有的则处于边缘地位，中西艺术史及其研究都证明了这个规律性现象。18世纪中叶，巴托界分了五种"美的艺术"——音乐、诗歌、绘画、戏剧和舞蹈。[1]二十年后,莱辛的《拉奥孔》奠定了诗画比较的现代模式。19世纪初黑格尔的庞大美学体系,从历史的和逻辑的层面建构了一个由建筑、雕塑、绘画、音乐和诗歌五门艺术构成的系统。20世纪中叶,克里斯特勒在对现代艺术体系形成的历史分析中所提出的五门现代艺术分别是绘画、雕塑、建筑、音乐和诗歌。[2]如果我们把两百年间这些关于艺术的理论稍加综合,便不难发现诗歌、绘画和音乐是跨媒介研究的常客,占据着从古典艺术体系到现代艺术体系中的显赫位置。诗画、诗乐、画乐是三种最常见的比较模式。而两两比较最常见的有三种模式,比如诗画比较的三种跨媒介关系:一是诗歌中的绘画,二是绘画中的诗歌,三是诗歌与绘画。

  诗、画、乐之所以在跨媒介性思考中如此彰显,原因非常复杂。首先,这三门艺术在古典艺术中成熟较早并成就较高,因此成为前述雅各布森意义上的"主导型艺术";其次,这三门艺术的媒介相对单纯,语言、视像、乐音分别代表了不同的媒介特性,尤其是媒介的单一纯粹性,这就和戏剧、舞蹈等有多媒介参与的混杂媒介情况有所不同;再次,诗、画、乐的媒介是从古典到现代文化生产与传播的基本形态,代表了阅读、视觉和听觉感知这三种基本认知方式;最后,古典艺术家的跨界实践中,最常见的就是这三者的互通与穿越,尤其是诗画不分界或兼诗兼画的情况在艺术家中并不鲜见,中国古代文人往往是诗、书、画、琴样样精通。即使在当下的跨媒介艺术研究中,大量的讨论仍然集中在这三个艺术门类的媒介关系上。这

---

1 Abbé Batteux, "The Fine Arts Reduced to a Single Principle," in *Aesthetics*, eds. by Susan Feagin and Patrick Maynard (Oxford: Oxford University Press, 1997), 104.
2 克里斯特勒:《现代艺术体系》,阎嘉译,周宪主编《艺术理论基本文献·西方当代卷》,第77页。

清楚地表明，跨媒介艺术本体论研究中实际上存在着主导艺术与非主导艺术两大类型。以一本时下颇为流行的工具书《跨媒介性手册》（2015年）为例，虽然各种新媒介现象已开始崭露头角，但基本问题仍围绕诗、画、乐提出，该书设计了三大问题域，其一是文本与形象，包括"ekphrasis"、文学与摄影、文学与电影、文学视觉性与跨媒介框架、跨媒介叙事、文本与图像的结合；其二是音乐、声音与表演，涉及文学与音乐理论、文学声学、诗歌的音乐化、跨媒介性与表演艺术、跨媒介性与视频游戏等；其三是跨媒介方法论与交错性。[1]比较艺术学者、哈佛大学教授奥尔布赖特的力作《泛美学：各门艺术的统一性与多样性》（2014年），也是聚焦于诗、画、乐这三门主导艺术的比较之作。[2]

进一步的问题是，诗、画、乐在跨媒介艺术交互关系研究中处于中心地位，这与艺术的统一性或共性规律有何关系？对这三门艺术的跨媒介关系思考是否有助于对艺术理论基本原理的把握？我以为这可以从两个层面来考量。第一，由于从古典艺术到现代艺术，诗、画、乐始终占据主导地位，成为艺术中的代表性门类，这三种主要的艺术媒介及其相互关系亦成为跨媒介关系的典型形态。比如从艺术家跨界实践的角度说，诗、画、乐三者的跨界似乎最为常见。在黑格尔的艺术哲学体系中，各门艺术有一个历史序列，象征型艺术以建筑为代表，古典型艺术以雕塑为代表，而浪漫型艺术则是绘画、音乐和诗歌的三足鼎立。第二，从逻辑的角度说，这五门艺术又是一个严密

---

[1] 这本书的作者多为文学背景，所以文学在其中扮演了中心角色，未能脱离比较文学构架中的比较艺术学路径。参见Gabriele Rippl (ed.), *The Handbook of Intermediality*。

[2] 参见Daniel Albright, *Panaesthetics: On the Unity and Diversity of the Arts* (New Haven: Yale University Press, 2014)。

的艺术系统,从艺术的物质性逐步发展到艺术的精神性。正如黑格尔所言:"从一方面看,每门艺术都各特属于一种艺术类型(即象征型、古典型和浪漫型艺术——引者注),作为适合这种类型的表现;从另一方面看,每门艺术也可以以它的那种表现方式去表现上述三种类型中的任何一种。"[1]在黑格尔的艺术分类系统中,建筑是外在的艺术,雕塑是客观的艺术,绘画、音乐和诗歌则是主体的艺术。紧接着他又指出,各门艺术的分类原则必须服从于一个更高的原则——"美概念本身的普遍的阶段或因素"。"普遍的阶段"和"(普遍的)因素"这两个表述,揭示了艺术之间的内在关联性和统一性。"普遍的阶段"就是象征、古典和浪漫的历史三阶段,而"(普遍的)因素"则是指艺术逐渐摆脱物质性向精神性(心灵性或观念性)的上升逻辑。值得注意的是,作为浪漫型艺术的绘画、音乐和诗歌属于主体性的艺术,这也从另一个角度解释了为什么这三门艺术更加突出地成为艺术跨媒介比较研究的宠儿。虽然在黑格尔的艺术哲学系统中,浪漫型并不是我们通常理解的近代浪漫主义,而是指中世纪到文艺复兴时期的艺术,但是这种趋向于精神性或主体性的艺术发展趋势,却在黑格尔那里得到了有力的论证。

在黑格尔的体系中,诗歌是最高境界,所以其美学用了大量篇幅来讨论诗歌(广义上的文学)。黑格尔之后情况有所转变,音乐似乎超越文学成为各门艺术追求的至高艺术境界。这一趋势在浪漫主义批评家佩特那里表述得最为透彻,他有一句流传久远的名言:"一切艺术都不断地追求趋向于音乐状态。"[2]这段话初看起来不合逻辑,因为

---

[1] 黑格尔:《美学》(第一卷),朱光潜译,商务印书馆1979年版,第104、114页。

[2] "All art constantly aspires towards the condition of music." 参见 Walter Pater, *The Renaissance: Studies in Art and Poetry*, ed. by Donald L. Hill (Berkeley: University of California Press, 1980), 106。

每门艺术都有自己的特性，为何都会趋向于音乐状态呢？如果我们把诗、画、乐视为跨媒介艺术研究的"三冠王"，那么，在三者中，音乐似乎又处在一个更加优越的地位。不同于黑格尔的逻辑结构中诗歌是最高的王冠，佩特则把音乐视为王冠上的明珠。道理何在？从佩特的论述逻辑来看，他通过对乔尔乔内画派的研究提出，美学批评的对象是最完美的艺术，最完美的艺术是内容与形式融为一体的状态，音乐是这种状态最典型的体现。所以，一切艺术如果要达到完美，就必然追求"音乐状态"。晚近，随着对现代主义艺术研究的深入，艺术的纯粹性被视作现代主义艺术的重要指向，用纯粹性来解释佩特的如上表述成为一种普遍倾向，而艺术的强烈表现性则被作为一个论证依据。由此，艺术的抽象性便被视为一种艺术的理想境界，而音乐是各门艺术中最具抽象性特征的艺术门类，于是音乐性成为各门艺术努力追求的理想境界。"正是音乐艺术最完美地实现了这一艺术理想，这一质料与形式的完美同一。……在音乐而非诗歌中才会发现完美艺术的真正典范或尺度。"[1] 前面我们提到的雅各布森所谓浪漫主义以音乐为理想的文学追求即如是。

这里就碰到一个跨媒介艺术研究的难题：如果说诗、画、乐是三种最重要的艺术门类，那么三者中谁是"王中王"呢？换言之，诗、画、乐中哪一种艺术最能代表艺术的特征和价值呢？在中国古典文化中，诗歌是当然的"王中王"，因为"兴、观、群、怨"的功能使之成为最重要的艺术门类。在西方，不同时代亦有不同的艺术担任"王中王"，如古希腊时期的雕塑和悲剧、文艺复兴时期的绘画和建筑、浪漫主义时代的诗歌和音乐等。

1　Walter Pater, *The Renaissance: Studies in Art and Poetry*, 109.

除了不同艺术的相互竞争，在同一大门类中，比如造型艺术或视觉艺术中，历来也存在着建筑、雕塑和绘画孰优孰劣的争论（如达·芬奇关于绘画与雕塑优劣的讨论）。佩特断言音乐在各门艺术中具有至高无上的优越地位，其实这是浪漫主义艺术观念和美学观念的体现。我以为至少有这样几个原因：第一，在各门艺术中，音乐的和谐与秩序特性最为凸显。从调性到曲式，从旋律到节奏，音符之间的有序结构关系成为各门艺术模仿的对象，在这方面只有建筑可与音乐相媲美。第二，音乐又是最缺乏模仿性的艺术。在西方古典艺术范畴内，模仿曾经是一个颠扑不破的真理，所以雕塑、绘画、史诗、悲剧等艺术脱颖而出，成为在模仿方面具有优越性的艺术门类。而浪漫主义以降，模仿自然的古典原则不再是天经地义的了，人们转向主体的精神、心灵、情感和想象力，音乐作为一种最具表现性或表情性的艺术，其声音媒介直接感染人心的特性使其异军突起，成为各门艺术努力追求的理想状态，难怪许多艺术家都把自己的理想甚至具体作品与音乐性关联起来，如德拉克洛瓦就提出了"绘画音乐性"的观念等。斯达尔夫人直言，音乐优于其他所有艺术之处就在于，它具有"某种令人愉悦的梦幻效果，让我们沉浸其中，消除了语言所能表现的所有思想，同时唤起了我们对无限的领悟"[1]。第三，音乐的非模仿性使其趋向于某种艺术的纯粹性，尤其是形式的纯粹性，所以在现代主义潮流中，当艺术纯粹性的美学观念逐渐占据主导地位之后，较之于其他艺术，音乐显而易见地成为艺术纯粹性的典范艺术类型。如瓦莱里所提倡的"纯诗"观念就是对诗歌音乐性的追索："在这种诗里音乐之

---

[1] 转引自Peter Vergo, *The Music of Painting: Music, Modernism and the Visual Arts from the Romantics to John Cage* (London: Phaidon, 2012), 8。

美一直继续不断,各种意义之间的关系一直近似谐音的关系,思想之间的相互演变显得比任何思想重要。……纯诗的概念是一个达不到的类型,是诗人的愿想、努力和力量的一个理性的边界。"[1]值得注意的进一步发展是,艺术的这种纯粹性最终彻底摆脱了模仿的禁锢,日益转向现代艺术的抽象。尤其是在抽象主义、抽象表现主义等艺术风靡之后,音乐的跨媒介实践和相关理论成为阐释抽象艺术音乐性的一个重要层面。

诚然,这里我们无须追究何者为"王",重要的是透过音乐的独特审美特性来深入揭示艺术的内在关系及其隐含的艺术观念。当某种艺术超越其他艺术而成为跨媒介比较的参照甚至典范时,一方面说明特定艺术具有代表特定时期艺术观念和美学原则的功能,另一方面也在提醒我们,随着艺术实践的不断发展,不同历史时期会有不同的艺术跃居跨媒介研究的中心位置,这就不断地改变着艺术及其理论话语的版图。

艺术跨媒介的模态关系

跨媒介艺术研究的一个重要任务是搞清各门艺术间复杂的交互关系,进而从艺术的多样性和差异性进入艺术的统一性,由此揭示艺术的共通性。晚近跨媒介艺术研究在不同艺术的跨媒介模态关系上,提出了不少有价值的分析方法和理论模型。从这些研究的当代进展来看,在跨媒介性观念及其方法的指引下,艺术的跨媒介交互关系的研究超越了传统的"姊妹艺术"或比较艺术的研究范式,成为艺术作品

---

[1] 瓦莱里:《纯诗》,丰华瞻译,伍蠡甫主编《现代西方文论选》,第29页。

本体论研究的一个极具生长性和创新性的领域。

在诸多跨媒介模态关系理论中，有三种看法尤其值得注意。首先是奥地利学者沃尔夫的跨媒介模态关系的四分法[1]，他区分了"作品外"（extracompositional）和"作品内"（intracompositional）两个范畴，前者指不同媒介间具体的交互关系，决定了作品的意义和外在形态，后者则是批评家方法论的产物，并不直接影响作品的意义和外在形态。在此基础上，沃尔夫归纳出四种跨媒介模态关系。第一种作品外的模态是超媒介性，它不限于特定的媒介，而是出现在不同的异质媒介符号物之间，具有某种显而易见的相似性。"超媒介性可出现在非历史的形式手法层面上，以及符号复合体的组合方式层面上。"[2]这在今天各门艺术的实践中经常可以见到，它们是一些并不限于特定媒介，而是在若干媒介中都出现的艺术形式要素或特性。比如音乐中的动机重复和主题变奏，这种形式构成不但可以在音乐中见到，在小说叙事、绘画空间、戏剧舞台或舞蹈动作中都可以见到。常见的超媒介性还有叙事性，叙事虽然是文学最重要的手段，但叙事在电影、戏剧、绘画、音乐、舞蹈甚至摄影中都普遍存在。超媒介性也就是虚拟的跨媒介关系。第二种作品外的跨媒介模态是媒介间的转换，或是部分转换，或是整体转换，或是类型（genres）的转换。比如文学中的叙述者，也可以被电影、戏剧、舞蹈甚至绘画所借鉴，而这类现象最典型的例子就是文学作品被改编成电影。当然，在不同艺术间的转换其实是多种多样的。比如印象主义发轫于绘画，以画家西斯莱、毕沙罗、莫奈、马奈、德加、雷诺阿等人为代表。但印象主义并不限于绘

---

[1] Werner Wolf, "Intermediality," in *Routledge Encyclopedia of Narrative Theory*, eds. by David Hartman et al. (London: Routledge, 2005), 253–255.

[2] Ibid., 253.

画,它广泛地影响了文学和音乐。文学中的小说家福特和康拉德就是例证,尤其是后者《黑暗的心》开篇伊始,就采用了典型的印象主义风景手法。至于音乐,也出现了颇有影响的印象主义作曲家德彪西、萨蒂、拉威尔等,他们的乐曲一反古典主义和浪漫主义音乐的套路,着力描写印象派绘画般的声音景观,就像萨蒂所直言的那样:"我们为什么不利用莫奈、塞尚、劳特雷克及其他人所引介的理念呢?我们怎么能够不将这些理念转化为音乐呢?没有比这更简单的事了。"[1] 这种跨媒介关系虽然不是出现在特定作品中的多种媒介的相互关系,却是不同艺术门类之间实质性的相互关系。在比较文学的比较艺术学研究中,人们往往把这种转换型的跨媒介关系视为影响的产物。比如德彪西受马拉美《牧神午后》的启发创作了同名管弦乐曲,就是一个颇有说服力的影响关系的例证。

作品内的跨媒介性也分为两种类型,其中包括第三种跨媒介模态,即多媒介性(multime-diality/plurimediality)。比如歌剧就是一种多媒介性的艺术,其中包含了表演、戏剧、音乐和视觉符号,再比如一些实验小说中的插图或乐谱。这也就是我们前面特别指出的多媒介性艺术品,或可称之为"多媒介性融合",不同的媒介整合在一个作品中,形成某种混杂性而非单媒性作品那样的单纯性。芭蕾舞、漫画、广播剧等都属于这一类型。跨媒介性的最后一种模态是跨媒介参照或指涉(intermedial reference),它既不是媒介混杂,也不是符号的异质性构成,跨媒介性是作为一种参照出现的,但在媒介上和符号学上是同质而非异质的。值得注意的是,其他媒介在这种形态中往往是暗含的或间接的,或者说是观念上的而非实质性的,是在欣赏者那

---

[1] 转引自保罗·霍尔姆斯:《德彪西》,杨敦惠译,江苏人民出版社1999年版,第65—66页。

里所唤起的另一种媒介的心理效果。具体说来，这种参照或指涉又分为明显的与隐含的两种不同形态。前者如文学作品中对绘画或音乐的直接描绘，如白居易的《琵琶行》，或是在绘画中直接描绘音乐家及其演奏，由此指涉音乐及其幻想性的声音。而后者则又包含了多种形态，经常被分析的形式相似或参照有"音乐的文学化""小说的音乐化""绘画的音乐化"和"小说的电影化"等等。[1]

  与沃尔夫的理论稍有区别的另外两种分类也相当有启发性。一个是德国学者施勒特尔提出的另一种四模态理论：模态一是综合的跨媒介性，即几种媒介融合为一个综合媒介的过程。综合媒介是20世纪60年代以来后现代艺术的突出特征，如哈泼宁或激浪派。模态二是形式的或超媒介的跨媒介性，它们呈现为某些超媒介结构特征（比如虚构性、节奏性、写作策略、系列化等），它们并不只限于某种媒介，而是会出现在不同媒介的艺术门类中。模态三是转化的跨媒介性，一种媒介通过另一种媒介来呈现，比如一个关于绘画的电视系列节目，绘画在影像中被呈现出来。模态四是本体论的跨媒介性，它是讨论任何媒介之前必须预设的某种本体论的媒介，它先于任何媒介，并作为媒介分析的根据。[2] 另一种分类方法来自德国学者拉耶夫斯基，她认为"跨媒介性"概念是在三个不同意义上使用的，这就是艺术跨媒介性的三个次级范畴，涉及跨媒介实践的三组不同的跨媒介现象或关系。一是媒介转换意义上的跨媒介性，它指一种媒介转换现象，比如文学作品的电影改编，或反过来，一部电影放映后又被改编成小说；二是

---

[1] Werner Wolf, "Intermediality," in *Routledge Encyclopedia of Narrative Theory*, eds. by David Hartman et al., 253–255.

[2] 参见Jens Schröter, "Four Models of Intermediality," in *Travels in Intermediality: Reblurring the Boundaries*, ed. by Bernd Herzogenrath (Hanover: Datmouth College Press, 2012), 15–36.

媒介融合意义上的跨媒介性，比如歌剧、电影、戏剧、插图本手稿、计算机或声音艺术装置等，就是采用所谓的多媒介、混合媒介和跨媒介的形式；三是跨媒介意义上的跨媒介性，比如一本文学作品参考了一部特定的电影或某种电影类型片，或一部电影参考了一幅画，一幅画参考了一张照片等等。[1]

毫无疑问，这些对艺术中复杂的跨媒介交互关系的分类，对于理解各门艺术之间的联系和影响具有相当的启发意义。但在我看来，这些分类忽略了一个更为根本的问题，那就是艺术作品的单媒性与多媒性的区分。这是一个关键的艺术本体论问题，它决定了对跨媒介关系解析的方法论，也是区分跨媒介关系的一个基础性标准。缺乏这个维度，跨媒介关系便有可能被不加区分地放在一个篮子里。前面讨论跨媒介艺术研究中三门主导型艺术即诗歌、绘画和音乐时，特别指出了这三种艺术在媒介学意义上的单纯性，即媒介的单一性。诗歌基于语言，绘画有赖于色形线，音乐建立在声音基础之上。当我们说这三门单一媒介的艺术具有跨媒介特性时是指什么呢？比如说"诗中有画"或"画中有诗"，意思是说画的媒介进入诗歌，或是诗歌的媒介进入绘画吗？它们和电影、戏剧、舞蹈等带有多媒介性质的艺术类型有何区别呢？这就向我们提出了一个艺术跨媒介性的本体论问题——单媒性与多媒性的差异。所谓单媒性艺术品，是指其质料、形式和模态都基于某一种媒介，比如诗、画、乐都是以单一的媒介存在的。多媒性艺术品是指一个艺术品中本身就包含了两种或两种以上的媒介，比如传统的图配文的插图书，本身就包含了词语和图像两种不同的媒介，

---

[1] 参见Irina O. Rajewsky, "Border Talks: The Problematic Status of Media Borders in the Current Debate about Intermediality," in *Media Borders, Multimodality and Intermediality*, ed. by Lars Elleström (New York: Palgrave, 2010), 51–68。

两者也许表达相同的意义，但媒介方式有所不同。作为综合艺术的戏剧也是多媒性的，其中包括文学性的词语媒介（剧本、对白），声音媒介（人物语音、背景音乐、歌队演唱），身体的动作性（舞蹈或戏剧动作），等等。再比如作为"第七艺术"的电影，整合了更多的媒介要素，视听媒介在其中实现了完美结合。

区分单媒性与多媒性艺术品的意义在于从方法论上为我们考量复杂的跨媒介关系提供一个方法论视角。一些跨媒介比较经常提及文学作品中的跨媒介现象，比如李世熊的"月凉梦破鸡声白，枫霁烟醒鸟话红"，这两句经典的通感或隐喻诗句，严格说来并不是质料和模态上的跨媒介，而是语言所引发的一种跨媒介感知或联想效果而已。不少学者喜欢用音乐作品的曲式、节奏、主题重复与变形等概念来分析诗歌或小说，比如分析艾略特诗歌《四个四重奏》，指出某些文学作品的创作具有跨媒介性。这是对文学作品形式而非质料性和模态性的分析，结论只适用于形式上的相似性和类比效果，并非实际发生的跨媒介交互关系，它与不同媒介构成的艺术品的形态完全不同。随着科技发展及其对艺术的影响，新技术、新材料、混合媒介越来越多地进入艺术领域，导致了非常多样的多媒性艺术品的出现。由此便引发了跨媒介艺术研究的两种不同形态，一种为"模拟性的跨媒介关系"，比如文学中对其他媒介的艺术门类形式手法的模拟和参照，实际上并没有不同媒介之间具体的交互关系；另一种是"质料性的跨媒介关系"，它是在物质层面上实际发生的跨媒介交互关系，常常出现在多媒性艺术品中，尤其是出现在传统的美学分类中所说的综合艺术如戏剧、电影等之中。

在对单媒性与多媒性艺术品做本体论区分的基础上，有必要提出一个更简洁、更具包容性的艺术跨媒介二分模态关系。第一种模态关系是单媒性艺术品的跨媒介参照或转换关系，它是一种虚拟的跨媒介性，即在特定艺术品内只存在单一媒介，但却指涉、参照或模仿了其他媒介的艺术门类的某种形式、风格或结构。比如诗歌中广泛存在的通感现象，仍是在语言媒介内，却表现了听觉、视觉、触觉、温觉等其他媒介的效果。跨媒介研究中的热门话题"ekphrasis"也属于这一关系类型。再比如，德彪西从马拉美的诗歌中获得启示创作了同名乐曲《牧神午后》，同样属于这种关系。这是跨媒介艺术研究中一个非常普遍也非常重要的问题，在所有艺术门类中，几乎都不同程度地存在着单媒性作品对其他媒介艺术的参照和模仿。这种关系说明艺术直接存在着复杂的内在关联性，这也可以用"超媒介性"来表述。此外，上述各类分法中谈及的转换关系也可视为这一关系的特殊类型，比如文学作品改编成电影作品，或者电影上映后又转换为文学作品。需要注意的是，这种转换是在不同的艺术品之间进行的，不限于单媒性。比如电影本身就是多媒性的，但转换本身并没有导致原艺术品和目的艺术品之间媒介属性的任何变化，电影还是电影，文学还是文学。简言之，参照关系或转换关系没有改变艺术品原初的媒介构成，却在单媒性艺术品内形成了跨媒介性效应，或从一种媒介转到了另一种媒介，这种转换只发生在内容或形式层面，而没有导致媒介本身出现新的关系。

第二种模态关系是多媒性艺术品中的跨媒介性关系。这类作品本身就包含了不止一种媒介，存在着各种不同媒介之间实际的交互关系。这种质料性的跨媒介关系又分为两种形态，一种是整合的跨媒介关系，将各种媒介统一于完整系统之中。最典型的就是电影、戏剧、歌剧、舞蹈等传统的综合艺术，以及摄影小说、具象派诗歌、字母雕塑、漫画等艺术形态。整合的跨媒介性是最需要关注的领域。随着新媒介和新技术的发明，越来越多整合的跨媒介性成为艺术发展的风向标，不断提出新的问题，逼迫艺术理论做出新的解答。另一种是非整合的跨媒介关系，比如美术作品展览上可以有室内乐、诗朗诵、艺术家活动的视频或纪录片，当然最重要的还是画作或雕塑作品的展陈。在这样的形式中，各种不同媒介的活动实际上是独立存在的，形成了某种互文性关系，但并没有整合到一个独立的作品结构之中。

至此，我们触及一个跨媒介性方法论中的重要概念——整合艺术品。通过这个概念，我们可以更加深入地把握跨媒介性所蕴含的艺术统一性原则。"整合艺术品"（Gesamtkunstwerk）概念来自德国浪漫主义音乐家瓦格纳。瓦格纳认为，舞蹈、音乐和诗歌是人类最古老的"三姊妹"艺术，但三者相互分离、各有局限。面向未来的艺术品应该克服三者分离的局面，走向整合艺术品，也就是走向他钟爱的歌剧。他写道："整合艺术品必须把艺术的各个分支用作手段加以统合，在某种意义上是为了共同的目标（即完美人性无条件的、绝对的展现）而消解各个艺术分支。这种整合艺术品不可能基于人之部分的任意目的来描绘，而只能构想为未来人类内生的和相伴的产物。"[1] 在瓦格纳看来，实现整合艺术品，最合适的艺术是歌剧，它可以使诗歌、音乐和舞蹈"三姊妹"团圆。瓦格纳以后，"整合艺术品"概念不断被赋予新的意义，成为浪漫主义以降一个经常被热议的艺术概念。根据当代德国学者福诺夫的系统研究，"整合艺术品"至少包含以下四层意思：首先，它是一种与世界和社会全景相关的不同艺术跨媒介或多媒介的统一；其次，它是各门艺术理想或隐或显融合的某种理论；再次，它是某种将社会乌托邦的或历史哲学的或形而上-宗教的整体

---

[1] Richard Wagner, "The Art-work of the Future," http://public-library.uk/ebooks/107/74.pdf.

性形象结合起来的封闭的世界观；最后，它是一种审美-社会的或审美-宗教的乌托邦投射，意在寻找艺术的力量来加以表现，并把艺术作为一种改变社会的手段。[1] 就这四个层面的关系而言，最基本的显然就是艺术的跨媒介性基础上的艺术统一性，离开这种统一性，其他层面的理想和功能便无从谈起。这就从更高的层面上为艺术理论知识建构提供了合法化的证明。当然，这不是说唯有音乐剧才是整合艺术品的载体，其实在艺术中这样具有整合性和统一性的艺术新载体正在层出不穷地涌现。晚近媒介文化和数字文化的兴起，为整合艺术品的生成提供了更多可能性。以至于有学者认为，瓦格纳整合艺术品的理论和实践已成为我们理解一系列跨界形式的重要方法："从19世纪的歌剧到20世纪早期电影的诞生，再到电子艺术、录像、哈泼宁、60年代混合媒介戏剧，一直到今天个人电脑上操作的数字多媒体互动形式。"[2]

结　语

奥尔布赖特认为："比较艺术的基本问题在于，各门艺术究竟是一还是多？这个问题曾困扰希腊人，今天也不断地困扰我们。"[3] 从比较艺术到跨媒介艺术研究，"一"与"多"的矛盾始终是一个剪不断、理还乱的难题，在当下艺术理论学科建设中呈现为合与分的张力。分离论者强调多样性和差异性，主张各门艺术及其研究自成一格的独立

---

[1] Roger Fornoff, *Die Sehnsucht nach dem Gesamtkunstwerk: Studien zu einer Ästhetischen Konzeption der Moderne* (Hildesheim: Olms, 2004). 同时参见David Roberts, *The Total Work of Art in European Modernism* (Ithaca: Cornell University Press, 2011), 7。

[2] Randall Packer, "The Gesamtkunstwerk and Interactive Multimedia," in *The Aesthetics of the Total Artwork*, eds. by Anke Finger and Danielle Follett (Baltimore: Hopkins University Press, 2011), 156.

[3] Daniel Albright, *Panaesthetics: On the Unity and Diversity of the Arts*, 2.

性，轻视甚至抵制总体性艺术理论；整合论者认为各门艺术实际上是一个"联邦合众国"，它们有共同的问题和规律，尤其是对于各门具体艺术研究而言，如果没有艺术理论提供观念、方法和概念，我们是无法深入研究的。我以为解决这个难题的有效路径也许就在于多样统一的辩证法，或者用更为准确的术语来描述这一关系，即多样性中的统一性。正是因为多样性，所以有各门艺术存在的合理性；同理，正是因为各门艺术中存在着统一性，所以艺术才作为人类文明中的一个总体文化现象而具有合法性。我坚持认为，多样统一不但是艺术存在的根据，也是跨媒介艺术研究乃至艺术理论作为一个知识体系存在的理据。艺术的跨媒介性作为一种观念或方法，并不是让各门艺术分道扬镳，各说各的话语，而是着力于考量不同媒介之间的复杂关系，进而把握不同艺术门类之间的统一性。这正是当下提倡跨媒介研究对于艺术理论学科知识建构的意义所在。

第九章　说不尽的"拉奥孔"
——文学与其他艺术关系史的一个考察

在各门艺术组成的古代系统和现代系统中,文学从来都扮演"老大"角色,独领风骚于其他艺术之上。文学的这一特殊地位,也可以从中国现行体制中作协与文联的"二分天下"看出来,还有就是艺术学在独立成门类之前,学艺术却一直颁发文学学位。文学一方面葆有最大从业人员群体和最大文化产业(出版以及其他文学衍生行业等),另一方面文学研究往往又是引领其他艺术研究的"旗手"。诗论、文论在中国古典文化中无与伦比的地位又是一个历史的明证。然而,文学的"老大"地位并非始终如一,不同时期亦有所变化。本章基于拉奥孔的三个经典文本来考察,看看文学在与其他艺术的复杂关系中,如何从地位崇高的"老大"一步步降格为艺术家族中的一个普通成员。这种艺术间的关系变化不但反映出文学自身的变化,而且揭示从古典主义向浪漫主义、再从浪漫主义向现代主义的演变轨迹。

文学与其他艺术的关系史

文学与其他艺术的亲密关系常常被描述为"姊妹艺术",但"姊妹"之间却有着很不平等的关系。无论怎么看,文学都是起源最早、影响最深、流传最广的艺术门类之一，在"姊妹艺术"中无疑是"大姐大"。

从媒介文化史角度看，人类文化经历了口传文化、抄本文化、印刷文化几个不同阶段，而在这些阶段，文学始终具有无可争议的至高地位。口传文化中，史诗与抒情诗两大支脉奠定了人类早期的文学形态，"诗三百"和荷马史诗，均是口传文化中东西方文学最具代表性的作品，其影响之深广几乎无出其右者。[1] 从中国传统的"六艺"说来看，所谓"礼、乐、射、御、书、数"的分科，虽不是严格意义上的艺术，如礼、射、御、数等既有伦理规范意义，又有术之训练行为，但乐与书却是与艺术密切相关的。孔子之言"兴于诗、立于礼、成于乐"清晰地说明诗歌或文学的基础性和根基性地位，有趣的是这里完全没有绘画或视觉艺术的地位。《毛诗序》里有一段经典陈述："诗者，志之所之也，在心为志，发言为诗。情动于中而形于言，言之不足故嗟叹之，嗟叹之不足故永歌之，永歌之不足，不知手之舞之，足之蹈之。"[2] 作为中国文学抒情传统的一个规范推论，心志或情感的表现本身就有一个完整甚至逻辑的序列，由内到外，从诗歌到音乐再到舞蹈，从语言到声音再到肢体动作。值得注意的是，在这一经典表述中，也同样没有绘画的位置，只有诗、乐、舞。在西方罗马的古典文化中，有所谓九缪斯掌管各门艺术的传统，分别涉及史诗、历史、长笛与抒情诗、合唱歌舞、竖琴与抒情诗、悲剧、喜剧、赞美诗与哑剧、天文学。[3] 这很让人好奇：第一，为何没有一个统辖

---

1 Rosalind Thomas, *Oral Tradition and Written Record in Classical Athens* (Cambridge: Cambridge University Press, 1989).
2 郭绍虞主编：《中国历代文论选》（第一册），上海古籍出版社1979年版，第63—68页。
3 详见《牛津英语词典》，https://en.oxforddictionaries.com/definition/muse。

所有艺术的大神，而是九缪斯分而治之？推测起来也许是西方文化重逻辑分类和分析性思维的缘故。第二，在这九个被缪斯们掌管的重要领域中，诗、乐、舞三者地位很是突显，再加上戏剧与文学关系甚密，可见文学在九个领域也占据了异常重要的地位。更不用说亚里士多德的《诗学》，就是对广义的文学（包括悲剧）的讨论了。进入手稿文化阶段，由于书写文字媒介的特性，文学与书写显而易见地占据了主导地位。近代开启了印刷文化阶段，识字教育为文学的广泛推广提供了无限可能性，书籍的广泛传播进一步扩大了文学的影响力，也使得诗人、作家从各类艺术家中脱颖而出，成为最具影响力的文人，以至于雪莱高傲地宣布："诗是世间的上帝！"[1]"诗人是世间未经公认的立法者！"[2]

虽然在古典的艺术体系中，文学与绘画的比较并不突出，但还是有不少重要的关于艺术间关系的理论。宋以前中国古典文献中已有不少关于诗画关系的论述，但成为一个重要问题及其理论成熟，则是宋以后的事。也许和宋代文人画和山水画的巅峰状态不无关系。文人画的流行带来了诗画关系的热烈讨论，尤以苏轼论王维诗画的论断为代表，所谓"味摩诘之诗，诗中有画；观摩诘之画，画中有诗"[3]。在西方传统中，古希腊以来一直有所谓ekphrasis的传统，这个概念的意思就是指用文字来说画作，虽然还不是严格意义上的诗画关系讨论，而是用一种媒介去讨论另一种媒介，以文学修辞来描述视觉观感。比较系统的讨论也是到了文艺复兴时期才大量出现。究其原因也许与当时诗歌与绘画的繁荣有密切关系。按照雅各布森的看法，不同时期的文

---

1 雪莱：《为诗辩护》，缪灵珠译，刘若端编《十九世纪英国诗人论诗》，第119—159页。
2 同上，第160页。
3 苏轼：《书摩诘蓝田烟雨图》，郭绍虞主编《中国历代文论选》（第二册），第305页。

学有不同的"主导"风格,这些主导风格对特定文学产生了深刻影响。他发现文艺复兴时期深受视觉艺术的影响,所以文学也以描绘的精确性和形象化为圭臬;浪漫主义时期音乐成为主导的艺术,所以诗歌开始追求其音乐性;而现实主义时期则是语言占据主导,所以文学回到了语言自身。[1]

从西方美学的历史看,对各门艺术及其"姊妹"关系合法化的确认,是到了启蒙运动时期才完成的。学界一般认为,这个合法化命名的关键人物是法国哲学家和神学家巴托。[2]他命名了五种"美的艺术"——音乐、诗歌、绘画、戏剧和舞蹈。他的那本著作书名也颇费思量,叫作《归于单一原则的美的艺术》。也就是说,他希望找到一个评判"美的艺术"的"单一原则",那就是希腊以降奉为圭臬的模仿原则。按照亚里士多德的界说,模仿的目标一是认知,一是快感,所以巴托区分美的艺术与其他非美的艺术的差异,也强调要看是否能产生"愉悦和情感"(joy and feeling)。[3]据此他区分了实用艺术、机械艺术和美的艺术三种不同艺术,并虔信只有美的艺术才是产生情感愉悦的艺术,因此而有别于任何实用和机械的艺术。值得注意的是,巴托在此所做的两个区分:第一个是美的艺术与实用艺术的区分,第二个是艺术内部的五个不同门类的艺术的区

---

[1] 雅各布森:《主导》,任生名译,赵毅衡编选《符号学文学论文集》,第7—14页。
[2] 比如古典学家克里斯特勒就在其著名的《现代艺术系统》中指出,巴托是第一个对西方语境中的艺术进行命名的哲学家。参见 Paul Oskar Kresteller, "The Modern System of the Arts: A Study in the History of Aesthetics (I)," *Journal of the History of Ideas*, Vol. 12, No.4 (1951): 496–527; "The Modern System of the Arts: A Study in the History of Aesthetics (II)," *Journal of the History of Ideas*, Vol. 13, No.1 (1952): 17–46。
[3] Abbé Batteux, "The Fine Arts Reduced to a Single Principle," in *Aesthetics*, eds. by Susan Feagan and Partrick Maynard (Oxford: Oxford University Press, 1997), 103–104.

分。[1] 在巴托的分类体系中，作为文学的诗歌与其他四门艺术共同组成了一个现代艺术的"家族"，各自平起平坐，未有高低贵贱之分。不过西方文化中对诗歌或文学的青睐，往往总是自觉或不自觉地将文学置于更高的位置上。比如黑格尔这位启蒙大叙事的精神领袖，在其宏大的美学叙事中，将各门艺术不但作为一个象征型到古典型再到浪漫型的历史序列，同时还以物质形式与绝对精神的相互关系，将艺术从低到高排列为建筑、雕塑、绘画、音乐和诗歌的逻辑序列。[2] 显而易见，诗歌作为文学的当然代表占据着"姊妹艺术"家族中至高显赫位置。正是出于这个原因，所以在卷帙浩繁的各门艺术的比较文献中，文学总是处在当然的中心地位，总是以主角的身份出场来和其他艺术参照比较。在这样的认知和观念指导下，拉奥孔便作为一个说不尽的话题出场了，而且反复出现在西方美学和文学理论批评的历史文脉中。

莱辛《拉奥孔》的诗画分界论

巴托1747年提出"美的艺术"的理论，二十年后莱辛出版了一部影响久远的著作《拉奥孔》。其重要性不仅在于开创了比较艺术研究的先河，还奠定了从文学以外来反观文学的研究理路。

---

1 一般认为，是巴托最先提出了现代艺术概念以及现代艺术系统，比如克里斯特勒在其著名的《现代艺术系统》中就主张这样的看法。但根据塔塔凯维奇的看法，先于巴托七十年，法国建筑师布朗岱尔在其《建筑课程》（1675年）一书中，就将建筑和其"姊妹艺术"雕塑和绘画相提并论，同时还将诗歌、音乐、舞蹈和雄辩术相关联。虽然他没有明确提出"美的艺术"的概念，但是其现代艺术系统的看法已经相当完善。参见W. Tatarkiewicz, "A Note on the Modern System of the Arts," *Journal of the History of Ideas*, Vol. 24, No.3, (1963): 422.

2 黑格尔：《美学》（第一卷），朱光潜译，第87—116页。

莱辛的《拉奥孔》虽说是在讨论诗画分界问题，但在他关于艺术的知识构架中，隐含着文学优越论的无意识。他的一个重要贡献是第一次系统地考察了诗画差异的三个维度，为后来跨艺术或比较艺术的研究奠定了方法论基础。早在古希腊，亚里士多德在《诗学》中，开宗明义就提出了一个比较艺术的三分法，亦即艺术的"种差"理论。虽说一切艺术都是模仿，"只有三点差别，即模仿所用的媒介不同，所取的对象不同，所采用的方式不同"[1]。莱辛继承了这一传统，提出了一个系统的四分法。首先，诗画分界的根源在于媒介不同：诗歌用的是语言，属于人为的符号，而绘画所用的是形与色，是自然的符号。其次，由于媒介的差异，诗的语言是在前后过程中展开的声音序列，而形与色则是在同时性状态下并列的，所以两者所描绘的对象也有所不同，即诗歌擅长描写延展性的动作或情节，而绘画则专事于展现同时存在的物体。再次，绘画是直接模仿和展现物体或形象的美，而诗歌则是着眼于效果去感悟美，尤其是刻画动态中的美，因为绘画是静止的，而诗歌则以动态见长。最后，作为一个结论性的看法，莱辛颇有创意地以时空两大哲学范畴来标注诗、画的不同特性，"绘画用空间中的形体和颜色而诗却用在时间中发出的声音"[2]，"时间上的先后承续属于诗人的领域，而空间则属于画家的领域"[3]。相较亚里士多德，莱辛的第三和第四点分析似乎有所发展，这就为后来的比较艺术研究确立了重要的方法论，尤其是时间艺术和空间艺术的分类法，对后来的美学、文学理论和艺术理论都具有启发和指导意义。

---

[1] 亚里士多德、贺拉斯：《诗学·诗艺》，罗念生、杨周翰译，人民文学出版社1962年版，第3页。

[2] 莱辛：《拉奥孔》，朱光潜译，人民文学出版社1979年版，第82页。

[3] 同上，第97页。

细读莱辛的《拉奥孔》，尽管他在多处指出诗歌较之于绘画有所不足，比如直接呈现美、描绘的精确性和直观性等等，但是在莱辛内心却潜藏着文学优越论的无意识。他总是以这样或那样的比较参照来揭示文学不可取代的优势。讨论的起因是为何拉奥孔雕像没有像史诗那样表现出痛苦的挣扎与呐喊，而显得尤为平静安详。莱辛的看法是，造型艺术要避免表现激情的顶点，诗歌则没有这样的约束和限制，这显然是文学优越于视觉艺术的关键之处。另一个问题是拉奥孔的雕塑模仿了史诗抑或相反？这个问题莱辛虽然没有给出明确的结论，但他认为是雕塑家模仿诗人的可能性更大。不过他紧接着提出一个重要的观点，"画家不仅要模仿诗人已经模仿过的事物，而且还要模仿诗人所用过的细节，他要把诗人不仅作为一个故事的叙述者，而且作为一个诗人来利用"[1]。"艺术家通过诗人模仿品的中介去模仿自然，比起不用这种中介，还能显出更大的优点。"[2] 莱辛还以希腊雕塑大师菲狄阿斯为例来阐发，起初菲狄阿斯并不知道人的头发如何表现，直到他读了荷马史诗关于人物头发的描绘才有所顿悟。菲狄阿斯从荷马那里学到了这些，而别的艺术家又从菲狄阿斯那里学会如何表现。由此莱辛得出了一个合乎逻辑的结论：艺术家的难题是表达，而诗人的难题则是构思。显而易见，构思是更为根本和更为重要的艺术创造性。

更进一步，莱辛指出了诗歌对动作或情节的描绘远比绘画来得丰富复杂，比如荷马对阿喀琉斯盾的描写不像画家那样直接描绘，而是描述了阿喀琉斯带着工具走到铁砧前，把铜锤炼成铜板，然后雕饰出

---

[1] 莱辛：《拉奥孔》，朱光潜译，第65页。
[2] 同上，第66页。

一个个纹样,一直到最后完工,盾牌制作的整个过程都一一呈现在读者眼前。这里莱辛特别指出了"诗的图画"(诗人的描绘)与"物质的图画"(画家的图像)之间存在着某种高下关系,"诗的图画的主要优点,还在于诗人让我们历览从头到尾的一序列图画,而画家根据诗人去作画,只能画出其中最后的一个画面"[1]。以下这段陈述代表了莱辛文学优越论的基本观念:"诗是一门范围较广的艺术,有一些美是由诗随呼随来的而却不是画所能达到的;诗往往有很好的理由把非图画性的美看得比图画性的美更重要。"[2] 所以莱辛得出结论,诗不但可以描绘看得见的东西,还可以描绘看不见的东西,但相比之下,绘画却只能描绘看得见的东西。

尽管莱辛在《拉奥孔》中不停地为文学唱赞歌,但他也清醒地意识到文学的问题所在,尤为值得注意的是,他发现在描绘逼真幻觉方面,诗是无法和绘画竞争的,原因就在于用语言描绘物体会破坏这种逼真的幻觉,因为物体的同时并存与语言的先后承续会产生彼此抵牾和冲突。其实,还有一个重要原因莱辛未明说却隐含其中,那就是绘画的形与色乃是自然语言,具有直观性,而诗歌的语言再具体、再形象,也仍是抽象的人为符号。但不管怎么说,诗之缺憾与其优长相比可谓微不足道,因此莱辛的叙述策略总是在指出诗歌短处后很快又回到诗歌(文学)优越论的基调:

> 本来艺术比起诗来,在描绘可以眼见的对象方面,更容易产生这种逼真的幻觉。在这方面诗人既然远远落后于画家,他要用

---

[1] 莱辛:《拉奥孔》,朱光潜译,第76页。
[2] 同上,第51页。

文字去描绘这种题材而不至于完全失败,除掉也利用诗这门艺术所特有的优点之外,还有什么其他办法呢?这些优点是什么?那就是他有一种自由,能把艺术作品中的某一顷刻推广到前一顷刻和后一顷刻;此外,他有能力不仅把艺术家所揭示的东西揭示出来,而且把艺术家只能让人猜测的东西也揭示出来。只有凭这种自由和这种能力,诗人才能和艺术家争胜。[1]

正是通过诗画差异性的比较,在确立两者各有千秋的同时,莱辛完成了对文学优越论的合法化证明。

如果我们把莱辛的诗画分界论及其背后的文学优越论放到西方美学史的历史语境中予以考量,那么可以看出,他拿拉奥孔说事所采取的是一种向后看的古典主义理路,因为他处在启蒙运动时期,古典主义及其后来的新古典主义仍在艺术中具有深刻的影响力。古希腊罗马古典时代以来的文学传统,历经中世纪、文艺复兴及至启蒙运动,在发展变化的新的历史条件下,古典特性仍是挥之不去的"幽灵"。历史地形成的文学的古典传统从未受到严峻挑战,文学至高无上的"领袖"地位,深刻影响了莱辛关于拉奥孔的诗画比较。这里我们不妨以古典主义绘画大师普桑(Nicolas Poussin,1594—1665)为例,作为西方艺术史中古典主义传统的重要奠基者之一,普桑开创了历史画这一古典主义绘画中地位最高的艺术体裁,而历史画的主题和灵感多半来源于文学作品或圣经。比如他的代表作《日耳曼尼库斯之死》(1627年,又译作"将军之死"),便是西方绘画中历史画的奠基之作,讲述了罗马将军日耳曼尼库斯将军征战叙利亚,战功彪炳,极富声望

---

[1] 莱辛:《拉奥孔》,朱光潜译,第101页。

和影响力,引起了当时的罗马皇帝提比略的嫉妒,于是派人取代他的位置并毒死他。该画就是对日耳曼尼库斯弥留场景的生动描绘,他意识到被人下毒,弥留之际他给妻子留下遗言,并与家人和下属深情告别。这个故事最早见于罗马史学家塔西佗《编年史》第二卷,虽然算不上严格的文学作品,但也看得出文字作品对艺术的深刻影响。更有趣的是,普桑作为一个伟大的古典画家,不但深谙造型艺术,而且对希腊、罗马的古典文学和神话,对文艺复兴时期的许多著名作家作品也多有涉猎,包括文学、哲学、宗教和其他方面的著述。这为他艺术作品的主题带来丰富的文学资源和灵感。

莱辛之所以在拉奥孔中如此抬举文学,也许与启蒙运动时期对识字率和教育的重视有内在关系。文学是启蒙最重要的手段之一,印刷术的发明极大地推动了文学的普及,这些发展也助推文学走上君临艺术王国之天下的至高地位。加之理性主义与语言和逻各斯的亲缘关系传统,语言成为一切媒介的重中之重,作为语言艺术的文学自然而然地要优越于其他所有艺术。所以,在莱辛的比较艺术话语中,文学成为中心,绘画和雕塑不过是说明文学优越性的旁证而已。莱辛以拉奥孔为题,历史地奠定了比较各门艺术的基本观念和方法论,其古典主义话语中文学具有无可取代的优越地位。

白璧德《新拉奥孔》的艺术融合论

莱辛之后,很多美学家和艺术理论家热衷于以拉奥孔为个案,从不同视角和方法论来切入各门艺术的相互关系。如果说莱辛的理论所遵循的是一种古典主义美学范式的话,那么,20世纪初白璧德的《新拉奥孔》则以浪漫主义运动为范例,指证了各门艺术"浪漫混合"的新趋势，这就终结了强调理性法则和美的形式特性的古典或新古典的传统。白璧德秉承19世纪英国批评家阿诺德的文学和社会理论，强调在高度工业化、物质主义和相对主义流行的现代社会，应努力重新把握过去文明的内在道德品质。所以他对浪漫主义以降的现代艺术基本上持一种怀疑甚至批评的态度，认为现代艺术处于危机之中。但是，他对浪漫主义运动中各门艺术复杂的交互关系的新发现、对拉奥孔问题的新阐释，完全可以看作是现代语境中的拉奥孔母题的浪漫主义文本。莱辛《拉奥孔》的主旨是诗画分界，而白璧德《新拉奥孔》则关心艺术之融合，所以该书的副标题是——"一篇讨论诸艺术混合的论文"。

那么究竟是什么导致了西方艺术的大转型呢？白璧德在文中引用的德国浪漫主义者施莱格尔的一句话，清晰地揭示了浪漫主义的追索："我们应不断尝试将各门艺术紧密地融为一体，探索一门艺术转换为另一门艺术。雕像也许可以很快变成图画，图画则可以变为诗歌，诗歌则可成为音乐……"[1]这一被白璧德称之为"浪漫混合"（romantic confusion）的新趋势，彻底颠覆了奉为圭臬的古典模仿原则。所以，白璧德批评莱辛的《拉奥孔》是倾向于文艺复兴而非19世纪，完全是亚里士多德的形式主义与古典研究的混合，人们在20世纪来阅读《拉奥孔》，会明显地感到遥远而不相干，许多论点令人生疑。[2]他认为拉奥孔对他来讲与其说是一个论题或经典，不如说是一个比较文学的问题。所谓"浪漫的混合"，是指如何使用一种艺术媒介来形成另一种艺术媒介的效果，比如通过使用诗的词语产生出绘

---

1 Irving Babbit, *The New Laokoon: An Essay on the Confusion of the Arts* (Boston: Mifflin, 1910), 124.

2 Ibid., 40, 43–44.

画的视觉效果或音乐的听觉效果。自白璧德以后，比较文学的美国学派始终关注比较艺术（comparative arts），或艺术间研究（interarts studies），可以说白璧德是开此风气之先者。他在书中信手拈来一些浪漫主义诗人艺术家的创作实例，比如诗人戈蒂耶在诗、乐、画等不同艺术之间的自由转换，画家罗塞蒂努力画出十四行诗或写出自己的画，或是诗人马拉美用词语来写交响曲的勃勃雄心等等。"人们目击了各门艺术的广泛融合，同时也见证了每门艺术范围内不同文类的广泛融合。"[1]

我们知道，不同时代的艺术往往都受制于一些基本美学观念，在白璧德看来，古典的或新古典主义的艺术中，最核心的美学观念乃是模仿，而模仿又蕴含了形式美和理性等要求。他注意到，致使浪漫主义登上历史舞台的最重要的美学观念，乃是艺术的自发性（spontaneity），它与一系列其他的观念共同组成了浪漫主义的观念家族，诸如想象力、不可预见性、首创性、无意识、可能性，甚至不可能性等等。受制于模仿的理性原则，各门艺术之间界限分明。莱辛诗画分界的理论是新古典主义美学观的体现，深受温克尔曼希腊艺术史理论的影响。浪漫主义抛弃了新古典主义模仿的理性原则，把"自发性"看作是艺术最重要的美学特性，这样的美学观念源于以卢梭为代表的一批浪漫思想家和艺术家。在"自发性"美学观念的引导下，艺术家们强调想象力和感觉，而作为金科玉律的古典原则统统不再有效，各门艺术的相互交融和汇通不但成为可能，而且变为艺术家们的普遍追求。"浪漫主义者宁愿飞入假女巫的怀抱也不愿升华到冷酷的哲学中去。任何幻象，哪怕是眩晕的或精神错乱的或酩酊大醉的幻

---

[1] Irving Babbit, *The New Laokoon: An Essay on the Confusion of the Arts*, ix.

想，抑或完全是鸦片或酒精产生的幻象，只要能去除平庸乏味都求之不得。"[1]他引用德国浪漫主义者施莱格尔的话来说明，所有诗歌创作均起源于摒除业已存在的理性规则和方法，使我们不止一次地陷入令人惊奇的幻想的混乱之中，陷入人性的原始混沌之中。[2]白璧德进一步认为，浪漫的原始主义（romantic primitivism）是我们各门艺术"浪漫混合"[3]的来源，亦是许多其他混合的来源。自发性与幻想、质朴、简单，甚至孩子气密切相关，所以浪漫主义艺术家无可避免地体现出孩子气（childhood）。或许孩童是最无禁忌和规范的，所以浪漫主义不再褒奖曾经作为经典的史诗和悲剧这些古典文类，而越来越青睐童话等原先不入流的文类。诺瓦利斯就认定，童话乃是新的经典文类，他直言："我们必须承认，浪漫主义者常常很高兴被这样的童年歌谣唤起灵感。"[4]这里出现的变化不但是文类的规范变了，将边缘化的、不受重视的民间文类纳入艺术范畴，而且导致了用以评判艺术的价值标准的变化，从高雅的、精英的价值规范，向原始性、民间性、质朴性等新的价值标准转换。这些都为挣脱古典的文类和艺术分类的理性原则提供了契机。在此基础上，白璧德做出了一个明确的划分：新古典主义艺术趋向于亚里士多德的理性法则，而浪漫主义则努力走向神秘主义或柏拉图的理念论。[5]

较之于莱辛的"拉奥孔"，白璧德的"新拉奥孔"新在何处呢？我以为他论证了自发性美学观念的流行所导致的一系列演变，进而浪漫主义艺术家们争先恐后地超越艺术分界，以浪漫混合来实现更为丰

1　Irving Babbit, *The New Laokoon: An Essay on the Confusion of the Arts*, 79–80.
2　Ibid., 84.
3　Ibid., 82.
4　Ibid., 81.
5　Ibid., 85.

富的其他艺术效果和表现力，前引施莱格尔的话说的就是这个意思，就是"新拉奥孔"之新。

具体说来，白璧德讨论了浪漫主义艺术的三种不同类型的融合（混合）。第一种他称之为"词-画"（word-painting），就是文学作品借助语言的独特用法，来造成某种暗示或象征，在读者心中产生鲜明的意象画面感，不仅是视觉印象，甚至还包括听觉印象。其实，文学的这种表现手法并不是浪漫主义的发明，自有文学以来就已存在了。但是白璧德强调，这一表现手法在古典文学中只是众多艺术手段之一，而且通常是有所节制地加以使用，但在浪漫主义诗人那里，这些技巧却被大量甚至过度使用。"词-画"原理乃是暗示（性），构成暗示性所以可能的乃是所谓的对应论观念，即内心世界与外在事物之间存在着某种对应，艺术家正是各种各样对应关系的发现者。诺瓦利斯说，"世界乃是精神的普遍比喻"，雨果亦有同样表述："构成森林的每个事物都对应于心灵森林中的相似物。"[1]除了对应关系之外，诗人鲜活的自发的感觉也很重要，诗人有别于常人之处就是这些感觉可在记忆中重现，因为他们有敏锐的"内心之眼"（inward eye）。最终，要通过想象力的整合，来营造生动视觉和听觉之幻觉，进而实现文学中"词-画"的"浪漫混合"。但白璧德对浪漫主义的"原始主义"进行了批判，他认为从理性转向直觉，其实并不是艺术的进步，而是堕落的开始。[2]

第二种融合是所谓"标题音乐"。与"词-画"相仿，"标题音乐"是通过标题以及各种音乐手段来暗示出文学的或绘画的效果。白

---

[1] Irving Babbitt, *The New Laokoon: An Essay on the Confusion of the Arts*, 132–133.

[2] Ibid., 131–145.

璧德虔信，音乐在传达感觉印象方面的暗示性比其他艺术更强。一方面，浪漫主义音乐家追求听觉的纯净，就像浪漫主义诗人追求心灵纯净、浪漫主义画家追求视觉纯净一样；另一方面，浪漫主义又把标题音乐的文学和绘画的暗示性发挥到极致，这尤其突出地体现在标题音乐的两位大师柏辽兹和李斯特身上。然而，浪漫主义音乐暗示性的美学观念来自卢梭，不过遗憾的是，卢梭并未将其阿卡迪亚田园诗意形象地表现出来，一直到贝多芬的《田园交响曲》和柯罗的风景画出现，这一浪漫主义者们所愿景的人类理想境界才得以呈现。在白璧德看来，音乐的文学和绘画效果的暗示，其原理仍是对应论，即人与外在自然之间的对应、不同感官印象之间的对应，由此构成情感或心境的综合。"现代音乐越来越突出的表现性实际上表明，音乐已经变得更加具有暗示性，在标题音乐中，对这种新的暗示性的运用和滥用暴露无遗。"[1] 白璧德疑惑的是，音乐的暗示性及其理解是相当主观的，当他读到有两人在聆听舒伯特的进行曲时想到的竟是18世纪西班牙的同一个地点，觉得这实在是匪夷所思。白璧德比较赞同贝多芬的看法，后者在其《田园交响曲》说明中写道："情感表现多于音画。"贝多芬还在其笔记中坦陈："器乐中的音画如果过于突出，那会是一种失败。"[2] 据此白璧德得出结论："一般说来，如果在音乐中最关注的东西放在暗示性上，那将会把人推入主观性的深渊。"[3]

第三种浪漫主义的艺术融合现象是所谓"色彩-听觉"，它是前两种融合的极端形式或表现，其实也就是我们通常所说的"通感"，心理学上称为"联觉"。"色彩-听觉"之所以可能，究其原理也是

---

[1] Irving Babbitt, *The New Laokoon: An Essay on the Confusion of the Arts*, 164.
[2] Ibid., 165.
[3] Ibid., 169.

视觉与听觉之间的某种对应,文学、绘画或音乐都可以创造出这样的"通感"。比如德国浪漫主义诗人、音乐家霍夫曼在听了大量音乐后,感受到某种色彩、声音和香气相混合的体验;法国浪漫派诗人缪塞的一些诗作,就是由于色彩与声音的联想所致;法国诗人波德莱尔更是幻想着各种感觉的神秘变形而融为一体,他的《应和》一诗就是对这一状态的形象描绘。值得注意的是,白璧德在讨论这一现象时特别提到,浪漫主义艺术家们对色彩-听觉对应的追求,就体现在德国作曲家瓦格纳关于未来艺术的愿景中,即所谓的"整合艺术品"(Gesamtkunstwerk)。这个概念体现为瓦格纳用以说明其美学理想的音乐剧之中,要将文学、音乐、美术、戏剧等多重艺术融为一体、和谐相处、相互渗透,形成一个更为宏大的整合的艺术格局。

如前所述,白璧德总体上对浪漫主义的艺术融合是持批评立场的,但是他对这一趋势的分析却真实道出了19世纪浪漫主义运动催生的新的美学观和跨界实践。他的很多分析颇有启发性,尤其是他敏锐感悟到浪漫主义时期音乐重要性的提升。他发现新古典主义是以诗画比较为更基本的推论,这是因为模仿论信条所致;而浪漫主义则把音乐看得更重要,原因在于自发性理论的支配。[1]这一看法与雅各布森的"主导"(或"主因")论有异曲同工之妙。白璧德的说法还使人想到了唯美主义先驱佩特。[2]白璧德写道:

> 音乐也反映了各种感官印象彼此互动的暗示性效果。舒曼努

---

[1] Irving Babbitt, *The New Laokoon: An Essay on the Confusion of the Arts*, 62.
[2] 佩特特别提到雕塑如何渴望突破形体而趋近于绘画的色彩,诗歌寻找其他艺术的指导,古希腊悲剧和雕塑的相似,十四行诗与浅浮雕相近,法国诗歌所追求的雕塑的形象感等,最终都倾向于一种形式与内容完美融合的音乐状态。Waler Pater, *The Renaissance: Studies in Art and Poetry*, 105–106.

力营造出科隆大教堂的音乐印象,施特劳斯创造出尼采哲学的效果,李斯特则造成了雨果或席勒诗歌的效果,胡贝尔突发奇想创作了勃克林绘画的交响曲。勃克林反过来又在他的绘画中用色彩书写了一首"泛神论的自然之诗"。这样我们便可以追随某种艺术跃入另一种艺术。音乐渐渐地不再对其本身的和谐感兴趣,反而对暗示性的奇特效果感兴趣,这种暗示性效果就出现在音-画的描绘中,音-诗的书写里,或交响颂歌和歌谣的书写中,器乐曲故事的讲述中。[1]

在白璧德眼里,19世纪艺术的总体特征就是不再关注美的形式特征,这曾经是古典主义和新古典主义的信条,而是越来越关注表现性,诸如活力、性格、如画和个体。所以,绘画中色彩比线条更重要,各门艺术中动态原则压倒了静穆原则,总体布局让位于暗示性的细节,一言以蔽之,表现征服了形式。"我们发现,形式要素越来越衰微,只留下纯粹的表现。"[2]

音乐在浪漫主义时期异军突起,可做多方面的讨论。前面我们说到,在黑格尔的古典美学体系中,音乐和诗歌处在浪漫型艺术的最高位置上,因为这两门艺术相较于建筑、雕塑甚至绘画,都具有明显的物质性低而精神性高的特性。但是,就音乐与诗歌相比,在黑格尔心中,还是诗歌占据了更高的位置。黑格尔以后,音乐变得越来越重要。浪漫主义在颠覆古典传统的同时,努力追求某种艺术的纯粹性、理想性和超越性,而音乐显然是实现纯粹性、理想性和超越性

---

1 Irving Babbitt, *The New Laokoon: An Essay on the Confusion of the Arts*, 162–163.
2 Ibid., 219.

的最佳载体。19世纪末,唯美主义就把音乐标举为一切艺术最高的理想境界,佩特在其《文艺复兴:艺术与诗的研究》(*The Renaissance: Studies in Art and Poetry: The 1893 Text*)中有一个经典陈述,"一切艺术都持续不断地渴望达到音乐状态"[1]。这一观念从浪漫主义到唯美主义甚至现代主义,可谓一脉相承。我以为,音乐地位的提升,其实并不是白璧德所分析的标题音乐,而是所谓的绝对音乐及其美学的兴起。在我看来,白璧德有一个判断值得质疑,即他说音乐最不具有形式性。绝对音乐将音乐自身的形式特性极大地彰显出来,不再描写什么和暗示什么,也不模仿其他任何事物,音乐就是乐音有规律的运动。这一观念在19世纪奥地利美学家汉斯立克的音乐美学中表现得淋漓尽致。在白璧德去世后十多年,抽象表现主义兴起,在绘画领域也彻底抛弃了模仿原则,将表现性和形式性创造性地加以融合。这一主题在格林伯格的"走向更新的拉奥孔"中得以展开。

格林伯格"走向更新的拉奥孔"的告别文学论

白璧德认定浪漫主义没有形式美,而古典主义才关注美的形式,这一说法似有不妥。照此推理,也深受自发性和原始主义影响的现代主义,就更谈不上形式关切了。其实不然,格林伯格的"走向更新的拉奥孔",就是对现代主义中的抽象表现主义绘画的形式主义美学合法化的证明。

《走向更新的拉奥孔》是美国著名艺术批评家格林伯格的经典文本,写于1940年,发表在《党人评论》杂志上。该文是对当时现代主

---

[1] Waler Pater, *The Renaissance: Studies in Art and Poetry*, 106.

义潮流，尤其是美国抽象表现主义绘画的一个理论上的回应。正像《三国演义》开篇所说的那样，"天下大势，分久必合，合久必分"，艺术从古典主义的分界论到浪漫主义的融合论，到了现代主义时期，又重回新的诗画分家观念。格林伯格借拉奥孔来陈述现代艺术的新变化，他描画了一幅由抽象主义绘画所引领的现代主义艺术图景。更重要的是，有别于莱辛和白璧德的文学背景，格林伯格是出身于造型艺术的批评家，深谙漫长历史上绘画对文学的依附关系，因此，为了改变这一依附境况，格林伯格直接为绘画独立强烈呐喊。而这一诉求的最佳载体不再是以模仿为圭臬的古典艺术，也不再是以表现为目标的浪漫主义艺术，而是以纽约画派为代表的抽象表现主义绘画，据此他提出了全新的绘画与文学分立说。

如前所述，白璧德的《新拉奥孔》关注的是浪漫主义如何打破各门艺术的分界而彼此融合，特别是浪漫主义诗人、画家、音乐家们如何彼此越界，向姊妹艺术致敬并借取其他艺术之资源，形成一个全新的艺术发展形态。不过谁都不曾料到，现代主义的出现不但导致了追求艺术自主性（"为艺术而艺术"）的观念流行，而且催生了各门艺术对自身合法性及其纯粹性的探求。而格林伯格的"走向更新的拉奥孔"就是这个思潮的经典的理论表述。在这篇论文中，格林伯格与其说关心艺术间的融合，不如说要探究艺术如何分道扬镳、各自为政，且正是通过彼此分离才得以确立自己安身立命的根基。表面上看似乎是要回到莱辛的诗画"分界模式"，其实格林伯格走得更远，也更为激进，他要彻底清算历史上绘画曾经仰仗、依赖或委身于文学的总账。

格林伯格认为，在漫长久远的历史上，文学对绘画一直产生着深刻的影响，所以古典绘画努力追求绘画的"文学性"，这突出地体现在绘画的主题或叙事上，尤以历史画为代表。虽然绘画和雕塑是完美的艺术，可是它们却一直在极力效仿文学。格林伯格指出："雕塑和绘画都企图再造文学的效果。17和18世纪的绘画竭尽全力来追求文学的效果。出于各种原因，文学占了上风，而造型艺术——特别是架上画和架上雕塑的形式中——则试图获得进入这个领域的许可证。"[1] "绘画和雕塑在二流天才手中——这是讲故事的方法——一般都变成了文学的幽灵和傀儡。"[2]

格林伯格为何如此嫉恨文学？他为何要如此急迫地摆脱文学？这个问题的解答必须回到现代主义美学中来才说得清楚。现代主义艺术继承了浪漫主义的传统，但却更加激进地要和传统艺术决裂，只有决裂才有创新；或者反过来说，要出新必须告别过去。照詹明信的说法，现代主义的意识形态就是艺术的自主性观念。[3] 而绘画与文学决绝就是各门艺术自主性的内驱力使然。追求自主性的美学观发展出一个核心概念——艺术的"纯粹性"。所谓"纯粹性"也就是每门艺术都有自己独一无二的属性，由此区别于其他艺术并得以安身立命。现代主义时期，自马奈的印象主义绘画开始，绘画艺术便踏上了追求"平面性"的不归之途。与绘画追求平面性相一致，文学开始强调"文学性"，戏剧则聚焦于"剧场性"，电影把"上镜头性"作为区别于其他艺术的特殊性，音乐则始终追求特有的"音乐性"，等等。这就是格林伯格所说的每门艺术只有立足于非我莫属的独特性基础之上，才可以获得安全的、独立的存在。格林伯格是这一观念清醒而自

---

[1] 格林伯格：《走向更新的拉奥孔》，易英译，《世界美术》1991年第4期，第10—11页。

[2] 同上，第11页。

[3] 詹姆逊（又译为"詹明信"）：《作为意识形态的现代主义》，王逢振译，王逢振主编《詹姆逊文集（第4卷）：现代性、后现代性和全球化》，中国人民大学出版社2004年版，第136页。

觉的提倡者，他意识到绘画在历史上深受文学统治而走过了许多弯路和歧途，而抽象表现主义绘画在美国的兴起，为绘画摆脱文学而回到绘画自身提供了一个历史性契机。

> 所有艺术都存在一种共同的努力，即扩展媒介的表现潜力，这种努力不是为了表达思想和观念，而是要以更强烈的直接感觉去表达经验中不可减约的要素。沿着这条道路，前卫艺术在试图逃脱"文学性"的过程中似乎为艺术设置了三重的混乱，因为它们去模仿除了文学以外的其他每一种艺术。……而每一门艺术又要通过捕获其姊妹艺术的效果，或是将某一种姊妹艺术作为它的主题，来证明自己的表现力。[1]

这就是绘画追随文学的根源所在，现在是回归绘画自身特性的时候了，也就是回到绘画二维性或平面性。在格林伯格看来，平面性不但是确保绘画成为绘画的条件，而且是绘画继摆脱文学后进一步摆脱雕塑影响的必然选择。但是格林伯格注意到，现代主义绘画的崛起，使绘画摆脱了追随文学甚至音乐的歧途，回到了绘画特有的平面性并彰显其独有的媒介特性，这就是他意欲阐说"更新的拉奥孔"之特征。"'纯粹'诗歌力求无限的联想，'纯粹'造型艺术则力求最少的联想。……纯粹的造型或艺术品的抽象性质是唯一有价值的东西。强调媒介及其理解难度，视觉艺术特有的纯造型价值便立刻呈现出来。"[2]

格林伯格"更新的拉奥孔"彰显出绘画媒介的纯粹性及其独一无

---

[1] 格林伯格：《走向更新的拉奥孔》，易英译，第13页。
[2] 同上，第14—15页。

二性,这一主张不但返回到莱辛的诗画分界立场,而且更进一步,愈加偏激地强调抽象绘画媒介与形式。如此一来,"更新的拉奥孔"全然是艺术退回媒介单一性和纯粹性的理论表述。在格林伯格看来,每个时代都存在着某种主导的艺术门类,它会对其他较为次要的艺术产生影响。这个观点亦与雅各布森的"主导"理论是完全一致的。如果我们结合他20世纪60年代发表的更有影响的《现代主义绘画》一文,那么这一理论立场更是清晰可见。在他看来,绘画不但排除了文学和音乐的影响,而且还要和雕塑分道扬镳,因为文艺复兴以来,绘画发明了透视法,一直追求在二维平面上创造出三维空间的深度幻觉,这是绘画追随另一个模范——雕塑——所致,这完全是绘画艺术取消自己的危途。因此,绘画只有回到非他莫属的平面性媒介——色彩、线条和形状,那才是绘画得以存在并迥异于其他造型艺术的独特性所在。[1]

平心而论,格林伯格的"走向更新的拉奥孔"具有片面的真理性,虽然他指出了抽象表现主义绘画的真谛,但总体上只是现代主义运动的一个趋势——分化——的概括,但现代主义潮流中仍存在着相反的趋向,那就是进一步强化各门艺术的互动和融合。晚近越来越多的研究指出,浪漫主义以来颠覆艺术边界的情况在现代主义时期有增无减,许多现代主义大师就是跨界的先锋,从毕加索到德彪西到康拉德再到马拉美,都在各门艺术的边界穿行。印象主义、表现主义、抽象主义等艺术潮流,也越出了绘画的藩篱而对其他艺术产生广泛影响。一个经典的例子就是印象主义绘画的风格和手法进入文学和

---

[1] 格林伯格:《现代主义绘画》,周宪译,周宪主编《艺术理论基本文献·西方当代卷》,第93—94页。

音乐。比如英国作家康拉德在其《黑暗的心》开篇伊始，就采用了典型的印象主义手法来描绘场景，可视作绘画对文学影响的一个经典个案：

> 泰晤士河的入海口在我的眼前伸展，仿佛是一条横无际涯的水路的开端。远处水面上，海天一色，浑无间隙。在明净的天空下，几艘驳船缓缓行驶在潮水中，船上黑褐色的风帆反衬着尖尖的红帆布，好像着色后的鬼魂释放着幽光。海滩笼罩在一片烟雾中，平坦地向大海蜿蜒，消失在烟波浩淼之处。格雷夫森港上空天色阴沉，越往里越黯淡，凝结成一团朦胧，盘旋在这座世界上最伟大的城市之上，森然可怖。[1]

也许我们可以更加准确地说，在现代主义时期，各门艺术的交互关系实际上存在既分又合的双重趋势，分了合，合了分，分分合合乃是现代主义艺术的真实境况。所以，历史地看，如果说古典艺术以分界为主导倾向，浪漫主义以混合为主导倾向的话，那么在现代主义时期中，既分又合的张力则成为艺术间相互关系的常态，因此我们有必要用更加复杂的观点来审视现代主义艺术。

至此，拉奥孔作为一个话题，从莱辛古典式的诗画分界，到白璧德的浪漫主义艺术融合，再到格林伯格强调绘画与文学决裂，这三个以拉奥孔说事的经典文本，恰好描述了文学与艺术不同关系形态的三个阶段。拉奥孔作为一个关于艺术交互关系的美学母题，也经历了模仿文学、融合文学和告别文学的三段式。从古典主义的拉奥孔，到浪

---

[1] 约瑟夫·康拉德：《黑暗的心》，孙礼中译，译林出版社2016年版，第1页。

漫主义的新拉奥孔,再到现代主义更新的拉奥孔,这一演化进程逼真地再现了文学在艺术体系中由"老大"到姊妹中平等一员再到退回自身的历史。[1]

结　语

今天,我们面临着与格林伯格全然不同的新的文化境况。对文学的威胁也许并不是绘画或音乐这样的古老艺术门类,而是电影、电视以及高度数字化的视听新媒介,尤其是视觉文化的崛起,很大程度上改变了文学原有的版图。基于印刷文化的传统意义的文学虽还存在,但新的文学形态纷至沓来,且争议颇多。在视觉文化的深刻影响下,文学曾经的"王者"地位已经不再,如果说莱辛所言艺术家要从文学中学会构思和表现是曾经的铁律的话,那么,今天的诗人、作家却不得不谦虚地向其他艺术学习。一个最显著的事实就是电影、电视和摄影对文学的反向建构,当代很多青年作家显然已成为深受视觉文化所影响的一代人,视觉表现的种种方法也深刻影响了文学的语言组合、描述方法或叙事结构。文学在视觉文化时代正在被其他媒介方式所重构,已是一个不争的事实。比如摄影与文学的关系就是晚近的一个热门话题,摄影技术和观看技巧如何嵌入文学讲故事的方法和结构,就是一个值得深究的课题,而所谓的"摄影小说"大行其道更是混淆了文学与视觉艺术的边界。电影对文学更是影响至深,以往是从文学作

---

[1] 需要指出的是,格林伯格的理论只是一种说法而已,且限于"二战"前后现代主义艺术(尤其是美国抽象主义绘画)。而晚近很多研究指出了现代主义艺术的另一个趋向,那就是继承了浪漫主义的艺术跨界实践传统,进一步发展出打破艺术分界而融会贯通的混杂性,这一趋向到了后现代主义艺术中更是成为普遍趋势。

品改编成电影，如今逆向改编亦是常态，一部电影在大获成功后，文字版的小说故事便接踵而至。电影的表现方法，从特写镜头到蒙太奇到远近景或镜头摇移手法等，早已为许多小说家所掌握并广为运用，以至于今天的小说写得越来越有电影镜头感，也越来越容易改编成电影。至于电视连续剧，作为一种深受广大观众喜爱的视觉艺术类型，与长篇小说合流是显而易见的，越来越多的小说家不再写小说，而是热衷于写连续剧剧本，而画面的视觉表现和戏剧冲突场景成为文学写作的新目标。[1]

　　假设莱辛、白璧德和格林伯格还活着，面对今天的文化景观，恐怕他们都会写出各自的"更更新的拉奥孔"，他们今天的想法一定与当年的感想和观念相去甚远。不管文学将来如何嬗变，也不管文学是否会终结，有一点是可以肯定的，那就是文学总是随时代而变。王国维说"一代有一代之文学"，这一论断还只限于对文体的考察，其实文学的历史演变乃是全方位的、整体性的。因此，研究文学不能就文学谈文学，有必要跳出文学的圈子，从文学与其他艺术复杂的交互关系角度来审视文学。正是在这个意义上，拉奥孔是一个说不尽的话题！

1　参见 Gabriele Rippl (ed.), *Handbook of Intermediality: Literature-Image-Sound-Music*。

第十章　论日常生活审美化

何谓日常生活审美化？

最近几年，日常生活审美化问题的讨论变得热门起来，这个短语似乎已成为学界的一个时髦命题。毫无疑问，它是一个"舶来品"，是西方学界20世纪80年代中后期以来文化研究和社会理论所关注的核心概念之一。但是，这个短语在当下中国的流行是耐人寻味的，它既反映出这个问题在当下中国的某种适切性，同时也体现出中国学界对这一问题的某种敏感性。

那么，从学理上说，这个短语究竟确指什么？先来看看权威的工具书所做的解释：

> 艺术与日常生活加以区分的观念正在消解。日常生活审美化有两层含义：第一，艺术家们摆弄日常生活的物品，并把它们变成艺术对象。第二，人们也在将他们自己的日常生活转变为某种审美规划，旨在从他们的服饰、外观、家居物品中营造出某种一致的风格。日常生活审美化也许达到了这样一种程度，亦即人们把他们自己以及他们周遭环境看作是艺术的对象。[1]

---

[1] 参见Nicholas Abercrombie, Stephen Hill and Bryan S. Turner, *The Penguin Dictionary of Sociology* (Harmondsworth: Penguin, 1994).

依照这一界定，所谓日常生活审美化首先是指艺术活动的日常器具转化为艺术品，这的确是现代艺术的重要发展趋向，它早在20世纪初法国艺术家杜尚的"现成物"艺术中开了先河。我们知道，现代主义艺术有一个显著的倾向，那就是它的精英主义、纯粹主义和唯美主义的文化取向，在纯粹性的追求中将艺术和生活剥离开来。而杜尚惊世骇俗的所谓艺术，显然是以一种棒喝的方式警醒人们，艺术并不只是那些精心雕琢、创意奇特的东西，也许艺术品就在我们的日常生活中，艺术品就是我们日常使用的器具。这种挑战到了后现代主义波普艺术中已是常事，最有影响的也许要数美国艺术家沃霍尔，从汤罐头到啤酒瓶、从新闻照片到包装盒，没有什么不可以成为艺术品。他的尖锐挑战引发了当代西方美学"艺术界"理论的出现。[1]不过，在我看来，艺术与生活之间边界的模糊，对于日常生活审美化而言，远不如上述界定的第二个方面更为重要，亦即人们将自己的日常生活转化为某种审美规划。

在美学史上，审美化一直是一个带有乌托邦性质的未来目标。尤其是近代以来，美学常常不是在早已逝去的古希腊时代寻找意境，就是对尚未到来的某种美好未来憧憬期待，严肃的美学似乎很难把审美化直接派付给琐碎平庸的日常生活。韦伯现代性研究的一个著名论断，就是断言现代日常生活是一个"铁笼"，而审美则具有某种将人们从"铁笼"的压抑中拯救出来的世俗"救赎"功能。[2]韦伯说："生

---

[1] 美国分析哲学家和美学家丹托通过对沃霍尔作品《布里洛盒子》的反思，提出了著名的论断："把某物看作是艺术需要某种眼睛无法看到的东西——一种艺术理论的氛围，一种艺术史知识：这就是艺术界。" Arthur C. Danto, "The Artworld," in *Aesthetics: The Big Questions*, ed. by Carolyn Korsmeyer, 40.

[2] 马克斯·韦伯：《新教伦理与资本主义精神》，于晓、陈维纲译，生活·读书·新知三联书店1987年版，第142页。

活的理智化和理性化的发展改变了这一情境。因为在这些状况下，艺术变成了一个越来越自觉把握到的有独立价值的世界，这些价值本身就是存在的。不论怎么来解释，艺术都承担了一种世俗救赎功能。它提供了一种从日常生活的千篇一律中解脱出来的救赎，尤其是从理论的和实践的理性主义那不断增长的压力中解脱出来的救赎。"[1]从韦伯的论断出发，审美与日常生活似乎是大相径庭的，说今天已是日常生活审美化，是否意味着韦伯的论断已经不再有效？换一种问法，是否可以说今天的日常生活已不再有"铁笼"的压抑性质？

消费社会中的审美文化

问题的要害由此凸现出来。今天人们热衷于讨论的"日常生活审美化"，说的是美学上的那种美好乌托邦的实现，还是说今天的社会生活本身的日常性已经转向了审美化？

最早讨论这个问题之一的英国社会学家费瑟斯通在其《消费文化与后现代主义》（1990年）一书中，对这个概念做了比较全面的讨论。在他看来，日常生活审美化与两个关键词有关，一是消费文化，二是后现代主义。他认为日常生活的审美化有三个层面的含义：第一，现代主义艺术运动"追求的就是消解艺术和生活之间的界限"。一方面是质疑艺术品的传统观念，以日常生活中的"现成物"来取代艺术品；另一方面则强调艺术可以存在于任何地方。第二，将日常生活转化为艺术。这是"既关注审美消费的生活，又关注如何把生活融入（以及把生活塑造为）艺术与知识反文化的审美愉悦之整体中的

1　H. H. Gerth and C. W. Mills (eds.), *From Max Weber: Essays in Sociology*, 342.

双重性,应该与一般意义上的大众消费、对新品味与新感觉的追求、对标新立异的生活方式的建构(它构成了消费文化之核心)联系起来"。第三,是指"充斥于当代日常生活之经纬的迅捷的符号与影像之流"。[1]这个界定与前引工具书的解说基本一致,只是多了第三条所谓"符号与影像之流",亦即当代视觉文化。

看来我们有理由相信,日常生活审美化是特定语境的产物,这个语境就是"消费文化"。费瑟斯通强调,都市的高楼大厦、百货商场、购物中心,从建筑到广告,从商品包装到个人穿戴,都被"赋予美的预约,提供美的佐餐。就是商品的交换价值和作为代用品的使用价值之间既统一又有差异的这种双重性质,使得商品具备了一种审美的影像,不管它可能是什么,它肯定会为人们所梦想和追求"[2]。从这个关于审美化的描述中,我们已经清楚地看到,消费社会及其文化是构成日常生活审美化的重要语境。具体说来就是商品及其服务所带来的日常生活审美化,这种审美化似乎已远离了美学意义上那种具有乌托邦性质的审美化。商品+形象=美,这个公式似乎道出了当代日常生活审美化的真谛。法国哲学家德波(Guy Debord)曾以"奇观社会"的概念揭示了这一社会特性,他认为,"奇观(形象)即商品"的时代已经深刻改变了马克思的古典政治经济学,它突出地表现在从商品的"占有"法则向商品的"展示"法则的转变。当世界经由"奇观"而变得显著可见时,它一定是由商品控制的世界。在这个世界中,与其说是在消费商品,不如说首先是在消费商品的形象价值或象征价值。因为较之于使用价值,商品的形象价值或象征价值变得更加

---

[1] 迈克·费瑟斯通:《消费文化与后现代主义》,刘精明译,译林出版社2000年版,第95—100页。

[2] 同上,第112页。

重要。一些国际知名的商品品牌,从可口可乐饮料到好莱坞电影,从麦当劳快餐到耐克运动鞋,从BMW(宝马)汽车到香奈儿化妆品,这些知名的世界品牌的形象价值远胜于其使用价值。于是,审美化展现了一幅难以察觉的日常生活外观的审美拜物教,商品和服务的魅力日益转化为吸引眼球的奇观之"注意力法则"。

波斯特丽尔近来也大谈当代审美的迫切性,她坚信传统美学关于美的界定过于狭窄了,已经完全不适应当代社会的需求。她要突出的审美概念,最直接的意义就是对象的外观魅力和主体的快感体验。波斯特丽尔直言,如今美学变得如此重要,因为它已不是美学家的差事,而应该是不屈不挠的工程师、设计师、不动产发展商、工商管理者的分内之事。"审美的创造性就像是技术发明一样,它也是经济发展和社会进步的指标,和它们一样重要。"[1]从产品设计到环境改善,从美容手术到外观打扮,哲学意义上的审美被彻底地世俗化了,成为当代日常生活的一个指标。当代社会所呈现的是一种"审美的普遍性",它植根于我们人类最深邃的本性之中。所以,告别哲学的抽象思辨,进入现实生活的具体实践,审美化在当代日常生活中得到了最彻底的实现。

消费社会和文化的兴起在中国已经是不争的事实。仔细考量这个概念的流行,一方面与文化研究在中国的勃兴有关,另一方面又与消费社会在中国的发展关系密切。今天,西方学者所津津乐道的种种日常生活审美化现象在中国似乎都不同程度地存在着。假如说一个时代有一个时代的话题(或主题)的话,那么,如今这个时代的话题之一

---

[1] Virginia Postrel, *The Substance of Style: How the Rise of Aesthetic Value is Remaking Commerce, Culture and Consciousness*, 16.

就是日常生活的审美化。

近代以来，中国遭遇了太多的屈辱和悲剧，"驱逐鞑虏"、富国强民的变革成为最具吸引力的社会发展方案。革命的激进主义和理想主义深刻地塑造了人们对"审美"的激进式的理解，革命"美学"往往在演变成强有力的意识形态工具的同时，也以某种"非美的"方式实施了对人心灵和肉身的彻底改造。于是，日常生活充满了革命的意味，日益沦为残酷而又刻板的范式。不存在什么人类普遍的美的标准，只有带有阶级论烙印的美的理解，无产阶级或劳动阶层的美才是唯一具有合法性的美。革命把美学边缘化的同时，实际上把审美从日常生活中给驱逐了。"节俭+贫困"的生活风格已经谈不上也不需要谈论审美了。

"后革命时代"的来临，意味着一种新的生活范式的到来。改革开放极大地重塑了中国社会的日常生活。"让一部分人先富起来"，不但是一个经济或政治政策，更是一种生活方式。"小康"目标的设定与实现，与其说意味着一个人均年收入的量化指标，不如说是一个具有全新性质的生活方式的规划。一方面，社会进步作为一个客观变化着的事实呈现出来，如社会生产力的提升，物质生活水准的提高等等；另一方面，它又体现为主体心理体验和观念方式激变的历史过程，革命年代所压抑的欲望、冲动被空前地激发出来，它像一个打开了的"潘多拉盒子"再也关不上了。

"小康"生活方式凸现出日常生活物质水准的大幅提升。与清贫诀别，同节俭说再见，当代中国人的日常生活，一方面在享受着发达的技术文明的种种消费新花样，从电视到网络，从手机到各类时尚；另一方面联通了中国传统的世俗主义、享乐主义脉络，种种古老的享乐方式和观念随着新的消费社会卷土重来。这些传统的力量好像比革命更具根基性，一旦条件成熟，总是以这样那样的面目走上前台。于是，革命的激进主义被物质的消费主义所取代，革命的理想主义被世俗的享乐主义所替换。这时，无论从社会发展的现实来看，还是从主体心理要求来看，作为一个问题的"日常生活审美化"，自然提上了议事日程。

"体验"与"品味"：谁的审美化？

"后革命时代"的日常生活审美化，始终与两个关键词联系在一起：第一个关键词是"体验"；第二个关键词是"品味"（"趣味""格调"或其他"家族相似"的概念）。

不难发现，当代消费社会与传统社会的消费有一个很大的不同，那就是它越发地倾向于消费性的愉悦"体验"。说到"体验"这个概念，它与审美联系非常密切。毫无疑问，体验是一种主体的感性活动，它不是抽象思辨的玄想和演绎，而是直接诉诸感官的过程，是经由感官而获得某种愉悦。显然，体验是一个主观范畴，它关乎主体对外部实在世界的某种感觉。但是，在消费社会中，消费品在转化为"奇观"的过程中，设计成为生活各个层面的基本要求时，审美化的体验也就是对生活方式及其物品和环境的内在要求，而物质生活的精致性就相应地转化为人对消费品和生活方式本身的主体感官愉悦。于是，我们有理由说，在某种程度上说，日常生活审美化本质上是通过商品消费来产生感性体验的愉悦。审美体验本身的精神性在这个过程中似乎正在转化为感官的快适和满足，它进一步体现为感官对物品和环境的挑剔，从味觉对饮料、菜肴的要求，到眼光对形象、服饰、环境和高清电视画面的要求，到听觉对立体声、环绕声等视听器材的要求，到触觉对种种日常器具材质和质感的苛刻要求，等等，不一而足。体验贯穿日常生活的各个层面，它构成了审美化的幸福感和满足感的重要指标。

"体验"是一种内心过程，"品味"究其本义而言就是一种感官反应。"品味"与"体验"乃一枚硬币之两面。西文中taste通常在美学上被译作"趣味"，它原本是指味觉或对食物的某种体验，后经康德等近代哲学家的改造，成为艺术或审美欣赏的某种能力、偏爱和判断。今天，这个概念已经日益渗透进日常生活之中，成为对从衣着到艺术、从饮食到家居的某种能力的象征。雅趣与畸趣（或良好趣味与平庸趣味）的二元对立，标志着审美层面上的高下优劣。追求"体验"的生活其实就是把"雅趣"作为生活的标准，就是追求某种有品味的生活方式。

值得注意的一点是，在消费社会中，"品味"已经成为某种遮蔽商品拜物教的障眼法。只要对消费品广告略加翻检便可瞥见，越来越多的消费品和"品味"（或"雅趣"）挂钩。"有品味的生活"成为审美化的另一种表述。而"品味"在这里所激发的消费欲望，不仅仅是对一个商品或服务的物质上的占有，更是对商品或服务象征价值的炫耀。"高尚""精英""白领""小资""贵族"，诸如此类的字眼被频繁地用于商品和服务的定性描绘中，"皇家风范""法兰西风情"一类的模糊语言所彰显的正是上层阶级或上流社会生活格调，"艺术气质""如诗如画"等描述，也被用来形容家居和娱乐，显然是意在提升商品或服务的档次。凡此种种表明，"品味"与"体验"乃是日常生活审美化的核心。

然而，问题是"品味"如何形成的呢？"体验"又如何实现呢？

首先，被当代消费社会大众媒体所渲染和强调的这种"品味"是人所共有的吗？这种"品味"是与生俱来的还是后天习得的？马克思给出了两种不同的说法，一方面，他认为人的类本质决定了"人是按照美的规律来塑造物体"；另一方面，他又强调，食不果腹的穷人对再美的风景也会视而不见。从前一个方面来看，的确是"爱美之心人皆有之"；从后一个方面来看，爱美不爱美或什么条件下爱美还要取决于其他社会条件。由此推论，"品味"并不是人们与生俱来的或人所共有的一个倾向或能力。

法国社会学家布尔迪厄对品味（或趣味）做了深刻的历史批判。他认为品味完全是社会的产物，是文化和教育的产物。他写道："消费是交往过程的一个阶段，亦即译解、解码活动，这些活动实际上以必须掌握了密码或符码为前提。在某种意义上，人们可以说，看的能力就是一种知识的功能，或是一种概念的功能，亦即一种词语的功能，它可以有效地命名可见之物，也可以说是感知的范式。"[1]布尔迪厄这段话的意思值得琢磨。首先，他指出消费活动并不是一个自然而然的活动，而是某种解码活动。换言之，消费什么和不消费什么，选择本身就是一个认知过程，就像阅读一样，需要一定识字和相关知识。其次，他又指出消费中的某种"眼光"，也就是反映出"品味"之选择的"眼光"，是消费活动的前提。眼力是一种判断力，而判断力是一种认知，这就意味着，我们有品味的眼力是一个知识范畴或认知范畴。看来可以肯定，"品味"绝非与生俱来，"眼力"需要经过某种熏陶或培育，它们说到底是一定教育和文化制度的产物。

依据这种看法，当下中国的日常生活审美化过程中，被广告、媒

---

[1] Pierre Bourdieu, *Distinction: A Social Critique of the Judgement of Taste*, 2.

体和消费文化所极力渲染的种种"高尚"品味，究竟是谁的品味呢？换一种问法：所谓的日常生活审美化究竟是何人的审美化呢？

作为日常生活审美化主体的中产阶级

显然，这里我们已经深刻地触及审美化的一个内在悖论：从美学本身的追求来看，人类大同是最终目标，所有人的审美化才是真正的审美化。但是，在一个存在着显著社会分层的社会里，并不存在这样理想的审美化。低收入家庭和靠"低保"维持生计的人，是谈不上那种"高尚"品味的，他们既没有相应的文化资本，也不具备那种有教养的眼力，更不具备相应的支付能力。而当代中国大众媒体和市场营销中所提倡"审美化"，说到底是中产阶级品味及其生活方式的表现。尽管中产阶级这个概念究竟如何界定尚有争议，但它无疑是一个重要的社会阶层，或使用其他相关的概念来描述，诸如"精英阶层""专业人士""白领""知识阶层"等等。

先看看西方的情况。根据对日常生活审美化很有研究的费瑟斯通的观察，当代日常生活审美化的一个重要动因或行动者乃是各式各样新的文化角色，这一角色说法不一，诸如"新型小资产阶级""新知识分子""服务阶层""新文化媒介人"。最有趣的是所谓的"雅皮士"，他们是一些"自私的完美消费者"，是一些"自我陶醉的、精于算计的享乐主义者"。[1] 所有这些人可为笼统地称为"新中产阶级"，他们发展出了一种独特的消费社会的新感性，就是对新生活方式的种种体验的无穷追求，"新中产阶级、文化媒介人及服务性专门人才，

---

1 Pierre Bourdieu, *Distinction: A Social Critique of the Judgement of Taste*, 66.

将具有必要秉性及感性,以使自己更为开放地面对情感探索、审美体验及生活之审美化"[1]。

如果我们把这些观察转移到中国当代文化语境中来,日常生活的审美化进程中,也有一些同样的行动者,他们当然不一定完全等同于西方发达社会的中产阶级,但是他们却是本土化的中产阶级,是"小康"社会发展出来的一个独特的社会阶层。他们拥有较高的收入、较好的教育、较多的文化资本,因此也就形成了对日常生活"体验"和"品味"更高的要求。

因此,我以为,日常生活审美化本身并不是一个无差别的普泛化过程,而是一个充满了文化和意识形态斗争的"场"。占据这个"场"的主导社会力量就是中产阶级。提倡日常生活审美化本身也就反映出某个社会阶层的现实状况和文化权益。但是,一个非常值得反思的问题是,这种中产阶级的审美化诉求,却往往会作为某种普遍的社会和文化倾向呈现出来。或者换一种更为直接的说法,那就是大众媒体和文化产业往往把这种带有特定社会分层意义的审美化,普泛化为整个社会所有人、所有阶层的"共同文化"。这么一来,特定社会阶层的特定文化品味也就转换为整个社会的普遍文化诉求,进而掩盖了社会分层、文化资本,甚至社会不公正的差异性现实。

这就是说,日常生活审美化其实是一种当代消费社会的意识形态。这种意识形态实施着某种普泛化和自然化的功能。可以说,消费社会本身存在着某种矛盾趋向。一方面是社会分层导致了社会分化,不同的消费者依据其文化资本状况而形成不同的消费习性和取向,所谓"萝卜青菜各有所爱";另一方面,日常生活审美化作为一种文化

---

[1] 迈克·费瑟斯通:《消费文化与后现代主义》,刘精明译,第68—69页。

"主因"（the dominant），又衍生出"去分化"（de-differentiation）的趋势，在掩盖甚至压制不同消费"品味"的同时，倡导某种看似真实的普遍性消费"品味"，进而导致了"爱美之心人皆有之"的假象。正像伊格尔顿所指出的那样：意识形态也就是在文化表意活动中的权力斗争的方式，必然引发某种表意活动的领导权过程，因为不同的阶层实际上处于不同的社会位置上，优势的阶层必然会向弱势阶层施行某种领导权功能。更为重要的是，"意识形态通常被感受为自然化的、普遍化的过程。通过设置一套复杂话语手段，意识形态把事实上是党派的、有争议的和特定历史阶段的价值，呈现为任何时代和地点都确乎如此的东西，因而这些价值也就是自然的、不可避免的和不可改变的"[1]。

以这种观点来看，日常生活审美化的命题，作为一种消费社会的意识形态，显然从中产阶级的消费取向和生活方式，悄悄地转化为人所共有的某种生活样板。当不同的社会阶层都追求这样的审美化时，他们以为是在塑造自己的生活方式和风格，但却是照单全收了中产阶级的消费主义及其品味。我们也许可以说，当代中国的日常生活审美化已经实现了某种暗中的转换。

结语或进一步的问题

当代中国社会的日常生活审美化，显然是一个极为复杂的文化现象。对它做任何简单化的价值评判都是不恰当的。

显然，我们不可能再回到往昔的革命年代，也不可能用那一时代

---

[1] Stephen Regan, *The Eagleton Reader*, 236.

的价值观来臧否今天的日常生活审美化,需要有某种观念的转变和视角的变化。中产阶级的兴起在中国应该说是一个需要充分肯定的发展趋势,其审美化的品味的普泛化有其积极意义,确实是在社会发展基础上对日常生活本身提出的必然要求。但问题并不是这样正面的肯定就可以解决的,一些更为棘手的难题有待探讨。

首先,当代消费社会的日常生活审美化与历史上无数先哲们所心仪向往的理想审美境界是否一致?当社会公众满足于高度物质性的愉悦体验时,是否意味着我们失去了审美应有之义中的某些重要的东西?尤其是日常生活审美化所暗含的商品拜物教倾向,本质上是和审美精神及其无功利性背道而驰的。即是说,今天的日常生活审美化或许并不是一个真正意义上完美的审美境界。特别是在当代中国的社会发展过程中,拜物主义引发了一系列令人担忧的倾向:追求高档的、奢华的,甚至超越了社会发展和生态环境所容许的限度,因而隐含了不少潜在的危机。

其次,当代日常生活审美化是否仍然保留着审美精神中应有的平等、公正和自由?如果我们前面的分析是可以成立的话,那么,在一个高度分化的社会中,在一个贫富差距悬殊尚未得到彻底弥合的情境下,日常生活审美化是否具有某种迷惑性和欺骗性呢?它把中产阶级的生活方式转化为全社会普遍追求的假象时,也许掩蔽了这一审美化表象后面深刻的社会差异和弱势群体的危境。我们需要透过日常生活审美化的表象,去深入地审视那些全然有别于审美化的社会境况,以审美的博爱精神来关怀那些被剥夺审美化的社会群体。

最后,还有一个重要的理论问题需要反思。尼采、韦伯以来,从社会学到哲学,从美学到文化,一直有一个基本判断,那就是现代性背景中的日常生活充满了工具理性的压抑,日常生活变得越来越刻板和无聊。中产阶级的生活方式也常常是那些作家、艺术家和美学家嘲讽的对象。因此审美往往是作为与日常生活局限的对立面而出现的，无论是韦伯所说的审美"救赎"，还是海德格尔所钟情的"诗意地栖居"，或是列斐伏尔对"游戏城"的向往，或是福柯所主张的"生存美学"等，都隐含着某种对现代日常生活的深刻批判。如果说前引费瑟斯通所说的日常生活审美化的几个层面确乎如此的话，那么，当我们说日常生活已审美化或具有审美化的趋向的时候，是否意味着现代日常生活已经由审美改造而变得不再具有压抑性和局限性？换言之，现代性的困境已经在日常生活审美化进程中被超越了吗？

第十一章　英语美学的理论谱系

英语美学与美学的现代缘起

作为一个概念，"英语美学"的说法有点含混。照理说，英语美学应包含一切以英语为语言媒介的美学文献。英语因广泛性而获得了"全球通用语言"（a global language）的美称，毫无疑问，英语美学文献是最丰富的美学资源。就此而言，一切以英语出版刊行的美学文献均可称为"英语美学文献"。然而若采取上述宽泛界定，一些被翻译成英文的出版物也进入英语美学文献范围，如此一来，英语美学几乎是无边无界了。因此，我们具体规定英语美学文献为以英语为母语并生活在英语国家的美学家所撰写和刊行的美学著述。诚然，这也包括移居英语国家并用英语撰写和出版的美学家的文献。这是其一。

其二，从现代早期来看，"英语美学"和"英国美学"两个概念关系复杂。"英国"在眼下汉语的通常用法中既指联合王国（UK），又指英格兰。严格说来，英格兰只是联合王国的一部分，联合王国还包括威尔士和苏格兰，以及北爱尔兰。另一个有所纠缠的概念是"不列颠"或"大不列颠"，通常指"属于或有关于大不列颠联合王国和北爱尔兰或及其人民"[1]。这一地区是英语的发源地，亦是近代早期启

1　https://dictionary.cambridge.org/dictionary/english/british.

蒙运动的重要发祥地。为避免命名和称谓上的混乱和歧义，统称"英语美学"无疑是一个可行的策略。尤其是20世纪，美国的崛起进一步巩固了英语作为全球通用语言的地位，也扩大了英语美学在西方美学乃至国际美学界的影响力。这里所说的"英语美学"主要指英美（Anglo-American）美学，"英"指广义的不列颠，而非狭义的英格兰。

说完了空间文化地理意义上的英语美学，再回到现代早期西方美学的时间维度上来考量。自20世纪60年代以来，18世纪英语美学始终是一个研究的热点。在我看来，18世纪英语美学所以吸引学者们的广泛讨论，原因是多种多样的。一个原因是对英语美学在现代美学建构的历史进程中的作用如何认识。之所以会有这样的问题，是因为西方美学界通常的看法是，美学的现代缘起是德国美学的贡献，尤其是"美学之父"的美名当属德国哲学家鲍姆加通，时间节点是1750年《美学》的出版，尽管这部著作的观念基于他1735年的博士学位论文及其后出版的《形而上学》。鲍姆加通第一次对美学做了清晰的命名和界定。从美学学科命名以外的视角来看现代美学的缘起问题，可以追溯到先于鲍姆加通的两个关键人物，一个是夏夫兹博里伯爵三世，另一个是创建了《观者》杂志的艾迪生。

美学史家盖耶在其《现代美学史》（三卷本）第一卷中，提出了一个关于18世纪现代美学起源的"奠基性十年"（the foundational decade）的说法，他认为在1709—1720年间，几个导致西方美学起源的重要观念出现了，如无功利性、感性经验与情感、想象力与游戏。有趣的是，这些观念几乎同时在英、法、德三国出现，英国的代表人物是夏夫兹博里和艾迪生，法国有杜波斯，瑞士有克鲁萨，德国则有沃尔夫。[1] 如果我们把美学命名视作美学现代起源的正式宣告，那么，"奠基性十年"可当作这一宣告的前奏曲。这么来看，英语美学的独特贡献及其地位可见一斑。夏夫兹博里和艾迪生的奠基性角色，亦可合理地得到确认。其实，早在20世纪中叶，美国哲学家斯托尔尼兹就发表了一系列研究夏夫兹博里美学的论文。他认为，现代美学的基本观念乃是审美的自主性，夏夫兹博里则是促成审美自主性观念流行的重要推动者之一，审美无功利的概念也源于他的伦理哲学。斯托尔尼兹直言：夏夫兹博里的理论是美学史上的一个分水岭，它摆脱了希腊古典的和谐论，将无功利性概念引入美学思考，形成了古典与现代美学理论之间的某种张力，进而创立了现代美学的一个新的重心。[2]

毫无疑问，"奠基性十年"给我们提供了一个独特的语境，由此可以重审美学现代性进程中英语美学无可取代的作用。克里斯特勒在其经典的《现代艺术系统》中做出几个重要判断。第一，17世纪及其后的英语美学受到了法国美学的影响，然而到了18世纪，英语美学做出了自己的独特贡献，又反过来对欧陆美学产生了深刻影响，尤其是对德国和法国美学的影响。第二，在现代早期的英语美学中，夏夫兹博里无疑具有突出地位："夏夫兹博里不仅在英格兰而且在欧洲大陆都是最重要的思想家之一，他的著述非常重要。……由于夏夫兹博里是现代欧洲第一位重要的哲学家，他关于各门艺术的讨论具有重要位置，所以，有理由把他视为现代美学的奠基者。"第三，18世纪下半叶，英语美学家们对于美的艺术体系的讨论并不关心，他们把更多

---

1 Paul Guyer, *A History of Modern Aesthetics, Volume 1: The Eighteenth Century* (Cambridge: Cambridge University Press, 2014), 30–33.

2 Jerome Stolnitz, "On the Significance of Lord Shaftesbury in Modern Aesthetic Theory," *The Philosophical Quarterly*, Vol. 11, No. 43 (1961): 111.

精力放到了有关艺术的一般概念和原则上，或是不同艺术之间的相互关系上。[1] 尽管最近有学者对克里斯特勒的现代艺术体系论提出质疑，但他的历史描述和理论分析还是很有说服力的，尤其是关于18世纪英语美学两大研究主题的归纳，基本上描画出这一时期英语美学的总体面貌。

趣味的世纪

按照克里斯特勒的看法，18世纪英语美学思考的重心，聚焦于关于艺术的一般概念和原则，以及不同艺术的相互关系。这一说法准确概括了这一时期英语美学的实际状况。18世纪英语美学研究专家汤森也总结说，这一时期"理论争辩的核心问题是，诗歌与绘画、音乐的关系，趣味的发展和判断力，美的特征及其用途等问题。其结果是一种显而易见的凌乱而又丰富的混合"[2]。也许是由于处在现代美学的初期阶段，理论思考显得庞杂而多样，但是，如果对这一时期英语美学的总体性稍加分析，便可发现一个概念尤为凸显，那就是"趣味"。

一种比较普遍的看法认为，18世纪是一个"趣味的世纪"，即是说，"趣味"成为18世纪英语美学最为重要的概念。[3] 重要的哲学家在论述美学相关问题时常常以趣味为核心。正像迪基所言："18世纪是趣味的世纪，即趣味理论的世纪。18世纪伊始，对某种经验理论讨论

---

[1] Paul Oskar Kristeller, "The Modern System of the Arts: A Study in the History of Aesthetics (II)," 25–30.

[2] Dabney Townsend (ed.), *Eighteenth-Century British Aesthetics* (London: Routledge, 1999), 1.

[3] 卡斯特罗认为，"如今一种普遍的看法是把18世纪当作'趣味的时代'"。Timothy M. Costelloe, *The British Aesthetics: From Shaftesbury to Wittgenstein* (Cambridge: Cambridge University Press, 2013), 6.

的焦点从美的客观概念转向了趣味的主观概念。……趣味理论的少数代表一直延续到19世纪早期,唉,但趣味模式的理论研究式微了,并被一种全然不同的思想所取代。"[1]迪基在其《趣味世纪的哲学奥德赛》一书中,特别讨论了趣味理论的五个代表性人物:哈奇生、休谟、杰拉德、埃利生和康德。这一理论发源于英伦,终结于德国。用康德的话来说,只有德国人用美学这个概念来表明其他人所说的趣味批判。[2]康德的这个说法陈述了一个等式:美学就是趣味批判。这么来看,趣味在美学思考中显而易见具有举足轻重的地位,也许可以被看作是18世纪美学最具包容性的概念,在某种程度上统摄了其他美学概念。这是因为,一方面,趣味涉及审美活动的主体性的诸多层面,比如想象和联想;另一方面,趣味关涉审美对象的特质或范畴,例如美、崇高、如画、无功利性等。

"趣味"概念在此前的美学思考中几乎不存在。"趣味"原义是指味觉、味道或口味,是通过舌头接触所产生的感觉,并以此构成主体的某种倾向或偏爱。历史地看,这一概念在18世纪的英语美学中的兴起,是与17世纪重视举止、礼仪和教养的时代风尚有关。随着这个概念的创造性转化,随着美学家们越来越热衷于谈论审美、艺术或自然欣赏中主体的官能、感受、情感和经验,趣味成为描述审美活动的一个极具普泛性的范畴。就像人在品尝美食时的体验一样,通过舌部敏锐的味蕾可以感受到复杂多样的味道,"趣味"概念是一个可以把感觉、内心活动和理性判断能力很好结合起来的美学范畴。更重要的

---

1 George Dickie, *The Century of Taste: The Philosophical Odyssey of Taste in the Eighteenth Century* (Oxford: Oxford University Press, 1996), 3–4.
2 Immanuel Kant, *Critique of Pure Reason*, trans. by Paul Guyer and Alan E. Wood (Cambridge: Cambridge University Press, 1999), 156.

是，18世纪正值启蒙时代，现代性及其文化的基本形态已经呈现，现代文化的崛起带来了一系列重要的转变。其一，世俗化颠覆了宗教教义的判断标准，艺术与宗教分离带来了重新确立价值判断标准的现代性难题。韦伯在分析审美价值和宗教伦理价值区分时曾经特别指出，随着艺术世俗化，以往决定艺术风格和价值判断标准的宗教伦理失效了，取而代之的是艺术自身的判断标准。从这一历史趋势来看，趣味及其标准的问题应运而生便是合乎逻辑的事，成为美学家和艺术家们必须回应的理论问题。其二，哈贝马斯在研究文化现代性进程中提出了市民社会中资产阶级"公共领域"概念，所谓"公共领域"，就是18世纪西欧国家出现的文学俱乐部、音乐爱好者组织、读书会、批评家协会等民间文化机构。哈贝马斯特别分析了在公共领域如何形成理性辩论的传统，尤其是在文学公共领域，私人性的文学阅读演变成某种公共的讨论和交流，于是，这些活动就进入了启蒙的进程之中，原本抽象的自由、民主、正义等观念，便通过私人性的文学阅读和公共性的讨论争辩而具体化了，使众多参与者既深刻认识了社会的现实境况，又获得了对自我的新认知。"通过对哲学、文学和艺术的评判领悟，公众也达到了自我启蒙的目的，甚至将自身理解为充满活力的启蒙过程。"[1]文学公共领域中的批评和讨论，毫无疑问涉及所谓良好趣味判断力及其标准问题，这也是趣味世纪的一个典型征候。没有关于趣味的争辩，没有对趣味标准的论争，文学公共领域是无法运作的。其三，在西方社会现代性建构的进程中，美学家和批评家所起到的"立法者"作用与趣味密切相关。根据社会学家鲍曼的研究，现代

---

[1] 哈贝马斯：《公共领域的结构转型》，曹卫东、王晓珏、刘北城、宋伟杰译，学林出版社1999年版，第46页。

时期的美学家对于现代文化具有重要的奠基功能，这就集中体现在美学家为文化艺术确立某些价值标准和评判方法，这是现代艺术和文化所以合法化的重要根据。"教养良好、经验丰富、气质高贵、趣味优雅的精英人物，拥有提供有约束力的审美判断、区分价值与非价值或非艺术判断的权力，他们的权力往往在当他们评判或实践的权威遭到挑战而引发论战的时候体现出来。"[1] 唯其如此，18世纪"趣味"概念才吸引了如此之多的美学家，并使他们关于趣味的论辩充满了争议和冲突。

这一时期的趣味理论多源于英国经验主义传统，但也有不同的理论取向。大致说来，存在着三种理论。第一种是内感官论，第二种是想象论，第三种是联想论。内感官论以夏夫兹博里为代表，其基本信念是在主体的五感之外还有一个内在的感官，人对美的辨识和欣赏有赖于这样一种内感官。他认为，美并不在对象的物质特性中，甚至不在对象和谐的形式结构中，因为若要辨识美，需要某种"心灵的感官"：

> 它（心灵的感官——引者注）能感受到情感中的柔和与严酷、愉快与不快；它能在这里发现邪恶与公正、和谐与冲突，如同在乐曲中或在可感事物的外表中发现的一样真实。它也不能隐瞒其赞赏和狂喜、厌恶与蔑视。因此，对于任何一个适当考虑这件事的人来说，对事物中存在崇高和美这种自然感觉的否定也仅仅是一种情感。[2]

---

[1] 齐格蒙·鲍曼：《立法者与阐释者：论现代性、后现代性与知识分子》，洪涛译，第179页。
[2] Third Earl of Shaftesbury, *Characteristics of Men, Manners, Opinions, Times* (Cambridge: Cambridge University Press, 2000), 172–173.

在夏夫兹博里看来，这种内感官既不同于五感，也不纯然是心之机能，而是某种更高的反思性官能。就美的三个层级而言，从缺乏行动或智识构型中"死形式的美"，到反映人之精神的更高一级的美，再到作为形式之形式的最高级的美，主体审美趣味的内感官是对应于这最高层级的美。他的结论是，此乃"一切美之准则和源泉"[1]。

18世纪英语美学资源丰富，讨论集中于三大议题：其一，趣味问题，或以趣味为纽带旁及其他美学问题；其二，美学重要范畴的探究，尤其是"美""崇高""如画"三个范畴；其三，不同艺术之间的关系、比较各自差异及其优下，由此形成了关于"美的艺术"的艺术哲学体系。值得注意的是，这三个议题彼此相关并相互渗透，而趣味主题更为凸显。在各门艺术的哲学讨论中，越来越多的美学家发现，曾被奉为圭臬的古典的模仿原则遭遇了质疑。假如以模仿来要求并评判各门艺术长短，有些艺术很难适应这一规范，尤其是，不少美学家直接提出，音乐就不能依照模仿原则来加以评判。此外，在各门艺术关系的研究中，艺术分类、各门艺术的比较研究也比较发达，诗画、诗乐、画乐等不同艺术的相互比较参照，已经发展出非常多样化的理论。较之于欧陆，不难发现英语美学提出的许多艺术哲学命题显然早于德法美学。比如诗画分界及其比较，早在莱辛的《拉奥孔》面世以前，英语美学已经积累了相当多的讨论成果和文献。

浪漫的世纪

19世纪在西方历史上是一个产生巨大变化的时期，这些巨变不但

1　Third Earl of Shaftesbury, *Characteristics of Men, Manners, Opinions, Times*, 323.

发生在社会和政治层面，而且也显著地呈现在文化和艺术层面。根据盖耶的看法，"漫长的19世纪"可以从1789年法国大革命一直延伸到1914年第一次世界大战的爆发。[1]这种划分相当有道理，因为重要的政治事件对艺术和美学有深刻影响。但对美学史研究来说，仅仅注意到外部重大事件的编年史意义是不够的。夏皮罗曾提出，艺术史的分期有三种主要路径，政治朝代分期（如奥托王朝、都铎王朝等）、文化分期（如中世纪、哥特式、文艺复兴等）和美学分期（罗马式、风格主义、巴洛克等）。[2]在他看来，后两种尤其是第三种比较切合艺术自身的历史演进。同理，我们也应在兼顾诸如法国大革命和第一次世界大战这样重大政治事件的同时，寻找美学史演变的内在逻辑及其嬗变的时间节点。从美学大观念来看，可以把19世纪的一百年区分为两大阶段，即上半叶以浪漫主义为主潮，下半叶则是现代主义的一统天下。如伯林说的那样，"浪漫主义的革命是西方生活中一切变化中最深刻、最持久的变化"[3]，现代主义亦可视为浪漫主义的延伸或余脉。正像所谓"浪漫派"并非特指浪漫主义者一样，现代主义者就带有鲜明的浪漫主义气质。[4]因此，我们不妨把19世纪统称为"浪漫的世纪"。

相较于德国浪漫主义美学和唯心主义美学的崛起，19世纪英语美

---

1 Paul Guyer, *A History of Modern Aesthetics, Volume 2: The Nineteenth Century* (Cambridge: Cambridge University Press, 2014), 1.
2 Meyer Schapiro, "Criteria of Periodization in the History of European Art," *New Literary History*, Vol. 1, No. 2 (1970): 113.
3 Isaiah Berlin, *The Roots of Romanticism* (Princeton: Princeton University Press, 1999), xiii.
4 比如据维尔默的看法，西方近代以来有两种现代性，一种是"启蒙现代性"，另一种是"浪漫现代性"。后者包括德国浪漫派、黑格尔、尼采、青年马克思、阿多诺以及大多数现代艺术。Albrecht Wellmer, *The Persistence of Modernity* (Cambridge: MIT Press, 1991), 86–87.

学缺少18世纪那种独领风骚的气派。某种程度上说,这个世纪德国美学独占鳌头,它深刻影响了欧陆和英伦。盖耶直言,美学史上的19世纪始于何处的问题,实际上就是德国美学如何开始的问题。他甚至认为,同样对这一时期美学有所贡献的许多英国文人和哲学家,都是在德国美学影响下,尤其是谢林的唯心主义美学庇荫下做研究的。[1] 但无可否认的是,此一阶段的英语美学亦有自己的传统和贡献。由于英国工业革命走在前面,现代性作为一个改变社会的巨大动因,在英国比在其他地方更加强烈地为人所感知。诚如马克思19世纪中叶在《共产党宣言》中对现代性的精辟论断:

> 生产的不断变革,一切社会状况不停的动荡,永远的不安定和变动,这就是资产阶级时代不同于过去一切时代的地方。一切固定的僵化的关系以及与之相适应的素被尊崇的观念和见解都被消除了,一切新形成的关系等不到固定下来就陈旧了。一切等级的和固定的东西都烟消云散了,一切神圣的东西都被亵渎了。人们终于不得不用冷静的眼光来看他们的生活地位、他们的相互关系。[2]

马克思的这一论断是对现代社会形态的精准描述,对文化和艺术的现代发展变化来说也同样适用。换言之,在文化和艺术领域,同样有一个急剧变动的趋势。波德莱尔从另一个角度对此做出了分析:"现代性就是过渡、短暂、偶然,就是艺术的一半,另一半是永恒和不变。"[3] 可以想见,处于这样一个急剧变动的社会和文化中,曾经奉为

---

[1] Paul Guyer, *A History of Modern Aesthetics, Volume 2: The Nineteenth Century*, 2–3.

[2] 马克思、恩格斯:《共产党宣言》,《马克思恩格斯选集》(第一卷),第254页。

[3] 波德莱尔:《波德莱尔美学论文选》,郭宏安译,人民文学出版社1987年版,第485页。

圭臬的许多传统美学观念,也就是波德莱尔所说的"永恒与不变"的原则,比如模仿原则,现在却变得令人质疑了,取而代之的是作为"过渡、短暂和偶然"的表现原则。

尽管现代始于文艺复兴,但真正导致传统和现代或古典终结的时间节点却是19世纪。浪漫主义作为一种思潮,一种时代精神,一种美学立场,经过18世纪后期的酝酿,在19世纪的欧洲迅速蔓延开来。[1] 关于浪漫主义的文化特质或思想倾向,历来存在不同认知,究其与启蒙运动的关系,就存在着反启蒙、肯定启蒙或两者兼而有之的不同论断。我主张在现代性的张力关系中来看待浪漫主义。自18世纪以降,随着社会变革加剧,西方社会中出现了充满张力的两种现代性。一种可称之为"启蒙现代性"或"社会现代化",比如马克思所揭橥的资本主义工业社会,韦伯分析的工具理性、科层化和计算的资本主义特征等。另一种是对此进行抵抗、批判的浪漫(或审美)现代性,是对社会现代化的黑暗面或消极面的抵制和抗拒。[2] 所以,浪漫主义自身带有一系列激进的、反传统的特质。有学者曾对浪漫主义的特质加以总结,主张用一系列概念或关键词来概括其精神特质,诸如想象力,情感崇拜,主观性,对自然、神话和民间传说的兴趣,象征主义,世界之痛,异国情调,中世纪风,修辞等等。[3] 从这些浪漫主义共有的

---

1 据韦勒克研究,浪漫主义的概念1798—1824年在英国出现,1796—1820年在德国出现,而在法国出现较晚,要到1830年以后。参见 René Wellek, *Concepts of Criticism* (New Haven: Yale University Press, 1963), 128ff.

2 参见周宪:《审美现代性批判》,商务印书馆2005年版,第136—155页。Michael Löwy and Robert Sayre, *Romanticism Against the Tide of Modernity* (Durham: Duke University Press, 2001).

3 Henry Remak, "West European Romanticism: Definition and Scope," in *Comparative Literature: Method and Perspective*, eds. by Newton P. Stallknecht and Horst Frenz (Carbondale: Southern Illinois University Press, 1971), 275–311.

美学风格特征可以看出，它在很多方面是与古典主义及其美学原则针锋相对的，带有强烈的颠覆性和反叛性。

尽管浪漫主义有早期与后期之分，英伦浪漫主义可以说与德国浪漫主义并驾齐驱，互相影响。不同于德国浪漫主义偏重于哲学美学，英伦浪漫主义更加倾向于文学艺术的具体实践，尤以浪漫主义文学最为彰显，华兹华斯、柯尔律治、雪莱、布莱克、透纳、康斯坦布尔等一大批浪漫主义诗人、画家应运而生，声名远播。面目一新的浪漫风格不断向已有的美学和艺术批评提出严峻挑战，这就形成浪漫主义英语美学的一个显著特点，那就是美学讨论更多不是在哲学层面，而是集中在文学艺术批评中。德国的情况是，一方面，施莱格尔、歌德、席勒、诺瓦利斯、赫尔德等作家诗人，努力追求一种偏重于哲学思辨的批评话语；另一方面，一大批思想新锐的唯心主义哲学家深耕美学，诸如谢林、黑格尔、叔本华等，创造了许多宏大的体系化美学理论。所以，19世纪德国美学以其哲学思辨为显著标志。有别于德国式的哲学体系，英伦走的是较为经验主义的批评之路，出现了不少浪漫主义批评家及其批评理论，除了上面提及的诗人批评家之外，还有哈兹利特、卡莱尔、亨特、罗斯金、阿诺德等不少著名批评家驰骋文艺疆场。从英语世界来看，美国的崛起亦使北美的浪漫主义文学艺术和理论开始产生影响，爱默生、梭罗、哈德逊画派等渐成气候。这就构成了19世纪上半叶浪漫主义英语美学知识形态的批评话语特点。

虽然浪漫主义成为19世纪占据主因的美学思潮，但这一时期的不少观念和议题实际上延续了18世纪英语美学的传统，但受到浪漫主义的深刻影响，一些问题的讨论也出现了些许变化。举例来说，在19世纪，"如画"（picturesque）的命题就有一个从园林居家小景向更加宏阔的自然大景观的演变。有学者指出，浪漫主义的视觉性中内含了一个从"如画"到"全景"（panorama）的转型。[1]浪漫主义视觉性的这一深刻转变直指"奇观"效果，曾经主宰艺术的让人静思默想的普桑式优美风景，在浪漫主义精神感召下，日益让位于奇观性宏大风景。"全景"范畴内含浪漫主义者对自然本身的崇拜和敬畏，更体现出某种主体性特征，倾向于追求通过心灵而产生的想象性宏大景观。这一点在风景画的风格嬗变中体现得最为显著，只消比较一下荷兰风景画和透纳的风景画，便可清晰地看出"如画"意涵的深刻转变。在透纳的风景中，壮阔场面和想象奇观异常突出，其视觉效果绝非自然景观的忠实描绘所能达到。在北美哈德逊画派中，尤其是比耶施达（Albert Bierstadt）的西部风景，场面恢宏壮阔，野性十足，展现出北美原始的自然景观，带有强烈的视觉冲击力，其浪漫的视觉想象力得到了充分展现。有趣的是，这种浪漫主义视觉性不仅体现在视觉艺术中，亦彰显于浪漫主义诗歌里。湖畔派诗人的诗作和批评均呈现出对这种并非优美而是偏向于崇高特质的风景的追索。华兹华斯长期生活在湖区，并撰写《湖区指南》，他对这一令人心旷神怡的自然景观的崇高感做了生动而富有情感的描述：

> 可以肯定地说，如果美与崇高并存于同一个物体中，而且这个物体对我们来说是新事物，崇高总是先于美让我们意识到它的存在……至关重要的是，我们应以心灵最崇高的感觉和最神圣的力量准确地考虑自然的形式，并且，如果用语言描述，这个语言则应证

---

[1] 参见Sophie Thomas, *Romanticism and Visuality: Fragments, History, Spectacle* (London: Routledge, 2008), 1–19。

明我们了解几个宏伟的法则，根据这些法则，这些对象应永远影响心灵。在目前这个并不重要的时刻，我认为自己有理由呼吁读者听一些关于这两个主要法则的内容：崇高法则和美的法则。[1]

从"如画"到"全景"，不但是美学风格的深刻改变，更反映出浪漫主义追求"绝对"和"无限"的强烈冲动。作为一个形而上的哲学范畴，绝对就是"一切条件之无条件总体性"，用诺瓦利斯的话来说："唯一的整体就是绝对。""宇宙乃是绝对的主语，或是一切谓语的总体性。"[2] 这个观念虽有鲜明的德国哲学特色，但在英语世界亦是一个浪漫主义美学的核心观念。在德国，深受斯宾诺莎和康德的启迪，绝对乃是一个整体而非聚合，它统摄从物质到精神的一切，而任何有限的具体的事物不过是绝对某一方面的呈现而已，有限乃是无限之呈现。恰如有学者指出的："浪漫主义的另一个主要价值在于统一性或总体性。浪漫主义以两种包罗万象的总体性来假定自我的统一：一方面是整个宇宙或自然，另一方面则是人类世界，是集合在一起的人类。"[3] "绝对"是遥不可及的，但艺术却是人接近"绝对"最有效的路径之一。这种哲学观念也深刻影响了英语国家的浪漫主义者。正是对"绝对"或"无限"的追索，使得浪漫主义美学讨论的话题以及浪漫主义艺术的风格迥异于古典艺术及其美学。所以，在浪漫主义艺术和美学中，总有一种挥之不去的"还

---

[1] William Worthworth, "The Sublime and the Beautiful," in *The Sublime Reader*, ed. by Robert R. Clewis (London: Bloomsbury, 2019), 178.

[2] https://plato.stanford.edu/entries/aesthetics-19th-romantic/#Abso. Philippe Lacoue-Labarthe and Jean-Luc Nancy, *The Literary Absolute: The Theory of Literature in German Romanticism* (Albany: SUNY, 1988).

[3] Robert Sayre, *Romanticism Against the Tide of Modernity*, 25.

"乡"情结，一种对失去的宝贵精神本源的忆念，一种以超验形式出现的安顿心灵的哲学倾向。无论你喜欢与否、赞成与否，浪漫主义美学都代表了那个时代的哲人与艺术家对现代性的"大转变"（波兰尼语）的某种回应。

浪漫时期的美学的另一个显著特征是对古典艺术规则和原理的质疑与颠覆。这体现在诸多方面。其一，对艺术分界的古典美学的颠覆，形成了浪漫主义美学特有的融合论倾向。从古希腊罗马古典时期到文艺复兴，一直到启蒙运动，各门艺术分界的原则被反复讨论，它最集中地反映在莱辛的《拉奥孔》中。由于浪漫主义美学注重想象力、天才及其个性化，显然无法就范于严格的古典规范。正像白璧德所发现的，浪漫主义最核心的美学观念是所谓"自发性"，"自发性"乃是对各种可能性甚至不可能性的探索，因而在浪漫主义的美学和艺术实践中，各门艺术的跨界融合是不可避免的。[1] 这一转变可以在英语美学的诸多文献中看出。此时出现了布莱克这样在绘画和文学两个领域同时出击的跨界艺术家，他在两个领域都取得了令人瞩目的成就。其二，浪漫主义美学实现了从模仿到表现的观念转型。18世纪美学基本上仍在古典的模仿原则下运作，各门艺术的美学合法性及其优长往往都需要根据模仿原则来判定。浪漫主义一改模仿为先的美学观，将艺术家情感表现提到了至高地位。"一切好诗都是强烈情感的自然流露"[2] 成为浪漫主义最有影响力的口号，由此实现了西方艺术从模仿再现向表现的激烈转型，并为后来的现代主义登场奠定了坚实的美学根据。其三，音乐在各门艺术中独占鳌头，成为浪漫主义美学观

---

[1] Irving Babbitt, *The New Laokoon: An Essay on the Confusion of the Arts*.
[2] 渥兹渥斯（又译为"华兹华斯"）：《〈抒情歌谣集〉序言》，曹葆华译，刘若端编《十九世纪英国诗人论诗》，第6页。

念最有力的表征形式。在古典美学中，文学或诗具有无可争议的至高地位，其他艺术都从文学中汲取灵感和表现技法，比如菲狄阿斯从荷马史诗中学会了描绘头发等等。而亚里士多德的"诗学"乃是涵盖各门艺术的美学"圣经"。根据雅各布森的看法，文艺复兴时期的艺术以视觉艺术为主导范式，而浪漫主义的艺术则以音乐为主导范式。[1]其实，音乐地位的浪漫主义提升，是与模仿原则的衰落密切相关的。艾布拉姆斯认为，音乐是第一个从模仿的古典美学共识中分离出来的艺术门类。[2]我认为，音乐的非模仿原则的确认其实正好对应于浪漫主义情感表现的美学指向，音乐的表现性或非模仿性使之超越了文学、绘画、戏剧、舞蹈等其他艺术，成为浪漫主义美学观念的最佳载体。这种转变最集中地体现在佩特的一个经典表述中——"所有艺术都不断地期盼走向音乐状态"[3]。这一名言不啻19世纪英语美学最经典的表述之一。

如果我们把浪漫主义视作一种美学意识形态而非艺术运动，那么，可以说19世纪后半叶的现代主义运动仍可看作是浪漫思潮的余绪。由于现代主义艺术是一个包罗万象的复杂的文化运动，因而这一时期并没有体系化的美学理论。不过，有影响有特点的美学观念却时常涌现，英语美学中最有影响的当数以佩特、王尔德为代表的唯美主义美学。虽说18世纪在夏夫兹博里那里，已出现了审美无功利观念的萌芽，但严格地说，这一观念彻底诉诸艺术实践和美学理论话语，最终是在唯美主义阶段完成的。唯美主义兴起于维多利亚

---

[1] Roman Jakobson, "The Dominant," in *Language in Literature* (Cambridge: Harvard University Press, 1987), 42.

[2] M. H. Abrams, *The Mirror and the Lamp* (Oxford: Oxford University Press, 1953), 92.

[3] Walter Horatio Pater, "The School of Giorgione," https://victorianweb.org/authors/pater/renaissance/7.html.

后期，从外部来看受到法国戈蒂耶、库申等人"为艺术而艺术"主张的启示，从内部来看则受到拉斐尔前派艺术主张的影响。唯美主义在19世纪70—80年代达致鼎盛阶段。其美学经典是佩特的《文艺复兴：艺术与诗的研究》，他的学生王尔德则成为这一思潮的重要推手。唯美主义颠倒了古希腊以来作为永恒美学规则的模仿传统，依据王尔德的看法，真实的现实生活中并无美可言，唯有艺术家才能发现并表现美。他提出了唯美主义三个基本原则：第一，"艺术除了表现它自身之外，不表现任何东西"；第二，"一切坏的艺术都是返归生活和自然造成的，并且是将生活和自然上升为理想的结果"；第三，"生活模仿艺术远甚于艺术模仿生活"。他的结论是："艺术本身的完美在于她内部而不在外部。她不应该由任何关于形似的外部标准来判断。"[1] 从夏夫兹博里到康德，从巴托到戈蒂耶和佩特，最终在王尔德那里完成了审美无功利或艺术自主性的理论旅程。早期浪漫主义提出的真善美统一的观念，在王尔德手中出现了分道扬镳的迹象。唯美主义的激进主张为19世纪英语美学画上一个句号，同时又开启了20世纪声势浩大的形式主义艺术和美学潮流。脱离唯美主义，很难设想弗莱和贝尔的形式主义艺术理论，也很难设想英美新批评，甚至像俄国形式主义、布拉格学派等，都与唯美主义存在着或隐或显的理论谱系关系。

作为一个大转变时期的美学，19世纪上承18世纪，下启20世纪，实现了社会、文化和艺术的现代性的转型，因而这一时期的英语美学，既有承前启后的历史连续性特征，又有转折性的历史断裂特质。

---

[1] 王尔德:《谎言的衰朽》，杨恒达译，赵澧、徐京安主编《唯美主义》，第142—143、126页。

分析的世纪

说到20世纪英语美学的知识生产，有两个显而易见的特点不可小觑。其一，英语作为全球通用语言成为现实，大英帝国的衰落和美国的崛起，改变了西方知识生产的大格局。任何其他西方语文都成了地方性语言，其文化也就同样属于地方性文化，知识亦是地方性知识。在20世纪西方知识生产的格局中，英语自然而然地成为最重要的载体。其二，在这样的语言政治格局中，英语美学似乎超越了其他语言，成为20世纪西方美学最重要的舞台。虽然有美学史家认为美国在20世纪以前几乎没有自己的美学传统，美国美学始于1896年桑塔亚纳的《美感》一书，[1]但从英伦视角来看，恰如《不列颠美学杂志》主编狄费坦言，《美学与艺术批评杂志》历史长于前者，空间篇幅也更大，因而可以发表更多长文，美国美学研究者人数也远超英国，亦有不少英国知名美学家加盟美国高校。更重要的是英美国土面积和学术人口的悬殊对比，他甚至调侃地说，英伦美学较之于美国就相当于加州对美全国。[2]所以，如果说18世纪西方美学是英、德、法并驾齐驱，19世纪是德语美学独树一帜，那么，20世纪出现了美利坚主导的势头，许多欧陆重要的哲学思潮和美学观念也在美国生根开花并产生回响。

我们尚可找出某一核心概念来概括18、19世纪英语美学的总体性，复杂多样的20世纪英语美学却难以概括。在哲学上，有人用"分

---

[1] 盖耶在其《现代美学史》第三卷中写到，19世纪美国尚未形成美学的学术传统，所以桑塔亚纳的《美感》可视为美国美学的一个起点。参见 Paul Guyer, *A History of Modern Aesthetics, Volume 3: The Twentieth Century* (Cambridge: Cambridge University Press, 2014), 235。

[2] T. J. Diffey, "On American and British Aesthetics," *The Journal of Aesthetics and Art Criticism*, Vol. 51, No. 2 (Spring, 1993): 171.

析的时代"来称谓20世纪哲学[1]，亦有人采用它来描述20世纪美学[2]。这种说法有一定道理，它标示了这一时期占据主导地位的哲学主潮（主导趋势），尤其是在英美国家，"二战"以后分析哲学成为最具影响力的哲学思潮。然而具体说来，20世纪远比前两个世纪复杂得多。从大的方面来看，上半叶和下半叶各有一个主导性的美学派别，前者是所谓表现论美学，后者则是分析美学。表现论美学深受意大利哲学家克罗齐的影响，在英国以科林伍德为代表，故称"克罗齐-科林伍德表现论"。分析美学受到英美分析哲学，尤其维特根斯坦的理论的影响，但随着"法国理论"的登场，英语美学界广泛地出现了自索绪尔以来的"语言学转向"。从小的方面来看，这一时期的美学理论潮流至少包含了如下重要派别：表现论、形式论、审美论、分析美学、体制论、语境论等。[3]

形式主义美学和表现论美学都有其19世纪的历史渊源。形式主义美学的代表人物是世纪初"布鲁斯伯里群体"的弗莱和贝尔，两人均为艺术批评家或艺术史家出身，从造型艺术（尤其是后印象派）入手进入美学理论领域，并以"有意味的形式"观念深刻影响了英语美学。"二战"前后，随着美国抽象表现主义的突起，格林伯格重新举起形式主义美学的大旗。历史地看，形式主义美学继承康德的审美无功利论和自由美的观念，但在英语美学系统中也有两个源头。其一是始于夏夫兹博里的审美无功利理论。有研究表明，审美无功利性观念最早出自夏夫兹博里，时间是18世纪头十年。"当夏夫兹博里提出

1　参见M. 怀特:《分析的时代：二十世纪的哲学家》，杜任之等译，商务印书馆1981年版。
2　参见Timothy M. Costelloe, *The British Aesthetic Tradition: From Shaftesbury to Wittgenstein*。
3　参见Stephen Davies & Robert Stecker, "Twentieth-century Anglo-American Aesthetics," in *A Companion to Aesthetics* (Oxford: Wiley-Blackwell, 2009), 61–72。

'无功利性'概念时,是朝向把无功利性作为一种独特经验模式的方向迈出的第一步,同时又是至关重要的一步。这种经验模式在西方思想中是一个全新的概念。"[1]其二是佩特和王尔德等人的唯美主义美学观。当然,如果从欧洲更大的美学传统来看,还有更为复杂的历史渊源。从18世纪末康德的审美无功利性和自由美的理论,到19世纪末20世纪初德国的艺术史论(费德勒、李格尔、沃尔夫林),其"形式意志"的主张直接开启了形式主义美学;心理美学和格式塔美学的出现也在相当程度上推助了形式主义美学的流行;而绝对音乐及其音乐形式美学(汉斯立克等),亦是很有影响的美学理论。

形式主义的基本立场是强调艺术形式乃是思考或评价艺术作品的核心范畴,无论优美、崇高、如画或悲剧、喜剧甚至丑,都可以从形式角度来探究,至于艺术风格或艺术批评的价值评判,都是基于形式所构成的审美特质。形式不但是一个用于分析的描述性范畴,还是一个价值判断的规范性概念。构成形式主义美学的核心理念是审美无功利性、艺术自主性和艺术纯粹性。无功利性是将审美从宗教、伦理和社会的利益关联中分离出来,自主性则是由于上述分离而形成的艺术作为一个独立的文化领域合法性的根据,纯粹性既是现代艺术所追求的某种理想目标,同时也是现代主义艺术大风格的显现。纯粹性最经典的表述是格林伯格的激进的分化论,他在《走向更新的拉奥孔》和《现代主义绘画》中不断重申一个原则,那就是每门艺术必须通过找到自己安身立命的根基来区别于其他艺术,因此绘画首先要改变依附于文学的局面,摒除诸如文学主题、历史或叙事等;其次必须和雕塑

---

[1] Jerome Stolnitz, "On the Origins of Aesthetic Disinterestedness," *The Journal of Aesthetics and Art Criticism*, Vol. 20, No. 2 (Winter, 1961): 138.

分道扬镳，放弃文艺复兴以来所追求的在平面上创造深度幻觉的传统，回到绘画自身独有的平面性上去。他写道："每门艺术都不得不通过自己特有的操作来确定非它莫属的效果。……自身批判就变成这样一种工作，即保留自身所具有的特色效果，而抛弃来自其他艺术媒介的效果。如此一来，每门艺术将变成'纯粹的'，并在这种'纯粹性'中寻找自身质的标准和独立标准的保证。'纯粹性'意味着自身限定，因而艺术中的真实批判剧烈地演变为一种自身界定。"[1] 曾经在浪漫主义美学中的各门艺术跨界与融合的理想，在现代主义纯粹性的追求中遭遇了严峻挑战。

作为一种美学观念，形式主义美学与传统美学中的形式理论并不是一回事。福柯曾经说过，形式主义是20世纪欧洲"最强大、最多元化的思潮之一"[2]。作为一种美学观念而非美学方法，它完全是现代性的产物。韦伯在其现代社会价值领域分化的经典理论中特别说到，随着宗教和世俗的分离，作为审美判断的宗教兄弟伦理便失去了有效性，而形式及其审美愉悦作为一个美学标准便被合法化了。[3] 如果说韦伯的理论是从长时段揭示了宗教与世俗的分离，为艺术的形式及其审美愉悦提供了社会条件，那么，可以肯定地说，形式主义美学的主要阐释对象是现代主义艺术。20世纪初的英国形式主义美学主要关注对象是后期印象派（塞尚、凡·高等）；而20世纪中期的美国形式主义美学则着力于解释抽象表现主义（波洛克、罗斯科等）。或许可以这样来解释，韦伯所分析的宗教衰落为形式主义美学站稳脚跟提供了历史条件，而现代主义艺术突出的特征——实验与创新——为形式主

---

[1] 格林伯格：《现代主义绘画》，周宪译，周宪编《激进的美学锋芒》，第205页。
[2] 杜小真编：《福柯集》，王简等译，上海远东出版社1998年版，第485页。
[3] H. H. Gerth and C. Wright Mills (eds.), *From Max Weber: Essays in Sociology*, 340–343.

义美学提供了艺术的土壤。于是形式主义美学成为阐释现代主义艺术有效的理论工具。

照沃尔海姆的看法,形式主义美学有显性和隐性之分。如果我们把弗莱、贝尔和格林伯格等人的理论视作显性的形式主义美学,那么实际上还存在着许多隐性的形式主义美学。如前所述,德国移情论和格式塔论心理美学推助了形式主义美学的流行,在英国,布洛的审美距离理论或许是对审美无功利概念的心理学说明。从这个意义看,形式主义美学涵盖了许多看似不同的理论主张,它们具有"家族相似"的特点。

限于篇幅以及国内已有较多讨论,表现论美学这里就不再展开,我们直接进入20世纪下半叶占据主导地位的分析美学及其相关理论的讨论。毫无疑问,20世纪在人文学科中最重要的变化莫过于"语言学转向"。1967年罗蒂在其主编的《语言学转向》一书中直言:"由于传统哲学(此观点并未消失)在相当程度上一直力图在语言下面去挖掘语言所表达的东西,因此认可语言转向也就是预设了如下真实论题,这种挖掘是找不到任何东西的。"[1] 1992年该书再版,罗蒂进一步明确了这个说法的确切意涵:"语言学转向对哲学的独特贡献……在于帮助完成了一个转变,那就是从谈论作为再现媒介的经验,向谈论作为媒介本身的语言的转变。"[2] 如果把这些原理运用于美学研究,那么,语言学转向意味着从对美、崇高、审美经验、审美态度等问题的讨论,转向如何运用语言来讨论这些问题。如果不厘清所用的语言及其用法,任何美学问题的讨论都是无意义的,用维特根斯坦的经典说法

---

[1] Richard Rorty (ed.), *The Linguistic Turn: Essays in Philosophical Method* (Chicago: University of Chicago Press, 1992), 10.

[2] Ibid., 373.

是——"一个词的意义就是它在语言中的用法"[1]。语言学转向的目标是彻底扭转美学研究的思维方式，将传统的美学问题和范畴一股脑地并入所用语言及其用法的讨论，这被认为是一种缩小甚至取消美学问题的思维范式。

索绪尔关于语言人为约定性和差别产生意义的观念，从更为深广的层面上揭示了一个事实，人是通过语言来建构自己的现实，规定所讨论的问题，所以语言决定了我们对问题的理解。从索绪尔到维特根斯坦，再到巴特、德里达和福柯，以建构论为基础的话语理论成为人文学科最具颠覆性的思潮，不但美学讨论的问题彻底改变了，而且其方法论和思维方式也为之一变。在我看来，假如说20世纪英语美学是一个分析的时代，一方面是指语言分析哲学的影响，另一方面也包含了以"法国理论"为标志的后结构主义美学。前者来自维特根斯坦的语言分析哲学，后者源自福柯、德里达、巴特等人的话语或文本理论，它们合力作用，共同奠定了英语美学乃至西方美学语言学转向的大语境。

其实，我并不看好恪守维特根斯坦语言分析的美学研究，由于拘泥于语言的技术和逻辑层面的解析，不但取消了美学的固有传统问题，而且遏制了美学原本具有的思想性，流于一些语言语法的逻辑的或修辞的技术性考量。倒是受到后期维特根斯坦哲学研究启发的其他理论似乎显得更具建设性和解释力。这些理论包括两种最有影响的类型：一种是所谓认知论美学，主要人物是古德曼和沃尔海姆；另一种是所谓语境论或体制论美学，代表人物有丹托和迪基等。从认知论美学来看，1968年两本标志性的美学著作面世，即古德曼的《艺术语言》和沃尔海姆的《艺术及其对象》。这两部著作深受维特根斯坦后

1　Ludwig Wittgenstein, *Philosophical Investigations* (Oxford: Blackwell, 1958), § 43.

期哲学观念的影响,即从关于语言用法及其具体语境的作用,到生活形式的理论等等。一般认为,这两部著作改变了分析美学的走向,即不再把艺术品作为游离于艺术家或创作环境的自在物,抛弃了传统的心理学或审美态度研究,转向艺术品特性与艺术传统、惯例、实践和艺术家意图关系的探究。即是说,艺术研究从抽象的逻辑的讨论,返归具体的历史文化语境来讨论。"对这些问题的历史语境化的、社会学的说明,取代了对艺术及其欣赏非历史的、心理学的分析。对于沃尔海姆而言,显然是强调艺术的历史特征,对古德曼来说,则源自他对与符号系统的惯例相关的艺术同一性的说明,以及首先作为认知的艺术价值的说明。……强调艺术是构造世界的一种方式,并建议说,'何时是艺术?'的提问,比'何为艺术'更有趣也更有价值。"[1] 从"何为艺术"到"何时是艺术",古德曼抛弃了种种"美学纯粹主义"的空谈,尤其是那些看似合理却常常走入误区的对艺术品纯粹内在特性的追求,回到了艺术品再现、表现和例证的具体情境中来。这与维特根斯坦所强调的"一个词的意义就是它在语言中的用法"观念如出一辙。他写道:

真正的问题不是"什么对象是(永远的)艺术作品?",而是"一个对象何时才是艺术作品?"或更为简明一些……"何时是艺术?"

我的回答是……一个对象也是在某些而非另一些时候和情况下,才可能是一件艺术作品。的确,正是由于对象以某种方式履

---

[1] Stephen Davies & Robert Stecker, "Twentieth-century Anglo-American Aesthetics," in *A Companion to Aesthetics*, 67.

行符号功能，所以对象只是在履行这些功能时，才成为艺术作品。……只有当事物的象征性功能具有某些特性时，它们才履行艺术作品的功能。[1]

提问方式的转变就是思维方式的转变，抽象地追问何为艺术是不可能有解的，于是，古德曼提倡把注意力从"什么是艺术"转向"艺术能做什么"。最终，他将"何时是艺术"的提问，关联到更为广阔的"构造世界的多重方式"的问题上来。他相信，"一个对象或事物如何履行作品的功能，解释了履行这种功能的事物是如何通过某一指称方式，而参与了世界的视像和构造的"[2]。

另一种从"意义即用法"观念中生长出来的颇有影响的美学理论，是所谓语境论或体制论。这一理论的发明者是丹托，代表性的观念是其"艺术界"理论。丹托的艺术界理论显然是面对当代艺术提出的严峻挑战时所做的回应，随着现代主义和先锋派的反叛和颠覆，尤其是后现代主义及其波普艺术混淆了现代主义刻意为之的艺术与日常生活界限时，"何为艺术"的问题变得更难以回答。在艺术终结论的谱系中，丹托创造性地提出，艺术史理论所建构的"理论氛围"乃是艺术界视某物为艺术品的关键所在。"将某物视为艺术要求某种眼睛看不见的东西——某种艺术理论的氛围，某种艺术史的知识：艺术界。"[3]"最终确定一个布里洛盒子和一件由布里洛盒子构成的艺术品之间差别的，乃是某种艺术理论。正是这种艺术理论将布里洛盒子带

---

[1] 纳尔逊·古德曼：《构造世界的多种方式》，姬志闯译，第70—71页。

[2] 同上，第74页。

[3] Arthur C. Danto, "The Artworld," in *Aesthetics: The Big Questions*, ed. by Carolyn Korsmeyer, 40.

入艺术界,并使之区别于与其所是的真实物。"[1] 不同于古德曼强调对象的符号功能,丹托似乎更加倾向于从主体及其语境来思考何为艺术。虽然这里所说的艺术理论或艺术史知识有些含混,它实际上是指拥有这些理论知识的人所构成的艺术共同体,会以某种方式授权某物以艺术品的资格。举个最简单的例子,一旦某个艺术展览接受并展出了某个物件,这种授权的命名也就实际发生了。依我之见,这种理论受到库恩关于科学共同体及其范式理论的启迪。库恩的"科学共同体"概念对应于丹托的"艺术界",前者的"范式"概念对应于后者的"理论氛围"。按照库恩的理论,科学革命乃是范式的演变,范式则是一个科学共同体所共有的东西,从概念到形而上信念,从价值观到研究范例,"一方面代表特定共同体成员所共有的信念、价值、技术等等构成的整体。另一方面,它指谓着那个整体的一种元素,即具体的谜题解答;把它们当作模型和范例"[2]。换言之,科学共同体正是在特定的范式中从事共同的科学事业,因而科学的革命也就是范式的转变。反观丹托的艺术界,他认为艺术理论标识了人们处在特殊领域中并关注什么,这与物理学、化学对科学共同体的划界功能如出一辙。新理论标识了新现象,或者反过来说,新艺术现象催生了新艺术理论,并以此来获得对新艺术现象的合法性及其理论阐释的有效性。这就是丹托所说的"氛围",它虽然看不见,但却实实在在存在着,并引导艺术界中各种行动者(美学家、批评家、策展人等)。理论知识所造就的艺术家的"氛围",其实就是库恩所说的科学共同体所共有的"范式"。三十多年后,

---

1 Arthur C. Danto, "The Artworld," in *Aesthetics: The Big Questions*, ed. by Carolyn Korsmeyer, 41.

2 托马斯·库恩:《科学革命的结构》,金吾伦、胡新和译,第157页。

丹托进一步明确了他的艺术界观念:"批评也就是理由的话语,加入这个理由话语就规定了艺术体制论的艺术界:把某物视作艺术也就是准备按照它表达什么及如何表达来解释它。"[1] 语境论或体制论后来吸引了不少美学家甚至社会学家,逐渐发展成为20世纪下半叶重要的美学理论,它典型地反映了语言学转向对美学思维方式的重构,与维特根斯坦后期哲学、库恩的科学哲学、福柯的话语理论等,不是理论渊源关系,便是谱系对应关系,彰显出"分析时代"的美学分析的典型征候。

平心而论,在20世纪西方人文学科的场域里,较之于文学理论或艺术史论或文化研究,美学是一个相对保守的知识领域。在其他领域已经被讨论得热火朝天的观念和方法,往往慢几拍并被层层过滤后才渗入美学领域。语言学转向不但体现在上述比较折中主义的理论中,也逐渐形成了一些比较激进的理论分支,诸如生态美学、女性主义美学、后殖民美学等等,它们都是语言学转向及其建构主义的主流思维方式的必然结果。换言之,从索绪尔语言的约定性原理,到维特根斯坦"意义即用法"的观念,再到福柯"话语之外无他物"的主张,皆为语言建构(即话语)之产物。因此,后现代主义的登场、被忽略了的自然美、面临严峻挑战的生态危机、欧洲中产白人男性异性恋的价值观主导、底层和少数族裔的文化身份等问题,均在是在美学知识场域中经由看似科学的学术语言建构出来的,揭露真相并予以批判,促成了生态主义、女性主义、后殖民主义等激进美学。这在相当程度上改变了20世纪下半叶英语美学的理论主题,美学的分析哲学导向,也就合乎逻辑地转向了审美的文化政治议题。

---

[1] 丹托:《再论艺术界:相似性喜剧》,殷曼楟译,周宪主编《艺术理论基本文献·西方当代卷》,第255页。

第十二章　西方美学的比较文献学研究

晚清以降，随着西学东渐大潮，西学译介开始以日译本为中介，开始了漫长的"理论旅行"。这时，西方美学也开始了登陆中国的历程，经过相当一段时间的积淀，遂成为中国现代人文学科知识的重要组成部分。由于几代人的不懈努力，西方美学的概念、范畴、命题和研究方法，已深入中国现代美学知识的肌理之中，成为本土美学不可或缺的重要学术资源。

西方美学之于中国美学的意义是多重的。一方面，它为中国现代美学的建构和创新提供了资源，并为中国传统美学的现代转换提供了参照；另一方面，西方美学也演变成本土美学研究的一个独立领域，吸引了许多美学爱好者。相较于西方美学两千多年的漫长历史，中国的西方美学研究只有短暂的一个多世纪，不少西方美学经典业已成为中国学者耳熟能详的文献，成为中国现代美学知识构架的有机组成部分。然而，出于各种各样的原因，中国美学界对西方美学的文献学研究及其资源建设，仍是一个有待开发的领域。比如，我们对西方美学的了解仍有一些盲区和空白；有不少西方美学经典我们未曾接触，甚至完全不了解。国内美学界所撰写的不少西方美学论著，由于缺乏坚实的文献学基础，存在着以下现象，诸如参考文献雷同单一、历史描述和问题设计大同小异、低水平重复现象较为普遍、批判性的观点创新不足等。因此，在今天努力创造中国美学话语体系的大背景下，提倡基础性的西方美学文献学研究，推进西方美学经典的系统译介，提升文献资源建设的水平，就变得十分紧迫了。

本章聚焦于西方美学的比较文献学问题，关注如何在中西两种文化背景中展开经典文献的比较研究。一方面是要搞清楚西方美学经典文献的总体情况，另一方面又必须了解本土对西方美学经典的译介和研究的历史与现状，找出"短板"并补齐"短板"，进而提升本土的西方美学研究水准，拓展新的研究领域，并赢得中国学者更多国际学术话语权。

西方美学文献译介及其问题

晚清以降，中国美学界译介了不少西方美学经典。从学术史的长时段角度看，一个多世纪的西方美学翻译可分为四个阶段。

第一阶段是晚清到民国，这一时期对西方美学文献的译介多限于日译本，且缺乏系统引进，还处在零星介绍阶段。王国维即是一例，其美学研究就引用了康德、叔本华等人的理论和文献，使西方美学成为重构中国美学的一个很有价值的参照系。他独创性地在西方的"优美"和"崇高"之间，提出了一个中国美学范畴"古雅"，这就把中国古典美学与西方美学置入了跨文化比较的结构之中。第二阶段是民国时期，出现了较多、较为系统的翻译和研究。这一时期由于不少学者留学欧美，直接接触到西方美学原著，这就改变了此前流行的依赖日译本转译和研究的局面，很多学者直接从西文原著着手翻译。加之清末民初一大批中国现代大学的建立，西方美学遂成为一些高校的相关课程。时任北京大学校长的蔡元培，直接提出了"以美育代宗教"的理念。民国时期一方面培养了西方美学的研究人才，另一方面也促进了知识界和出版界对西方美学经典的译介和研究。第三阶段是新中国成立后的十七年。这一时期由于西方帝国主义的封锁和意识形态等原因，严格意义上的西方美学译介甚至研究都基本上处于停滞状态，而俄苏美学的译介一度成为热潮。但随着中苏交恶，俄苏美学也不再流行。第四个阶段是改革开放以来四十年，西方美学的不少文献被翻译成汉语，形成了自民国以来的第二次西方美学经典的译介高潮。这一时期随着各种形式的"文化热"和"美学热"，形成了老中青三代薪火相传的本土"美学共同体"，开创了西方美学研究及经典译介和研究的新局面。然而，百多年来中国发展的曲折坎坷，使得西方美学经典的译介和研究系统性和持续性有所不足，经典文献的资料积累和规划都显得比较薄弱。

从著述类型上看，西方美学的译介主要有三类。其一是专著翻译，即完整的一卷本或多卷本著作的翻译，前者如亚里士多德的《诗学》，后者如黑格尔的《美学》三卷四册。专著翻译又分为两种形式，一是单本著作的翻译出版，二是译丛或系列丛书的翻译出版，如20世纪80年代中后期由辽宁人民出版社出版的"美学译文丛书"，2000年以后由商务印书馆出版的"新世纪美学译丛"等。其二是读本或文集翻译，又分为两种形式，一是对西方学者编撰的美学读本或文集的翻译，比如李普曼《当代美学》，另一种是中国学者自己遴选翻译的译文集，比如宗白华的《西方美学名著译稿》、朱立元总主编的《二十世纪西方美学经典文本》四卷本等。其三是单篇论文的翻译，刊行于国内正式出版的学术刊物或书籍中。在1993年以前，由于中国没有加入日内瓦国际版权公约，未经授权的译文翻译较常见，如社科院哲学所美学研究室编译出版的《美学译文》辑刊三期。中国加入公约后,对版权授予和侵权高度重视,这类未经授权的西方美学论文的翻译便越来越少。

历经一百多年好几代人的遴选、翻译和介绍,西方美学最重要的人物和著述有不少已有汉译本。这些西方美学的理论资源,对推进中国的美学研究和知识生产,无疑具有相当积极的意义。老一辈美学家,如朱光潜、宗白华、缪朗山、罗念生等,他们身兼数种角色,既是西方美学的研究大家,亦是系统译介西方美学经典文献的著名翻译家。他们的出色工作,为西方美学经典文献引入中国做了大量基础性的工作。今天,一些有关西方美学经典的知识学和学术史的问题提上了议事日程,促使我们反思一百多年来西方美学的译介工作中的一些问题,更重要的是,今天我们已经有更好的条件来改进和完善这一基础性的工作。

一个多世纪的西方美学译介和研究可圈可点,但也存在着一些不容小觑的问题。首先,西方美学的文献学研究相当薄弱,所以我们对西方美学经典的总体情况仍缺乏完整的了解。在已经译介的文献中,哪些属于经典?哪些是一般性著述?哪些西方美学经典已经进入中国?哪些没进入且我们全然不知?本土学者对这些经典的研究水准如何?已有汉译的那些经典,其原始版本和汉译本情况怎样?不同译本有何差异?这些复杂的问题并没有非常确切的答案。最重要的问题是,本土的西方美学研究是否因为文献不足而造成一些局限?美学学术史的大量事实表明,在本土的西方美学译介中,学者个人的学术兴趣起决定性的作用。一个学者读过什么、知道什么并对什么感兴趣,在很大程度上左右着他对译介目标的选择。再加上译介往往是个人的事情,缺少团队合作,因此充满了偶然性和随机性。近代以来，本土从事西方美学翻译的主要有两类学者，一类学者可称之为博学型学者，另一类则可名之为专一型学者。前者视野开阔，知识面广，兴趣多样，因此所遴选的西方美学经典亦丰富多样；后者的视野和兴趣则相对狭小，只对某些类型的文献感兴趣，且一辈子就执着于某几个文献的译介和研究。另外，还有很多人所共知的原因，导致了西方美学经典的翻译有所局限，比如译介者的西方语文能力、接触到的文献版本和国外研究资料的限制、国内特定的社会政治气候等，都对西方美学经典的汉语译介工作造成了复杂的影响。所以到目前为止，很难说我们已经完整准确地描绘出了西方美学经典的"全景图"。

在过去的一百多年中，西方美学经典译介甚至研究中亦有值得反思的现象，时至今日，特别有必要从文献学和学术史角度来加以反省。首先，从西方美学经典译介的来源文献的历史分布来看，"重现代"而"轻古代"是一个显而易见的不平衡现象。西方古代美学远离当下，在现有的学科体制内，科研项目、成果发表和学术评价等均不如现代美学更有吸引力，加之古代语言的难度（如古希腊语或拉丁语）和古代文化的复杂性，以及古代文献不易获得，所以译介西方美学的古代文献往往是一件费力不讨好的事。凡此种种现实情况，必然导致了西方美学经典中古代文献译介方面的明显不足。

再一个问题是西方语文的差异所导致的不平衡现象。晚清和民国初年时多借重日译本，改革开放以来却是严重依赖英译本，这都带来一些复杂的知识学问题。由于中国外语教育多年来一直是英语独霸天下，而其他西方语文均为所谓"小语种"，同时英语作为全球通用语言，文献的获得也相对容易，因而英语也就成为西方美学经典翻译的主要途径，往往是有英文译本的其他语种文献才有汉译本，所以形成了本土西方美学经典翻译的一个特殊景观。一方面，原文是英文的西方美学经典文献的翻译，远远超过了其他任何语种；另一方面，有英译本的其他西文美学经典，也比较容易译成汉语，而直接从各"小语种"翻译美学经典相对困难。这种从英译本转译成汉语的现象，就带来了很复杂的知识学问题，即英语学界对某一文献的译介、理解和阐释，无可避免地影响到中国学界对该文献的理解和阐释，误读、误解和以讹传讹的情况时有发生。直到最近几年，在许多有识之士的努力下，出现了从西文原文（如德文或法文等）重译这些著述的新趋向，这个还原性的工作其实很有必要，但难度很大，因为"小语种"人才相对较少，而有兴趣从事艰苦的美学翻译的就更是非常有限了。所以，如何鼓励美学研究者多学一门小语种，超越英语主导的局面而回到西方美学经典的原文翻译，乃是未来西方美学经典译介甚至研究的一个难点。

从西学知识学角度说，西方美学经典文献的总目及相关文献的目录学研究，在中国的西方美学研究中也是很薄弱的，所以本土学者对西方美学经典文献的学术史和文献学缺乏深入了解，由此造成了两种最常见的西方美学经典翻译现象。其一是多倚重于一些有双语能力的美学家，他们翻译什么决定了很多人了解西方美学经典的视域，因此西方美学经典译介工作带有一定的个别性和偶然性；其二是跟踪追逐西方学界的风向变化，西方当下流行什么美学理论，就赶紧跟风翻译介绍，失去了中国美学界对西方美学的主动选择权和批判性反思。凡此种种都在提醒我们，本土西方美学的译介和研究亟待改进，一些基础性的工作必须从头开始做起。在青年学者中，犹有必要提倡扎实的西方美学文献学方面的训练，并切实改变读几个汉译本就斗胆放谈西方美学的局面。

本土的西方美学研究的问题

在中国美学界，西方美学的研究大致有三种知识生产类型。第一类是西方美学史研究，这构成了中国近代以来西方美学研究的主要领域，吸引了大批学者，也产出了数量可观、质量却并不高的西方美学史著述。第二类是西方美学的专题研究，聚焦于西方美学的某个专门问题，比如古典美学中的"美""悲剧"或"崇高"，或是现代美学中的"现代性""先锋派"或"艺术终结"问题等。第三类是专人研究，即某个美学家的生平传记和美学思想的研究，比如康德、黑格尔、尼采、海德格尔、本雅明、巴赫金、朗西埃或阿甘本等。

在这三类研究中，西方美学史的研究最热闹，也最多产，体现了本土西方美学研究的主导兴趣和关注焦点。照理说，相较于美学的专题研究和专人研究，美学史研究的难度要大得多，因为美学史研究要掌握大量历史文献，并有深厚的历史学知识，需要对美学的历史演变和发展轨迹做深入分析。尽管如此，美学史还是吸引了很多学者。在南京大学图书馆馆藏的"西方美学"名下，对相关书目的简单统计表明，总数为83种著作中，西方美学史研究的著作多达53种，西方美学专题论著17种，西方美学原著翻译读本或文集13种。这说明，西方美学史著作在中国的西方美学研究领域的数量，多达文献总量的64%。这里，我们有必要追问，为何中国学者热衷于西方美学史的研究？答案是非常复杂的，既有中国学者重史学的传统，又有当代西学知识在本土接受的问题，还有知识生产的文化社会学问题。进一步的问题是，中国学者的西方美学史研究是否建立在足够的原始西文文献基础之上？中国的西方美学史研究水准如何？以亚马逊卓越网上书店和当当网的书目的不完全统计为例，改革开放以来四十年间，中国学者撰写并已出版的西方美学史著作多达40多种,这与西方的情况形成鲜明对比。如果我们检索西方大型数据库或出版社,可见到的西方美学史通史类英文著述(包括英译本)通常不到10种。

  美学史研究通常分为通史与断代史两类。也许是中国传统学术历来重视史学研究的缘故,也许因为中国学者都希望完整把握西方美学的历史嬗变,所以西方美学史研究在中国一直兴盛不衰,老中青三代学者均笔耕不辍,新作纷至沓来。但是,一个令人担忧的问题摆在我们面前,如果把专治西方美学史的学者分为"老一代"和"改革开放一代"两代人的话,从其学术研究的知识准备和积累来说,两代人的治史方式有很大的差异。举朱光潜为例,其西方美学史研究从第一手西文文献入手,进而准确把握西方美学的历史发展;而改革开放以来,许多中青年学者研究西方美学史,则多是利用已有的汉译文献来研究,其局限性是显而易见的。只要对2000年以后出版的10多本西方美学史著作稍加分析,就会发现它们的参考文献差异很小,多限于已有的汉译本,鲜有老一辈学者那样建立在大量第一手西文文献基础上的西方美学史研究。如果进一步对晚近的美学史著作的观点、分析、判断加以比较,不难发现它们之间差异性很小,重复度很高,创新性有待提升。这提示我们,由于西方美学文献资源的束缚和限制,我们的西方美学史研究进展有限,存在着很多低水平的重复之作。所以美学界有一个共识,那就是迄今为止无人超越朱光潜半个世纪前的《西方美学史》,尽管该书留有那个时代的印记。究其原因,对第一手西方美学经典文献的掌握是关键所在。

  反观朱光潜等一代学者,从第一手西语文献出发来研究,直面原始文献,同西方美学家直接对话,其研究保持了很高水准。例如,朱光潜先生独自撰写两卷本皇皇五十多万言的《西方美学史》,为此做了充分的文献学基础工作，翻译了大量西文原文文献。2013年中华书局出版的朱译《西方美术史资料翻译（残稿）》两卷本即是明证，这清楚地说明老一代美学家治史的方式与后辈学者有多么大的不同。诚如朱光潜在其编选凡例中所语重心长坦陈的，翻译这些文献，用意一方面是替《西方美学史》的论点提出根据，另一方面是让读者接触到一些第一手资料，以便进行独立研究和思考。离开了第一手资料，要进行独立的研究和思考几乎是不可能的。

照理说，今天接触西方美学经典应该比朱光潜时代便捷得多，文献来源也丰富得多，但本土西方美学史的文献资源建设工作却不尽如人意。究其原因，一是研究者的西语语言能力所限，二是对文献的重视不够，文献学功夫明显不足，三是我们这个时代"数量重于质量"的风气所致。最后也是最重要的一点，那就是我们尚缺少西方美学经典展开文献学方面的系统研究，不清楚西方美学经典总体状况，更不清楚专治西方美学史的最低文献要求是什么，虽敢闯禁区的勇气可嘉，但限于文献资源短板而总有某些缺憾难以避免。这个事实告诉我们，要使中国的西方美学史研究达到和西方学者对话的水平，甚至引领国际西方美学史研究的风尚，没有丰富扎实的西方美学经典文献学基础，是完全不可能的。

除了美学史研究之外，专题和专人研究也很重要。本土的西方美学专题研究范围广阔，涉及体系、范畴、转向、跨学科等诸多层面。据笔者在CNKI（知网）"中国学术期刊网"做的初步统计显示，键入"西方美学"主题词后，结果是2000年以后的文献量多达2483篇，年发表论文篇数从2000年的94篇，到2009年达最高值180篇，2000—2016年年均发文162篇。按主题排序，排在前20篇的主题分别涉及：主体间性、艺术本质、审美教育、翻译、美学史的不同分期、中国接受、马克思《1844年经济学哲学手稿》、对西方美学的误读、德国古典美学、方法论、历史观等；按高被引排序，前20篇研究的主问题涉及范围有：生态美学、实践存在论美学、主体间性、亚里士多德、反讽、文化转型、身体美学、审美概念、现代性、伽达默尔、从中国美学看西方美学等。由此可见，中国学者对西方美学的问题意识有几个突出的特点。

第一，有明显的本土问题视角，强调从中国本土文化的语境出发来审视。换言之，这些研究带有清晰的、自觉的本土问题指向，尤其是一些论文以中国美学视角来观察西方美学，或是以中国问题来回应西方美学，甚至是对西方美学一些局限性的反思和批判。第二，追踪国际学术前沿，许多在西方美学中尚属新的课题，或是在西方美学中属于一段时期内的热点问题，在中国美学界亦有不少回声，这些研究努力发出中国学者自己的声音，诸如生态美学、身体美学、现代性等。第三，相当多的研究属于前沿课题，但一些古老的话题甚至传统的美学思想，也没有被完全冷落，从亚里士多德到美育等即如是。

不过存在的问题也是显而易见的，对这些排列在主题和高被引的前20篇论文的参考文献加以分析，对西方美学经典文献和新研究成果的参照能力相对较弱。尽管我们不能断言有丰富的经典文献一定产出高质量的创新性成果，但缺乏丰富有效的经典文献资源，要产出高质量的创新性的成果是很难的。更不用说在本土研究西方美学，要提出有别于西方学界的中国人自己的独到观点，并使西方同行心悦诚服地接受并钦佩这些观点，这就更需要扎实的文献资料做后盾。

如果我们把西方美学看作是一个历史发展的知识系统，那么，在中国语境中探究西方美学，自然会形成一些重点区域。这突出表现在重现代、轻古代的学术取向中，换言之，大多数学者很自然地将

第十二章　西方美学的比较文献学研究

注意力集中在现当代美学上，这是由多种原因造成的。首先是因为语言问题，古代语文，无论是古希腊语还是拉丁语，都是很难掌握的。其次，相较于现当代文献，古代文献也不易获得，且版本流传情况复杂。再次，从学术兴趣上说，古代问题多限于古代历史文化，与当下的社会文化有相当距离。所以，古代美学自然不会吸引很多学者前往，反之，现当代美学直接面对当下情境，很容易吸引人们的注意力。但是，就一门知识的系统性而言，重现代而轻古代，常常导致西方美学研究的不平衡现象，尤其是古今美学文献翻译方面的失衡，这显然是需要我们加以改进的。

本土的西方美学研究，一方面是一些基础文献资源的建设显得不足，另一方面则是研究本身对基础文献的重视不够，所以高质量研究成果并不多。相较于中国古代美学研究，西方美学的文献学基础要相对薄弱一些，而中国古典美学由于是依赖于母语，文献积累工作有相当基础，所以高质量的成果相对较多。在国内西方美学研究界，一些研究规范似乎并没有系统地建构起来。如前所述，一个普遍的问题是在本土的西方美学史研究中，无论是通史还是断代史甚至是专题史研究，需要多少基础文献才可以进入，不少学者并没有自觉的意识。不管文献资料的多寡，都敢于介入西方美学史研究，这必然导致美学史研究水准不高。更有趣的现象是，由于西方美学文献分布的差异，加之重现代、轻古代的风气，西方美学史研究多偏重于现当代，对希腊、罗马、中世纪和文艺复兴时期的美学，甚至巴洛克、启蒙运动、浪漫主义美学研究都显得冷门，而现代主义之后的美学研究则热闹非凡。针对这一情况，在本土的西方美学研究中，强调文献学基础和文献学意识，是十分重要，且有针对性。

本土西方美学研究的另一个明显问题就是重译本、轻原典。虽然外语在今天已是许多学者最常用的工具之一，但是倚重西方美学汉译来研究的情况还是很普遍，只要对国内各种西方美学研究著述稍加翻检，便可以看到这一"短板"。对西方美学原典的重视，首先是出于学者自己研究的需要，因此很多有外语能力的学者会把注意力局限于自己感兴趣的对象上，而为本土西方美学研究全局而做的译介并不是他们必须要做的工作。再者，中国目前的学术评价体制是重科研、轻翻译，因此译介西方美学文献往往是费力不讨好的事，与其花气力去翻译西文文献，不如著书立说更实惠。当然，最关键的是熟练掌握一门外语并非易事，加之大多数本土美学研究者在中文和哲学学科，外语并不是他们的强项，而外国语学院的老师又对美学往往兴趣不大，这就形成了一种多学科合作的困难。美学强的人外语弱，外语好的人对美学又无兴趣，很难形成一个多专业合作的译介西方美学的学术共同体。

以上三个方面的问题相当程度上制约着本土西方美学研究，对它们的分析不但要立足于本土语境，而且必须延伸至中西跨文化语境，只有通过中西不同语境中西方美学经典文献的比较分析，才可以进一步探明我们的研究存在着哪些盲区、哪些问题、哪些局限，以及哪些可以改进的地方。

西方美学的知识图谱

改善本土的西方美学文献建设，必须从一些基础性的工作开始。

第一个基础性的工作是目录学研究。要深入西方历史文化的语境，以西方哲学学术史为参照，搞清西方美学经典文献的历史、分布、影响和流变，进而编撰出西方美学经典的目录学，描绘出西方美学发展演变的知识图谱。这是一个非常具有挑战性的工作，因为即使在西方美学界，也没有一致认可的美学经典文献目录学，不同时期的不同美学家会提出不同的美学经典文献的篇目。那么，如何在浩瀚如烟的文献中去选择并确定西方美学经典呢？如何根据这些经典的流传演变情况描画出西方美学的知识谱系呢？可从以下几个层面入手展开工作。从学术史角度看，有几类西方美学著述尤为值得注意。美学史是最便捷地进入西方美学语境的著述类型，因为美学史的研究会将不同时期重要的美学家及其著作逐一讨论，做出特定的阐释、评价和历史定位。比较有趣的现象是，西方学者撰写的美学史（尤其是通史）数量很有限，据牛津大学出版社Oxford Bibliographies（牛津文献学）网站显示，英文美学通史类著作只有鲍桑葵、吉尔伯特和库恩、塔塔凯维奇、比尔兹利4本，这些著作均已有汉译。克罗齐和李斯托威尔的美学史也已有汉译。晚近比较兴盛的是国别美学史和断代美学史[1]，在古希腊美学、中世纪美学、文艺复兴美学、启蒙美学、浪漫主义美学、当代美学等方面也有不少佳作。这些西方学者撰写的美学史著作，系统地清理了美学史上的重要人物及其关键著作，提供了西方美学经典的"历史地图"。通史的处理方式从古到今，而断代史则更为精细地挖掘特定时期的美学资源。但是一个美学史家往往有自己的偏好，比如盖耶（Paul Guyer）的三卷本《现代美学史》（*A History of Modern Aesthetics*, Cambridge University Press, 2014），采取了英美流行的分析哲学来清理美学人物和著述，令人匪夷所思的是当代"法国理论"的诸多重要人物均不入他"法眼"，如福柯、德里

---

[1] 前者如H. B. Nisbet, et al., *German: Aesthetic and Literary Criticism*, Vol. 1–3 (Cambridge: Cambridge University Press, 1984–1985); 后者如Paul Guyer, *A History of Modern Aesthetics* (Cambridge: Cambridge University Press, 2014)。

达、拉康、阿尔都塞、巴特等，均被严格排除在美学法门之外。这里就提出了两个有趣的问题，其一是美学研究中研究者个人偏好与学科共同体的共识之间的关系问题，即美学史家的个人判断与美学共同体的共识之间是否存在着一致或差异性关系？如何处理这样的关系？另一个问题则触及美学的知识生产与传布的地理学，欧美学术有差异，欧陆与英伦亦有不同。这种不同在塔塔凯维奇、克罗齐和英美学者的美学史中体现得彰明较著。所以，在探究西方美学的历史知识图谱时，必须充分注意到这些或隐或显的差异，进而在差异中发现共识，并以此作为我们进一步厘清西方美学目录学的依据。

第二类有用的著述类型是各式各样的读本或选集，这类书是美学家为了教学和研究方便，从林林总总的书目中选出来的重要篇什。一般来说，读本篇章的遴选反映出编选者自己对美学的理解，深受特定时期美学议题和焦点问题的影响。所以说，选什么篇什进入选本是有其理由的。读本或文选通常有两种规制，一是按照编年史结构，二是问题单元结构。前者如Albert Hofstadter与Richard Kuhns共同主编的 *Philosophies of Art and Beauty: Selected Readings in Aesthetics from Plato to Heidegger* (University of Chicago Press, 1976)，后者如John A. Fisher主编的 *Reflecting on Art* (Mayfield, 1993)。相较来说，后一类读本或文选似乎更值得注意，因为读本或文选的问题设计，实际上反映出不同时期美学研究的问题意识和热点的变化。从20世纪英语世界流行的若干美学读本的分析，可以发现议题变化的一些规律性现象。比如20世纪30到50年代，弗洛伊德的精神分析和创造性问题一度占据着读本或文选的重要地位，60年代以降，随着法国理论的传播，文化政治成为美学讨论的热点问题，诸如阶级、性别、族裔、大众文化等讨论占据了美学的重要位置。再比如，随着人文学科中"语言学转向"的大趋势，60年代以前直接借重语言学或符号学来探究美学的并不占主导地位，此后却是英美美学的主潮，从分析美学，到言语行为理论，到符号学派，再到语言哲学等，语言学的方法论渗透在各种美学分支之中。[1]另一个有趣的现象是，一些有重要影响的美学家，自己不但撰写了重要的美学著作，同时也编撰了有相当学术水准的读本，像朗格、迪基、魏兹等都编撰过问题单元的美学读本。[2]那么，什么文献能进入这些美学知名学者的视野，它们又处于什么样的历史承续和问题关联中，是值得我们细细琢磨的。

第三种类型是西方美学的经典作家撰写的专题性美学著述。这些美学家们如何处理自己与美学过往的历史关系？如何从过去的历史文献中寻找思想资源？如何对历史上的美学理论或观念做创造性的阐发？这些都是我们发现西方美学知识图谱的重要途径。美学经典的意义不仅在于历史上的作用，而且还在于对思考当下的文化和艺术有所启迪。换言之，历史上的文献所以为后人阅读，那是因为这些文献可以对理解和解决当下的问题有所裨益，这就是经典的当代意义。我以为，西方美学著述的作者有三类不同的知识生产角色。第一类是"美学思想家"，如本雅明、阿多诺、海德格尔、萨特、德里达、福柯、巴特等。所以称这一些人为美学思想家，那是因为他们在更高的哲学层面上提出了重要的美学观念，对当代美学的发展有深刻影响。有

---

[1] 比如以下两个读本就明显不同：Melvin Rader (ed.), *A Modern Reader of Aesthetics* (New York: Henry Holt, 1935, 1952); Peter Lamarque, and Stein H. Olsen (eds.), *Aesthetics and the Philosophy of Art* (Oxford: Blackwell, 2004)。

[2] Susanne K. Langer (ed.), *Reflections on Art: A Source Book of Writings by Artists, Critics, and Philosophers* (Baltimore: Hopkins Press, 1958); George Dickie, et al. (eds.), *Aesthetics: A Critical Anthology* (New York: St. Martin's, 1989); Morris Weitz (ed.), *Problems in Aesthetics: An Introductory Book of Readings* (New York: Macmillan, 1959).

时,这些美学思想家往往引用一些不被人们所关注的历史文献,甚至有些文献算不上是严格意义上的美学文献,但是经由这些思想家的重新阐发,却呈现出异常独特的美学思想史意义。这么来看,对美学经典文献的理解就必须加入另一个维度——经典的"文本生产性",即过去的文献在今天能够激发和生产出新的思想和观念。第二类可称之为"美学理论家",他们在美学领域具体提出了许多新的美学命题。较之于美学思想家,他们的影响力往往只限于美学及相关领域,而美学思想家的影响则远远超越了美学。美学理论家在西方美学界亦有一大批风云人物,诸如詹明信、伊格尔顿、古德曼、伽达默尔、维尔默、比格尔、克里斯蒂娃、巴丢、朗西埃、瓦蒂莫、阿甘本等等。这些理论家更加专业,对美学文献也更加熟悉,他们如何使用这些文献成为我们探寻西方美学经典的一个"导游图"。在很多情况下,美学思想家们的思想正是通过美学理论家而得到广泛传播,所以美学理论家如何利用历史上的美学文献变得更有启发性。比如美国著名学者詹明信,他关注德法的思想史和美学史资源,通过对德国批判理论和法国后结构主义理论的创造性综合,提出了他自己独创的美学理论,对当代西方美学产生了不可小觑的影响。第三类我们称之为美学研究者,他们是更加专业的美学工作者,研究的课题更加专门,往往聚焦于美学领域中的某些分支学科或研究亚领域,从美学的诸多问题,到各门艺术问题等不一而足。这类学者是美学研究的主力军,所以他们更加关注历史上的美学文献的美学史意义,以及对于解决当代问题的价值。

通过以上几类著述的分析、统计和查证,大致可以描绘出西方美学经典的知识图谱。这个图谱包括几方面的内容:其一,哪些美学家在西方美学思想史和学术史上产生了重要影响;其二,他们的哪些著作或文献具有经典的地位和意义；其三，这些美学家及其思想之间存在着怎样的历史传承或颠覆断裂关系。在今天大数据的时代，可以通过数字人文（digital humanities）的方法，在更加宏观的层面上描画出西方美学经典的知识演变轨迹。比如，利用谷歌N-gram算法的图形软件Ngram阅读器，对谷歌公司已有的（截至2012年）的520万种全文识别的图书资源进行识别，可在其中找到相关人物及其著述几百年间的出现频次，从而描绘出不同哲学家或美学家在不同语区和不同时段影响力的变化轨迹（如图12.1、12.2、12.3）。

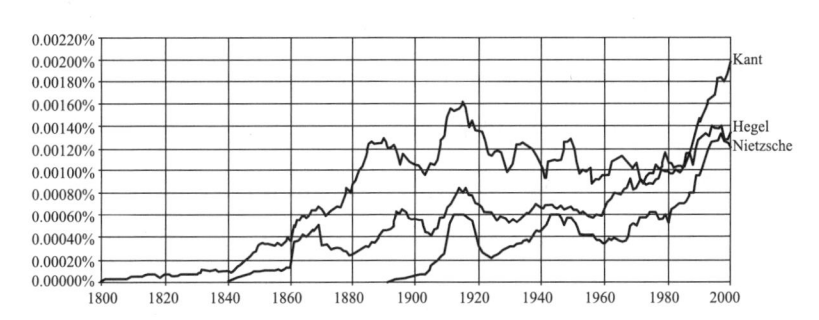

图12.1　康德（Kant）、黑格尔（Hegel）、尼采（Nietzsche）在1800—2000年英式英语书库中的变化轨迹

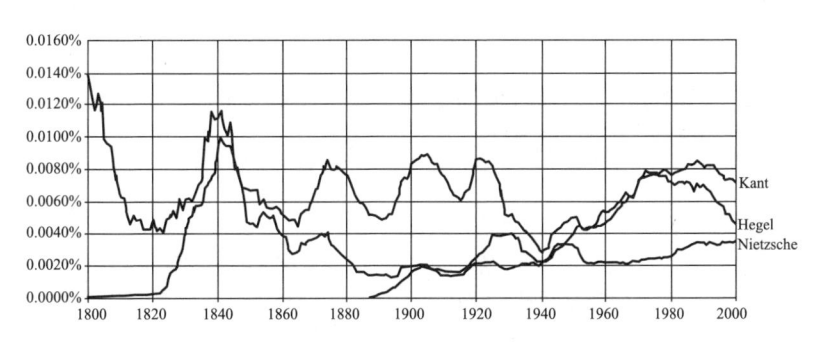

图12.2　康德、黑格尔、尼采在1800—2000年德语书库中的变化轨迹

图12.3 康德、黑格尔、尼采在1800—2000年法语书库中的变化轨迹

这三张图表的轨迹非常值得分析。首先,三位美学思想家在德语区和英(英式英语)法语区影响轨迹是不同的,在德语区是逐渐下降,而英法语区则逐渐上升。其次,三人在德法语区的起伏时段上是一致的,而在英语区的起伏则是另一种形态。康德、黑格尔均有过几次高峰期,尼采则是平稳上升的势头。但在英语区总体逐渐上升,高峰期的时段也不同于德法语区。再次,在德语区,康德和黑格尔是总体下降的趋势,而在英语区则是逐步上升的趋势,尤其是康德,始终处于高位状态。这些变化的轨迹显示出他们著述被接受和被关注的程度、社会文化的风向转变,以及不同时代不同地区的知识生产状况等。

较之其他学科,美学目录学在西方还比较薄弱,在中国几乎是无人问津。中国传统学术所说的文献学,大致相当于西方的目录学。[1]依据《不列颠百科全书》对目录学(bibliography)的定义是:"目录

---

[1] 在汉语中,文献是指"有历史价值和参考价值的图书资料"(《现代汉语词典》)。在国内学术界,文献学的概念多指中国古典文献学,"文献学主要是研究文献的形态、文献的整理方法、文献的鉴别、文献的分类与编目、文献的收藏、文献形成发展的历史、各种文献的特点与用途、文献的检索等等"。参见杜泽逊《文献学概要》(中华书局2001年版)。在西文中,没有单一的文献学概念,有多个概念来意指这一学科,与本章所讨论的问题最为接近的就是bibliography。依据《牛津英语词典》,这个概念的单数形式是指一本著作中的参考书目,而其集合名词的意思则是指"一些书籍作者、印制、出版和编辑等方面的历史或系统描述"。这个概念的另一种译法是"目录学"。

第十二章　西方美学的比较文献学研究

学是研究和描述书籍的科学。目录学可以是1）按某种体系编制书目（称描述性目录学），或2）研究书籍的书目（称版本目录学）。目录学一词还用来指称这种研究的成果；目录学著作可以是有关某一具体作者著作或某一学科著作的系统知识，或是有关某一国家或某一时期图书的完整资料。"[1] 其中"有关某一具体作者著作或某一学科著作的系统知识，或是有关某一国家或某一时期图书的完整资料"这一概括，正是我们所说的西方美学文献学研究需要认真去做的工作。如果我们不清楚西方美学著作的系统知识或完整资料，要在这一专业领域做出中国人的伟大贡献是决然不可能的。相比之下，西方学术的其他领域已有很多目录学研究的成果值得借鉴，比如艺术史研究领域，就有比较完备的目录学研究和著述，而且这些目录学著述总是在不断更新再版，提供最新的目录学文献篇目。[2] 相比之下，美学目录学的著述还不多，也许是因为它常常是作为哲学的一个分支而存在，被哲学史的庞大文献给淹没了；或许是美学目录学尚未引起西方学者的高度关注。据笔者对国内外相关资源的文献检索，尚未发现一本可以和 *Guide to the Literature of Art History*（第一版1980年，第二版2004年）比肩的美学目录学著作。唯一一本以 *Guide to the Literature of Aesthetics* 命名的目录学著作于1890年在美国伯克利出版。该书共

---

[1]《不列颠百科全书》（详编）第2卷，中国大百科全书出版社1999年版，第446页。

[2] 在美学史领域也有很少一些文献目录学的著作，比如Charles M. Gayley and Fred N. Scott (eds.), *A Guide to the Literature of Aesthetics* (Berkeley: University of California Press, 1890); 但艺术史学科这类目录学著作却有很多，而且文献非常丰富。典型的如 Etta Arntzen and Robert Rainwater (eds.), *Guide to the Literature of Art History* (Chicago: American Library Association, 1980), 就是一本很有用的艺术史经典文献的目录学著作。这本经典的目录学著作晚近又出了第二版，做了较大修订，增加两百多页更新的目录内容。参见Max Marmor (ed.), *Guide to the Literature of Art History 2* (Chicago: American Library Association, 2004)。

分为六章，分别为：(1)审美学说（历史描述，来源资源——古代与中世纪，现代部分分为英美、德国、法国、意大利，以及美学心理学）；(2)美学理论的主题（美、崇高、神秘、恐怖、怪诞等）；(3)美的艺术（文学除外，艺术史、艺术的一般论述，不同艺术的特殊讨论）；(4)文学（历史与理论，诗歌、散文）；(5)批评；(6)其他各种文献。[1]这本书曾被鲍桑葵列入其《美学史》的参考文献。晚近有一些美学工具书对西方美学经典的目录学有所列举和讨论，通常是罗列一个重要文献的目录，或是按不同时段列出最重要的美学著述，但还算不上是严格意义的美学目录学。[2]

西方美学本土接受的知识图谱

西方美学是一个"舶来品"，输入中国不过一百多年历史。然而，在中国当代人文学术领域，西方美学却是一个相当重要的知识领域。远的不说，改革开放四十年，中国的西方美学研究有了长足的进步，不少西方美学理论和观念都不同程度地进入了中国语境，成为我们知识生产和观念创新不可或缺的重要资源。所以，总结改革开放甚至晚清以来西方美学的本土接受情况，也是必须展开的一个基础性的学术史工作。

中国近现代以来的西方美学研究，其接受史的知识图谱的描绘有

---

[1] Charles M. Gayley and Fred N. Scott (eds.), *A Guide to the Literature of Aesthetics* (Berkeley: University of California Press, 1890).

[2] 参见以下书目：Eran Guter, *Aesthetics A–Z* (Edinburgh: Edinburgh University Press, 2010); Dabney Townsend, *Historical Dictionary of Aesthetics* (Lanham: The Scarecrow Press, 2006); Anna Christina Ribeiro, *The Continuum Companion to Aesthetics* (London: Continuum, 2010)。

多重路径，这里，我关心的是本土研究中有哪些西方美学经典文献被国人所接受、翻译、研究并产生了何种影响。从王国维一代到朱光潜一代，再到李泽厚一代，直至今天的中青年一代，中国美学的好几代人承前启后，研究了不少西方美学的理论派别，译介了不少西方美学重要著作。但是，没人能说得清究竟多少西方美学经典进入了中国学界，这就需要我们对本土的西方美学研究做目录学的整理、分析和统计，进而描绘出一幅西方美学在中国传播和接受的知识图谱。毫无疑问，西方美学中最重要的人物及其著作显然已经引起了中国学者的注意，从古代的柏拉图、亚里士多德，到近现代的康德、黑格尔、尼采、海德格尔等。但是，还有很多西方美学经典或著述我们尚不知道，既无译介，更无研究。举例来说，中世纪美学其实有大量文献国人均未涉及，虽然近些年来中世纪美学在西方和中国都有回暖的趋势。再比如，虽然英语美学文献的翻译数量远胜于其他语种，但是相当数量的18和19世纪的英语美学文献我们从未涉及。比如英国在20世纪90年代末出版了两套丛书"18世纪美学文献"和"19世纪美学文献"[1]，每套都有8卷之多，收录了这两百年英伦三岛的著名美学家的著述近20种，而这些文献在本土的西方美学研究中几乎没人注意到，更谈不上译介和研究了。这些情况表明，西方美学重要著述或经典文献的译介研究，我们还有很长的路要走。

那么，我们如何看待本土学界对西方美学经典的接受和研究呢？我们只有搞清自己的"家底"，才能进一步拓展本土西方美学经典的译介和资源建设工作。

---

[1] John V. Price (ed.), *Aesthetics: Sources in the Eighteenth Century* (Bristol: Thoemmes, 1998); John V. Price (ed.), *Aesthetics: Sources in the Nineteenth Century* (Bristol: Thoemmes, 1999).

就本土的西方美学研究来说，还是需要从西方美学的各类著述中探明情况，以下几种类型的著作尤其需要注意。首先是西方美学文献的汉译，这是考察西方美学经典的中国"旅行"的有效路径。就中国美学界的代际构成来看，民国时期的许多美学家都有留学欧美的经历，因此他们的西方美学研究往往直接参考西文原著；新中国成立以后的许多美学家由于特定历史条件所限，直接参照西文美学原著来研究美学往往不大可能；改革开放以来，虽然外语已被高度重视，但像民国一代那样直接用西文文献来治西方美学的学者总体上还不多，只要对当代学者所撰写的西方美学著作的参考文献稍加翻检，就会发现相当数量的参考文献是已有的西方美学经典的汉译本。其次是西方美学史的研究著作。从本土西方美学研究总体情况来看，国内学者尤为钟爱撰写西方美学史，出版的西方美学史论著数量几倍于西方。通过中国学者所撰写的西方美学史著作，可以清晰地看到哪些西方美学经典文献进入了中国美学的视野，以及它们被如何评价和阐释。再次是西方美学研究专著。这类书在中国的美学研究中非常丰富，题目多样，数量庞大，从专题研究到专人研究再到学派研究等。尤其是改革开放以来，中青年学者撰写的西方美学研究型著作井喷式地出现。对不同的西方美学研究著述的分析，可采用历史分期原则来取样，每个时代美学研究专著的总量情况，按比例地取得一定数量的来源文献的样本，从中瞥见本土学界对西方美学的接受和阐释水平。复次是西方美学研究论文。中国美学界研究西方美学的大量论文，表现出中国学者对西方美学经典的不同理解和应用，这类研究可以借助CSSCI来源期刊和CNKI（知网）等大型数据库来检索和查询，从高被引学术论文中确定统计样本，然后对这些作为样本的高被引论文中具体查探西方美学经典的被引和被研究的真实状况，得出一些重要的统计数据。

再复次是大量的博士学位论文。中国人文社会科学研究的主力军是高校的研究生，而博士生的水准代表了中国人文社会科学的未来。从大学体制来看，中国的美学研究专业分散在各高校哲学、中文、艺术和传媒等相关系科，博士学位论文是一个值得关注的中国美学知识生产领域，因为它的一个特点是由青年学子撰写，他们思想敏锐，观点新颖，代表了学术界最具发展潜力的科学共同体。最后一个类型是美学教材。中国大学均开设了美学原理课程，因此，美学原理教材一直是中国美学研究的一个重要阵地。各种教材的数量巨大、品质不一。教材大约有如下两种类型：一是概论型教材，主要讲授美学基本原理、概念、问题和方法；二是西方美学教材，或是涉及西方美学史，或是涉及西方美学重要人物及其著作。除了直接标明"美学"的教材外，在文学理论、艺术理论、设计理论等专业教材中，也多有西方美学经典的引入和阐发。透过这些类型的著述的统计分析，大致可以看清西方美学在中国的传播和接受状况，进而揭橥本土学者关注什么、忽略什么、缺少什么等问题。通过对以上几个方面的来源文献的系统分析和整理，再延伸扩展至其他相关文献，组成一个文献方阵，一张西方美学在中国接受和传布的知识图谱也就可以清晰地描画出来。

西方美学经典的比较文献学研究

比较文献学是以现代文献学为基础，聚焦于跨文化的"理论旅行"的文献学比较，旨在探究特定文献在不同文化语境中知识生产、传播和接受领域的文化差异性和相关性。萨义德曾把一种理论从其发源地到达另一文化的情况，称之为"理论的旅行"。他认为这种旅行滋养了所到之地的文化和智识生活，所以"观念和理论从一种文化向另一种文化转移的情形特别值得玩味"[1]。在特定时期，外来理论的说服力是加强了还是减弱了？它产生了公认的还是无意识的影响？是被创造性地借用还是大规模地挪用？都是值得探究的问题。萨义德尤其关注的问题是："需要具备一系列条件——姑且可以把它们称之为接受条件，或者，作为接受的必然部分，把它们称之为各种抵抗条件——然后，这一系列条件再去面对这种移植过来的理论或观念，使之可能引进或者得到容忍，而不论它看起来可能多么地不相容。"[2]萨义德所说的这些复杂情况在西方美学的中国"理论旅行"中都出现过，哪些西方美学理论进入中国语境，并被中国学者或创造性地借用，或大规模挪用，它们发生了什么变异和作用。

比较文献学聚焦文献，采用比较分析的方法。就西方美学经典而言，就有两方面的工作。一方面，要厘清西方美学经典文献的总体情况，描绘出一个西方美学经典的知识图谱；另一方面，又需要摸清近代以来中国传播接受的情况，描绘出经典文献在中国流传的知识图谱。显而易见，这两张图谱一定存在着许多差异，而两者之间的差异正是我们反思本土西方美学研究特色、成就和问题所必需的。通过这两张知识图谱的比较分析，可以发现中西美学关于西方美学的不同认识和阐释，特别是对经典文献认识的差异。由此可以找出我们西方美学研究未来可以改进的路径，尤其是在文献资源建设方面存在的不足和局限，最终提升中国的西方美学研究水准，并在西方美学研究领域形成中国话语权，努力发出具有中国问题意识的学术声音。

那么，如何来比较中西两张不同的知识图谱呢？以下两个方面是

---

[1] 爱德华·W.萨义德：《世界·文本·批评家》，李自修译，生活·读书·新知三联书店2009年版，第266页。

[2] 同上，第400—401页。

比较文献学研究的重心所在。第一，中西语境中西方经典美学家名录对比。两相对照首先可以发现哪些西方美学家在中国美学语境中"在场"，哪些西方美学家"缺场"了，在此基础上编制出中国语境中西方美学经典作者的"在场"与"缺场"名录。此名录的编制基本反映出中国一个多世纪西方美学研究关注的重点和忽略的人物。有了这个对比名录，便可展开一些颇具知识学意义的延伸性分析。比如对"在场"名单中的西方美学家进一步分析，考察他们分别是在什么时间进入中国美学的知识系统的，与那个时期的中国社会和文化的相关性何在，他们后来的学术生命又如何等。再比如，弄清最初是哪位中国美学家译介和研究的，这些译介当时以及后来又对中国美学产生了何种影响。进一步的研究是对"在场"名录上的西方美学家的"出场"频次做集中和分散的分析，具体考察他们在中国美学一个多世纪的知识建构历程中如何此消彼长，特别是晚清、民国、新中国成立后和改革开放后四个不同时期的不同接受情况，进而描绘这些美学家在中国语境中被关注热度的变化曲线。这一研究还可以进入关键词分析。威廉斯的关键词研究对我们很有启发性，他发现了一个规律性现象，关键词在某个时代会一组一组地出现，它们彼此之间所产生的"关联性不仅是思想的而且是历史的结构"。因此，威廉斯强调关键词研究的"一个主旨是强调各词语的相互关联"[1]。如果我们把威廉斯的这个发现用于西方美学经典在中国的"理论旅行"，那么，我们也会惊异地发现，西方美学家及其经典在中国的传播与接受，在不同时期也是一组一组地"出场"的。同时，他们的成组出场也带来了一系列新的美学

---

[1] 雷蒙·威廉斯：《关键词：文化与社会的词汇》，刘建基译，生活·读书·新知三联书店2005年版，第15—16页。

概念或关键词，使得美学研究在特定时期出现了议题、观念和方法上的变化。西方美学家谁和谁在什么时期共同出现在中国美学场域中，这是一个非常有趣的西方美学经典作家的相关性研究，这一问题的研究有助于我们理解中国不同历史时期的社会文化的结构以及面临的主要问题。

从方法论上说，比较研究可以在两个层面上展开：一个层面是统计学的经验研究，它涉及大量的数据处理和分析，最终形成某种量化的数据表达；另一层面是抽象的、逻辑的理论分析，它着重于现象的质性判断和解析。努力将统计学的量化分析和理论的质性分析相结合，可客观公正地评判西方美学经典在中国美学的现代发展中的作用，以及中国美学对西方美学经典文献研究和资源建设存在的问题。

第二，中西美学经典文献的目录学比较。这一比较集中在中西美学经典文献的书目比较。透过这个比较可以明晰地看出哪些西方美学经典进入了中国美学的知识系统，哪些经典仍处在被忽略和被遗忘的状态。从目录本身的比较来说，这是一个比较技术性的活儿，只要对中西两个经典书目稍加比对，就可以发现在中国的西方美学研究中有什么、缺什么、多什么、少什么。但问题并非这么简单！我们需要从这个比较中进一步做一些延伸性的研究，如从以下一些方面展开。其一，比较两个书目相同部分的书目，尤其分析这些经典书目在中国一个多世纪的传播接受过程中的集中与分散的分布情况。比如，中国美学界在不同的历史阶段专注于哪些西方历史阶段的文献，哪些语种的文献，哪些作者的文献，等等。还有，哪些文献虽已译介却被冷落而缺乏关注，它们为何不被本土学者所重视等。其二，中国美学知识系统中所缺乏的西方美学经典文献，也要进行集中与分散的结构分析，哪些时代、语种和人物的经典文献最容易被忽略，这些忽略与中国本土社会和文化及特定时期有何种关联。其三,在中国传播和接受的西方美学经典的版本文献学研究,着重考察最热门的前20、前50和前100种文献,形成一个从Top20到Top50再到Top100的目录清单。这个清单可以清晰地揭示哪些西方美学经典被中国学界所接受并给予高度的关注。最后,西方美学经典汉译本所依据的原始版本情况分析、不同汉译的版本分析等等。我以为,经过这样的比较文献学研究,便可以完整把握西方美学经典在中国传播接受的情况。

结　语

以上我们讨论了本土西方美学的一个新领域。其实在比较文献学基础上,还有另一个重要的工作,就是拾遗补缺地翻译编撰西方美学经典,使中国美学界的西方美学经典更趋丰富和多样。反观中国学者撰写的西方美学史,由于材料所限,时有文献不足、观点雷同等问题。如果西方美学经典文献的系统译介工作有较大提升的话,便可以在相当程度上改变中国的西方美学研究状况,提升我们西方美学研究的学术质量,增强中国学者对西方美学的批判性话语的声音。

随着中国的经济增长和国力提升,中国学术面临着重新调整中西学术关系的历史契机。如何将我们从一个"理论进口国"转变为"理论出口国",乃是未来一代中国学者不可推诿的历史重任。俗话说得好,"他山之石可以攻玉"。我们只有系统深入了解西方美学经典之后,才有可能掌握攻玉的"他山之石"。

第十三章 艺术理论的知识学问题
——从西方学术语境看

何为艺术学理论？这是一个颇有争议的问题。

在学界，人们更常用的概念是艺术理论，这个"学"字在这里并不重要。但接着问题就来了，这里的艺术是指什么？在艺术学内部，除了艺术学理论外，另有音乐舞蹈学、戏剧电影学、美术学、设计学四个一级学科。照此构架推断，艺术学理论当然是包含了艺术门下诸多艺术门类的总体理论。接踵而至的另一个问题是，各门艺术均有自己的理论，音乐有音乐理论，戏剧有戏剧理论，美术有美术理论，艺术学理论可以统领各门艺术吗？它与这些门类艺术理论关系何在？这就涉及艺术理论的知识学问题。

争议中，反对设立艺术学理论的主要学理依据是，每门艺术都有自己的理论，因此既不存在也无须设立统领各门艺术的总体理论；赞成设立艺术学理论的主要学理依据是，各门艺术虽有不同但存在着共性，所以需要某种总体性的理论来为各门艺术理论提供观念、方法和范畴。由此又引出了另一个问题，艺术理论与美学或艺术哲学如何区分？美学或艺术哲学就是对各门艺术的抽象的哲学层面上的解释，如果架屋叠床地再设一个艺术学理论，有这样的合理性与合法性吗？

本章将跳出国内学界现有的讨论，换一个角度来思考这一问题。

对艺术理论的知识学的分析,将进入20世纪西学语境,从西方相关学术文献中所呈现出来知识生产及其问题,来审视艺术理论存在的合法性和必要性问题,进而探讨艺术理论作为一门学科的一些学理依据。

分分合合中的艺术理论

自启蒙运动以来,西方的现代知识系统一直处在分分合合的不断运动中。

先说分。很多关于现代性的研究都指出了一个共同的结论:现代性乃是一个不断分化的历史进程。韦伯在其宗教社会学研究中特别指出,传统社会是由宗教-形而上学一统天下的社会,一切行为、知识均服从于宗教教义,所以传统社会是一个整合的社会。现代性的出现导致了宗教事务与世俗活动的分离,因而形成了不同价值领域的分化,他特别讨论了科学、经济、政治、审美和性爱五个价值领域的分化。分化就是每个领域都从宗教-形而上学世界观的大一统中摆脱出来,理性地确立了各领域自己的价值评判标准,进而完成了对特定领域价值及其判断标准的合法性证明。韦伯认为,艺术的价值判断在传统社会中要严格受制于宗教兄弟伦理的制约,而现代社会的艺术逐渐脱离了宗教教义规范,将其审美形式感和愉悦判定为自身的合法标准,于是各门艺术特有的形式所带来的情感愉悦便成为艺术的合法化依据。[1] 韦伯是从宗教统一性的衰落来讨论现代性的分化趋势的,但是他所列举的几个重要的价值领域的分化,实际上涉及现代性的一个基本特征,那就是社会和文化上的现代分化(differentiation)。虽然

---

1 参见 H. H. Gerth and C. C. Mills (eds.), *From Max Weber: Essays in Sociology*, 331–358。

韦伯是从人的行为理性角度来讨论价值领域分化的，但实际上也是对现代知识系统的专业化细分的一个说明。启蒙运动以降，科学的昌明，教育的完善，导致了知识从整合不分的传统形态，向不断细致区分的方向发展，学科或研究领域的不断细分是一个显著的趋势，每门学科都有自己的特定的知识学特性和位置。艺术理论正是在这样的语境中逐渐摆脱了传统知识形态，进入了现代知识系统，成为一个独立的学科或研究领域。[1]

今天，在大的学科分类中，艺术理论显然是人文学科的一部分，有别于社会科学、自然科学和技术科学等其他大的学科门类。我们知道，人文学科是最古老的知识系统，其含义在历史发展中不断变化，且有不同的理解和解释。根据《牛津英语词典》的界定，人文学科（humanities）是"有关人类文化的知识，特别是关于文学、历史、美术、音乐和哲学"[2]。按照这一权威的解释，在人文学科系统内，实际上艺术理论是和很多人文学科知识分支都有交叉，除了历史之外，所列举的其他四个领域都和艺术理论错综纠结，文学、美术、音乐自不待言，就是哲学，作为其分支之一的美学也和艺术理论相互纠缠。

尽管有所交叉，艺术理论仍是一个有着自己知识学特性的独立领域，这种独立性可以从人文学科内部的学科关系方面来解释。第一，艺术理论不是文学理论、美术理论或音乐理论，而是关于各门艺术共同性、原则和价值标准的总体性理论。在艺术研究领域，理论具有不同的层次性，至少可以区分出总体性理论与地方（局部）性理论两个层次。总体性艺术理论意味着它具有广泛的涵盖性，其解释的有效

---

[1] 参见周宪：《审美现代性批判》，第四章。
[2] https://en.oxforddictionaries.com/definition/humanity.

性足以涵盖了各门艺术。而地方性艺术理论则是指具体门类的艺术理论，比如文学、美术或音乐的具体理论等。总体性与地方性的区分是艺术理论与其下一级理论的差别，它确立了艺术理论的解释范围及其功能。

第二，艺术理论还有一个纠缠不清的问题，就是它与上一级理论——美学——的复杂关系。虽然关于美学的说法也有很多，晚近艺术哲学的说法也很流行，似有取代美学的势头。但艺术理论与美学或艺术哲学究竟有何不同呢？它们之间的边界在哪里呢？我以为一个重要的区分在于艺术理论不是哲学的一个分支，不是在哲学层面讨论艺术问题，而是直接聚焦于艺术问题，更加具体地讨论艺术问题。如果我们追溯一下19世纪末20世纪初的德语国家的艺术史研究，就会发现有一种显著的倾向，那就是强调艺术（史）研究要和美学分道扬镳。比如德国艺术理论家费德勒坚持认为，造型艺术或视觉艺术的研究要集中于视觉形式的分析，而审美价值或审美趣味这些美学的核心问题都不属于艺术理论的思考范围。到了20世纪初，这种认识已经成为普遍共识。另一位德国艺术理论家温德进一步指出了艺术理论与美学的差异，他认为美学由于带有强烈的主观性和心理学特征，所以和客观的艺术理论研究相去甚远。他甚至引用艺术史维也纳学派创始人李格尔的一句名言来佐证："伟大的艺术史是没有个人趣味的。"他写道：

> 这些艺术理论的纲要表明，艺术规则并非指向准则，而是提供条件——也就是说，艺术规定并非范畴，而是假定。艺术理论并非断言：艺术家必须这样或那样做。它仅是陈述：如果艺术家以某种方式决定一个问题，那么他必须得以相应的方式决定其他问题。它只说明了艺术家自由抉择的结论，而且它能够证明它

们，因为它分析了使其决定成为必然的东西。

艺术史和艺术批评都以艺术理论为基础，艺术史家的主要兴趣集中于发现诸如此类的艺术决定；因为他想要将其作为历史事件加以解释。艺术批评家的主要兴趣集中于研究这种决定的意旨是否得到了传达，因为他想要判断作品的一致性和有效性。[1]

在这一论述中，温德指出了一个重要的事实，那就是艺术理论不关心艺术家如何做出选择的那些价值规范，而是关心他为何做出相应的选择。从哲学方法论角度说，他是强调艺术理论更倾向于描述性的学科，而非美学那样的价值规范性的研究。值得注意的是，他同时还指出了艺术理论和艺术史、艺术批评之间的相关性。虽然他以造型艺术为对象，但他也反复指出，这样的分析同样可以用于文学和音乐，具有总体性艺术理论的普遍性。

从艺术理论的总体性与下一级部门艺术理论地方性的区分，到艺术理论与上一级作为哲学分支的美学或艺术哲学的区分，至少说明了两个重要的问题。其一，艺术理论具有某种居间性，它介于具体的门类艺术理论和抽象思辨的美学（或艺术哲学）之间。[2] 这种居间性决定了两方面的关系，一是向上与哲学的关联，尽管不少人强调艺术理论必须与美学分道扬镳，但它与美学总有剪不断理还乱的关联。二是向下与门类美学的关联，艺术理论并不是自给自足的知识，它最终还是要落实到具体的艺术门类及其艺术现象上来。这种居间性决定了艺术理论的边界的模糊性和交叉性，有时很难界划出一个清晰的艺术理

---

[1] 参见温德:《艺术理论与美学》，周宪主编《艺术理论与艺术史学刊》（第一辑），中国社会科学出版社2018年版，第22页。

[2] 参见周宪:《艺术理论的三个问题》，《文艺理论研究》2014年第3期。

论的边界。更进一步,居间性使得艺术理论与上下两个不同领域均有所交集。一方面,艺术理论与美学或艺术哲学的一部分有交叉,尤其是与美学中关于艺术基本问题或一般原理的部分;另一方面,艺术理论又与各个部门艺术的特定理论有所纠结,特别是部门艺术理论中关于艺术普遍性或共同性问题的部分。

艺术理论知识学还有另一个棘手问题,即艺术概念的语义和认知歧义。艺术作为一个现代概念,在西方语境中有漫长的演变历史,其意义在不断地变化。18世纪中叶,法国哲学家和神学家巴托的《归于单一原则的美的艺术》,率先区别了三种不同的艺术,即"美的艺术""机械艺术"和"实用艺术"。美的艺术与后两者最大的不同就是它是为人们提供情感愉悦,而后两者则有明显的实用目的。他特别列举的"美的艺术"(Les Beaux Arts)有五种,分别是音乐、诗歌、绘画、戏剧和舞蹈。在巴托的论述中,我认为有几个要点必须特别注意。首先是他提出的"单一原则"概念,也就是说此前关于艺术有很多不同的原则,现在必须以一个单一的原则来衡量,这个原则就是以实用性或非实用的情感愉悦为区分标准,所以他对"美的艺术"的界定是,这种艺术乃是"愉悦和情感之母体"。唯其如此,美的艺术才变得如此卓越非凡,并区别于一切实用目的的其他任何艺术。[1]其次,巴托为艺术确定了一个重要的定语——"美的"。这个定义既反映了现代艺术概念中美学的影响,也反映出现代性的分化在艺术概念理解和阐释上的作用,一个"美"字将艺术与其他非美的实用技艺或活动区分开来。复次,在巴托那里,艺术概念是一个复数概念,是指各门

---

[1] Abbé Batteux, "The Fine Arts Reduced to a Single Principle," in *Aesthetics*, eds. by Susan Feagan and Patrick Maynard, 103–104.

美的艺术，亦即他所界定的五门艺术。但艺术的单数概念却有不同意指，通常情况下是特指造型艺术或视觉艺术，这就带来了艺术理论的歧义，此一问题后面再做专门讨论。

其实，不仅是现代知识系统一直处在分化的进程中，艺术本身也同样经历了细分的现代性过程。这种分化不但体现在艺术与实用技艺的区分上，而且体现在艺术内部各个门类的细分上，甚至在特定艺术门类内部，也发生了更加细致的区分。比如亚里士多德写《诗学》时，讨论的问题是史诗、戏剧、音乐等多种艺术，诗学并不限于今天狭隘的文学范围。随着西方社会和文化的发展，今天各门艺术自立门户，相互区别，即使在文学内部，也明确地区分为抒情、叙事和戏剧三个不同领域。从造型艺术来看，情况亦复如此，维也纳学派的泽德尔迈尔在其《危机中的艺术：中心的丧失》一书中，通过艺术史的考察，特别指出了现代艺术的分化趋势。在他看来，传统的艺术是高度整合性的，就造型艺术而言，建筑、雕塑、绘画、装饰和园艺等五种艺术，在古希腊罗马乃至文艺复兴时期，都是高度融会贯通的。比如达·芬奇或米开朗基罗，他们既是画家、雕塑家，又是建筑师或设计师。但是到了现代晚期，这些艺术都高度分化了，每门艺术都成为一个独立的领域，都需要经过专门的训练。雕塑家不擅长画画，建筑师压根儿不会雕塑，装饰设计师完全不懂园艺，专业分工所造成的专业限制是常见的现象。[1] 美国艺术批评家格林伯格在对现代主义绘画做历史考察时，也得出了一个相似的结论，那就是绘画从写实走向抽象，乃是绘画与雕塑分家的必然结果。因为自文艺复兴以来，绘画一直在追求雕塑那样的深度幻觉，就是在二维平面上产生三维深度的立

---

1 Hans Sedlmayr, *Art in Crisis: The Lost Center* (New Brunswick: Transaction, 2007), 79–92.

体透视效果。而抽象绘画的出现则彻底改变了这个做法，绘画不再追求深度，而是回到了平面性，也就是回到绘画不同于雕塑的绘画平面性，回到绘画自身。[1]

艺术的这种分化趋势既提出了建构艺术理论知识系统的必要性，又给艺术理论的合法化带来挑战。从必要性上说，"美的艺术"需要一种与之相应的主体性理论来阐释和分析，以往曾经由美学或艺术哲学承担了部分功能。但是囿于美学的哲学思辨性和主观特性，在一定程度上并不能很好地阐释各门艺术的一些更加具体和专门的问题，所以艺术理论作为一个知识系统有其存在的必然性和合理性。另一方面，各门艺术相互区分，各自强调自己有别于其他艺术的特性，这又使得建构一门统领各门艺术的总体性的艺术理论变得十分艰难。

从艺术及其知识系统的发展来看，建构艺术理论的必然性还可以从另外两个层面来论证。俗话说得好，天下分久必合、合久必分。在艺术的现代性分化的历史进程中，也有相反的要求整合和统一的呼声。在欧洲浪漫主义时代，各门艺术之间的关联和统一始终是一个强有力的主题。波德莱尔在其《应和》一诗中，对世间万物以及各感官间的整体和谐做了诗意的探讨，他坚信万物统一性。到了德国音乐家瓦格纳那里，他有感于希腊艺术的整合和现代艺术的分化，因而他在具体的音乐剧实践中，提出了一个非常重要的概念——"整合艺术品"（Gesamtkunstwerk），意在弥合各门艺术越来越分道扬镳的困境。对他来说，就是要创造一种将文学、戏剧、音乐、舞美、表演等多种艺术形式融为一体的新的艺术类型，他把这样的整合性的艺术视为艺术

---

[1] 格林伯格：《现代主义绘画》，周宪译，周宪编《激进的美学锋芒》。

应努力追求的理想类型,并以"整合艺术品"来命名。[1]瓦格纳以后,整合艺术品的观念产生了一些值得关注的影响,在各门艺术中均有不少人身体力行地践履这一观念。但是,在现代性分化的大趋势面前,整合艺术品观念毕竟未能成为现代主义的主因或主流。直到后现代主义的登场,消解各门艺术的边界,将不同艺术整合贯通,成为某种新的时尚。

但整合艺术品的理论和实践提出了一个严峻的问题:是否需要一种与之相对应的理论呢?随着后现代主义"跨越边界、填平鸿沟"愈演愈烈,传统的门类艺术理论在解释这些现象时往往捉襟见肘,一种总体性的艺术理论建构的要求变得迫在眉睫。加之20世纪后半期跨学科研究开始出现,学科整合研究变成知识生产的一个主流趋向,因而艺术理论便获得更加坚实的知识学基础。艺术的跨学科研究超越了艺术原有的知识领地,将艺术置于更加多元、更为丰富的理论资源之中,这就为总体性的艺术理论提供了更加坚实的知识学依据。美学作为传统的研究艺术的哲学学科自不待言,心理学、社会学、人类学、符号学、语言学、认知科学、技术哲学、媒介哲学、文化研究、博物馆学,甚至地理学等其他知识系统,也在相当程度上参与了艺术理论知识系统的当代建构。使得艺术理论的居间性不仅居间于哲学性的美学与具体化的各门艺术之间,更带有居于各门相关知识系统的交叉渗透地带的特点。不难发现,就20世纪而言,除了哲学家、美学家对艺术发表了很多创造性的见解之外,社会学家、史学家、心理学家、人类学家、语言学家等,都从各自的学科角度对艺术理论的成熟和完

---

1 参见Hilda M. Brown, *The Quest of Gesamtkunstwerk and Richard Wagner* (Cambridge: Cambridge University Press, 2016);同时参见David Roberts, *The Total Work of Art in European Modernism*。

善,做出了各自的独特贡献,没有这些来自其他学科的资源,现代艺术理论是不可能的。这里不妨举两个社会学家的例子。德国社会学家卢曼在其系统论的社会学研究中,不但把社会作为一个总的大系统,而且把经济、科学、法律、艺术等当作社会子系统加以研究。他的《作为社会系统的艺术》,就堪称是一部经典的艺术理论经典之作。[1]他从启蒙以降德国哲学关于美学是感性学科的界定出发,通过对艺术语言的特殊性的分析,深入探究了各门艺术及其艺术品的特质。卢曼坚持认为艺术是一种特殊的社会交往方式,因此有必要置于心理系统和社会系统的张力关系中予以考察,由此他得出了一系列有关艺术的新结论和新看法。另一个例子是法国社会学家布尔迪厄,他研究了许多艺术社会学问题,撰写了多部经典的艺术理论著述,最有影响的是其《区分:判断力的社会批判》和《艺术的法则》。[2]布尔迪厄关心的主要问题是,艺术如何在一个社会分层的文化中,成为特定社会阶层和群体的文化活动,人们的审美趣味及其判断标准是如何历史地形成的,它与社会的文化教育有何关系等。这些理论对于建构艺术理论的总体性知识构架具有相当积极的意义,它们对于思考艺术的普遍性问题具有重要的理论观念和方法论的参照意义。

谁是艺术理论的生产主体?

以上我们是从艺术理论的知识系统发展演变来讨论的,其实,在

---

[1] 参见Niklas Luhmann, *Art as a Social System* (Stanford: Stanford University Press, 2000).

[2] 皮埃尔·布尔迪厄:《区分:判断力的社会批判》,刘晖译,商务印书馆2015年版;皮埃尔·布尔迪厄:《艺术的法则:文学场的生成与结构》,刘晖译,中央编译出版社2011年版。另见Pierre Bourdieu, *The Field of Cultural Production* (Oxford: Polity, 1993).

艺术理论的历史演化进程中,另一个相关的问题是:谁参与了当代艺术理论的知识生产?对这个问题的解答有助于我们认识艺术理论的构成及其知识学特性。

关于什么是艺术理论,不同的认知角度会得出全然不同的看法。在西方知识界一种比较常见的认识是,所谓艺术理论就是艺术家谈论的理论,所以许多名为"艺术理论"的著作,其作者往往是艺术家,这种看法在英语世界尤其流行。比如,一本名为《1945—1970年的美国艺术理论》的书中,作者这样界说了艺术理论:

> 艺术理论就是艺术家关于他们作品所总结出来的诸多观念之整体。……
>
> 相对于从哲学上探究艺术与美的美学,艺术理论考察的是艺术家的观念,这些观念就蕴含在艺术家对其艺术生涯和艺术作品的复杂现象的努力说明中,它有助于进一步理解某个艺术家或一群艺术家。所以,美学和艺术理论的差异几乎完全有赖于所关涉的个体职业。如果他是一个哲学家,其探究领域就是美学。如果他是一个艺术家,那么艺术家关于创造过程各方面所作的种种陈述就是本书中我所说的艺术理论。[1]

这种说法有一定道理,而且历史上艺术家们关于艺术的言论,的确是艺术理论知识系统中非常重要的组成部分。但是问题在于,这样狭隘地界定艺术理论知识生产者的角色,只把艺术家作为艺术理论的生产主体,明显限制了我们对艺术理论的理解。所以,比较合理的做

---

[1] Stewart Buettner, *American Art Theory, 1945–1970* (Ann Arbor: UMI Research Press, 1981), ix–x.

法是把这种看法当作是艺术理论的狭义界定,我们还需要寻找内涵更为丰富的艺术理论的广义界定。从艺术理论的当代发展来看,大量的艺术理论知识并不是来自艺术家,而是来自其他各个领域的学者或批评家,甚至是哲学、社会学和文化学等其他学科的学者。所以,要搞清艺术理论的知识学特征,如果我们把上述艺术理论的界说视为狭义的界定的话,那么,有必要分析究竟是哪些人介入了当代艺术理论的知识生产。在我看来,也许正是因为艺术理论边界的开放性与其自身的居间性,所以参与艺术理论知识生产的行为主体是复杂多样的,绝不限于艺术家单一角色,甚至可以说,艺术理论的知识整体的主要生产者并不是艺术家,而是与艺术相关的各类学者。前面我们提到了两位社会学家对艺术理论的贡献,这就从一个角度说明,艺术理论的知识生产者是多种多样的,既不限于艺术家,也不囿于某个单一学科领域。那么,到底哪些人是艺术理论的知识生产主体呢?

以下我们以一本比较流行的艺术理论工具书为例,来具体分析一下艺术理论知识生产者的角色构成。2007年英国伯格出版社出版的一本工具书——《艺术:当代重要思想家》,编者是两位在艺术理论界崭露头角的学者卡斯特罗和维克利。如何在当代学界纷繁复杂的场域中选择艺术理论重要人物,其编辑思路对于认识艺术理论知识的生产者角色颇有启发性。根据两位编者的看法,当代艺术面临着许多挑战性的问题,所以艺术本身就成为一种话语——一个观念场域,在这个场域中并围绕着它,有各种对象、活动、过程、观念、理论、亚文化、运动、体制和展览在运作。"这一话语的中心特征,尤其是其最近的表现形式,体现为它不稳定、内在冲突性和常常令人迷惑的特征。"[1] 为此,

---

[1] Diarmuid Castello and Jonathan Vickery (eds.), *Art: Key Contemporary Thinkers* (Oxford: Berg, 2007), ix.

第十三章 艺术理论的知识学问题

需要回到当代思想家关于艺术的观念和理论,看看他们是如何对当代艺术做出了理论上的回应的。如果我们把这些当代思想家都视为当代艺术理论的知识生产者,那么,该如何来选择他们呢?换言之,究竟是哪些人参与了艺术理论的当代建构呢?有别于上一节从知识系统本身的考察,这是从学术场域中哪些类型的学者参与了艺术理论建构的角度,来进一步推断艺术理论的知识系统和特性。

虽说不可能穷尽参与艺术这一话语生产的所有主体,但是卡斯特罗和维克利颇有创意地将这些人物或学者概括为四个不同的范畴。第一个范畴是一些艺术家,虽然艺术家的一些话语也被选入各种文集,但是很少作为艺术思想家来讨论。第二个范畴是一些艺术史家和艺术理论家,他们过去和现在一直对有关艺术的思想产生很大的影响。第三个范畴是一些哲学家,既包括分析哲学的传统,又包括欧陆哲学的传统。值得注意的是卡斯特罗和维克利强调,这些哲学家不仅对美学或艺术哲学有所贡献,而且他们的著述也在哲学以外被人们广泛阅读。最后一个范畴算是一个"杂项",包括各种各样的学者,比如社会学家,甚至更专门的一些学者,如符号学家、精神分析学家或文化哲学家等。卡斯特罗和维克利将这四类人的知识生产概括为艺术理论的四个分支:艺术理论与实践、艺术理论与艺术史、艺术哲学与美学、理论与文化哲学。

如果我们把这四个分支看作是当代艺术理论知识体系的四个亚领域,它们是由四类不同的知识生产主体创造的,那么,这些新的认识反映了现代性的知识分化之后新的整合,尤其是一些跨学科和超学科知识融合的趋势。假如从现代性向后现代性的转换角度来看,即从现代性的分化,向后现代的去分化的发展来看,艺术理论的知识生产主体的多元性异常明显。就像卡斯特罗和维克利所言,艺术理论是由一些思考艺术的思想家们所建构,这些思想家来自与艺术有关的不同领域或学科,他们都对如何理解和解释艺术做出了自己的贡献。"如果有可能谈论一下内在一致的'艺术话语'的话,那么,这是一种混杂的话语,除了学术话语之外,它还包括展览和陈列的惯例,各种传统的和反传统的艺术家实践,艺术批评和文学批评的修辞学,不用说还包括这些批评所依赖的同类话语。"[1]

这一状况也反映出艺术理论知识生产的复杂性和多元化,较之于美学和艺术史研究,艺术理论更具包容性和边界的模糊性,尤其是在当下跨学科研究盛行的时代,很多相邻学科对艺术理论的知识构成都有所贡献。因此,要确定一个艺术理论学科的明确边界几乎是不可能的。正是由于艺术理论有这样的开放性和包容性,它才能不断地从其他学科中获取资源,成为当代人文学科中的一个重要领域,也云集了许多来自不同学科的理论家。

艺术理论与美学的交集

前面我们对艺术理论与美学的关系做了初步的分析,由于这一关系较为复杂,而且对艺术理论的学科独立性至关重要,所以本节进一步讨论这一关系。

从鲍姆加通对"美学"概念的首创和界定,到黑格尔在其演讲中偏向于采用"艺术哲学"概念,美学和艺术哲学往往是对等的或可互换的概念。艺术哲学的说法源于德国古典美学,黑格尔和谢林都使用了这两个概念。黑格尔甚至认为,美学的当代形态就是艺术哲

---

[1] Diarmuid Castello and Jonathan Vickery (eds.), *Art: Key Contemporary Thinkers*, x.

学。因为美学不是讨论一般的美,"而只是艺术的美。……我们的这门学科的正当名称却是'艺术哲学',或则更确切一点,'美的艺术哲学'"[1]。与黑格尔同时代的谢林,直接将其美学著述定名为《艺术哲学》。值得注意的是,在谢林对艺术哲学概念的讨论中,他特别提到这是一个矛盾的概念。"任何人都会看到,艺术哲学这个概念综合了二元对立的因素。艺术是现实的和客观的,而哲学却是理念的和主观的。因而我们可先把艺术哲学界定为艺术固有的现实因素在理想媒介中的呈现。"[2] 这个矛盾一直是美学的内在张力的原因所在,几乎与黑格尔、谢林同时代的费希纳,就提出了美学方法论的二分,即"自上而下"的美学与"自下而上"的美学,传统上我们称之为思辨美学与经验美学。[3] 乍一看来,这两种美学只是方法论的对立,但其中暗含的就是谢林所关注的矛盾,这表明美学似乎有两种不同的路线。如果我们仔细审视黑格尔以来的美学,不难发现有些人强调艺术哲学似乎有一些不同于传统美学的主张,他们把艺术哲学视为更加具体地分析"现实的和客观的"艺术,而不是关注形而上的思辨方法,避免趣味判断等主观性问题。这一点在20世纪的艺术哲学发展中显现得尤为突出,换言之,较之于传统的美学范式,当代艺术哲学与艺术理论的交集更多,互动更频繁。我们甚至可以发现,一些专事于艺术哲学研究的学者,他们的主要工作更倾向于艺术理论而非哲学美学。这一点可以通过一些代表性的著作彰显出来。

我要分析的第一位学者是美国美学学会前会长、《美学与艺术批评杂志》创始主编芒罗。芒罗的研究有很多不在哲学思辨的层面上,

---

[1] 黑格尔:《美学》(第一卷),朱光潜译,第3—4页。
[2] F. W. J. Shelling, *The Philosophy of Art* (Minneapolis: University of Minnesota Press, 1989), 13.
[3] 参见李斯托威尔:《近代美学史评述》,蒋孔阳译,上海译文出版社1980年版,第六章。

而是对艺术的一般性问题更为关注,这也许和他长期的博物馆管理和策展实践有关,以至于很多文献把他标示为艺术史家而非美学家。芒罗自20世纪中期出版了一系列很有艺术理论特征的著作,这些著述对于我们今天重新审视艺术理论的问题结构和方法论具有重要启迪意义。这三本著作是《艺术及其交互关系》(第一版1949年,修订扩展版1967年)、《各门艺术的演化》(1963年)和《各门艺术中的形式与风格》(1970年)。以我之见,这三本书与其说是艺术哲学著作,不如说就是艺术理论专著,因为它们都是探究艺术中那些普遍性或共同性问题。第一本书是一本标准的比较艺术学著作,分为三大部分:第一部分题为"艺术的特性",主要探究艺术的概念史和类型学;第二部分题为"各门艺术之间的关系",着力于分析各门艺术之间的差异性和相互关系,从哲学分类到实用分类,从材料媒介的比较、创作过程和技术应用的参照分析,一直到不同门类艺术品的特性和形式差异等;第三部分题为"各门艺术的个别性",重点分析如何从个别性角度去界定艺术,以及艺术未来发展的可能性,等等。[1] 第二本《各门艺术的演化》是通过诸种文化理论来解析艺术的历史发生、发展和演变的规律。[2] 全书分为三大部分,第一部分题为"各门艺术史中的理论问题",主要探讨艺术史写作方式、艺术史哲学,以及艺术历史演化的各种理论;第二部分题为"艺术和文化中的进化论",分别讨论各种进化论理论、马克思主义艺术史、丹纳艺术史及诸人类学理论,在此基础上进一步回答了如何看待文化演变、文化史中的分期和序列,以及晚近的艺术史理论;第三部分是"艺术如何演变",具体

---

[1] Thomas Munro, *The Arts and Their Interrelations*.
[2] Thomas Munro, *Evolution in the Arts and Other Theories of Culture History* (Cleveland: The Cleveland Museum of Art, 1963).

讨论了演化概念的应用、以调适改变看各门艺术的衰落、风格与传统的衰落、艺术的简化与复杂化、艺术史的不同阐释水平和因果要素等。第三本是《各门艺术中的形式与风格:审美形态学导论》[1],注重探讨艺术内部的关键问题。全书四大部分。第一部分为"作为功能手段的艺术品",深入分析了审美现象的多样性以及艺术中的各种转换模式;第二部分为"艺术的心理学元素",包括心理元素、特质和类型,以及如何用心理学概念来描述艺术品;第三部分是"组织结构的模式与面向",分析的焦点有时空和因果发展、发展元素、创作模式、风格与风格分析,以及艺术品各要素的相互关系;第四部分为"多种创作模式的发展",具体解析了实用论、再现论、阐释论、主题论等模式的发展变化。从芒罗这三本很有代表性的著作来看,第一本涉及各门艺术关系的比较艺术学,第二本涉及艺术历史演化的文化史,第三本涉及艺术创作和文本分析理论,在相当程度上涵盖了艺术理论的几个主要领域。或许我们可以这样来表述,芒罗的美学研究代表了艺术哲学(或美学)中的一种理论取向,那就是更加专注于艺术而非哲学,因此与艺术理论的关系或关联更为密切。[2]

进入21世纪,将美学和艺术哲学区分开来的趋向更是明显,越来越多的学者喜欢用艺术哲学来标示自己的研究领域。比如一本名

---

[1] Thomas Munro, *Form and Style in the Arts: An Introduction to Aesthetic Morphology* (Cleveland: Press of Case Western Reserve University, 1970).

[2] 相近的例子还有加拿大美学家斯帕肖特20世纪80年代早期的一部厚重的著作《各门艺术的理论》,走的也是艺术哲学而非传统美学的路子。该书分为两个部分。第一部分"各门艺术":2.古典路向一:各门艺术,3.古典路向二:自由交往的诸艺术,4.古典路向三:美的艺术,5.古典路向四:想象的诸艺术,6.古典路向五:何为艺术品,7.古典路向六:艺术品像何物? 8.古典路向七:批判的功能;第二部分"艺术":10.艺术的观念,11.表现论路向一:艺术即表现,12.表现论路向二:艺术、艺术品、艺术家,13.神秘论路向,14.纯粹论路向,15.结论。参见 Francis Sparshott, *The Theory of the Arts* (Princeton: Princeton University Press, 1982)。

为《美学与艺术哲学》的导论性著作，作者就明确区分了美学与艺术哲学的学科差异。他认为美学主要是某种价值研究，它来源于某种经验，可以在具有这一价值的对象的判断中辨识出来。而艺术哲学则广泛地涉及关于艺术的各种问题。核心问题有五个，分别是作为艺术的艺术其价值何在？何为艺术？何种对象是艺术品？艺术如何再现和描写？如何理解艺术品的意义？[1] 由此看来，传统意义上的美学对趣味、审美愉悦、审美特性和审美价值的研究，的确和艺术哲学的议题设置有所不同。也正是在这里，我们应充分注意艺术理论与这类艺术哲学的广泛交集。一方面可以把这种趋向看作是美学从传统领域向新领域扩张的表征，另一方面，也可以看作是艺术理论在传统美学中借势发展出来的新领域。

在我看来，当代艺术哲学的知识学特点呈现为两种稍有差异的路向。一个路向是偏重于哲学相关问题而不是艺术问题，从本体论到价值论到认识论到语言论等。另一个路向则是偏重于艺术问题，将注意力投向艺术中的基本问题，从艺术形式到艺术史到艺术语境等。由此来看，艺术哲学确实与艺术理论有较多的交集或重叠。这种交集或重叠与晚近艺术研究跨学科合作的趋势相一致，可以说艺术理论与艺术哲学等多个学科之间出现了深度的交集和渗透。

这一趋势的发展导致了两种情况的出现，其一是美学或艺术哲学中的许多有哲学背景的学者，对具体的艺术问题本身而非艺术中的哲学问题越来越感兴趣，他们与艺术理论家的关注越来越接近；其二是在跨学科研究盛行的当下知识界，艺术哲学一反躲在形而上思辨的象牙塔之"常态"，与艺术理论或艺术史等具体学科发展亲密关系，邀

---

[1] Robert Stecker, *Aesthetics and Philosophy of Art* (Lanham: Rowman & Littlefield, 2010), 1–10.

约艺术理论或艺术史学者进入其传统领地"群居相切磋"。这一趋势以《重新发现美学：来自艺术史、哲学和艺术实践的超学科声音》[1]一书为例，该书的问题结构被设计为三个部分，分别是"艺术史和艺术理论中的美""哲学中的美学"，以及"艺术实践和策展实践中的美学"。中间部分其实就是传统美学的领地，没有什么特别之处，值得注意的是前后两个部分。尽管19世纪末以来，艺术史和艺术理论一直在强调自己不同于传统美学，但不管怎么区分，最终也无法摆脱美学。至于策展和艺术实践，其中蕴含的美学问题更是无可回避。哲学美学—艺术史论—艺术实践三个领域从形而上到形而下的学理逻辑清楚地表明，艺术理论正在居间位置上拓展渗透，与美学和艺术实践的思辨和实践两端均发生了积极的互动和交集，这既给艺术理论本身带来了拓展新空间的可能性，也扩大了艺术理论特有的居间性贯通功能。

大艺术与小艺术：问题结构的差异

前面我们曾提到，艺术这个概念在西语中具有多重意义，尤其是在当代西方语境中，艺术概念的界定与应用有一个总体性概念还是地方性概念的差别，这一差别也是导致对艺术理论知识系统有所质疑的原因之一。art在西文中包含了两层意思，一是总体性概念（或称"大艺术"），它涵盖了文学、戏剧、造型艺术、音乐、舞蹈、影视等各门艺术，亦即巴托所界定的"美的艺术"；二是作为地方性概念（或称"小艺术"），它则经常是特指造型艺术或视觉艺术，尤其

---

[1] Francis Halsall et al. (eds.), *Rediscovering Aesthetics: Transdisciplinary Voices from Art History, Philosophy, and Art Practice*.

是绘画、雕塑和建筑。造成艺术概念总体性和地方性歧义和混用的原因是复杂的,既有历史的原因,也有当下的现实。根据威廉斯的看法,在艺术这个概念从传统的"七艺"向现代意义转变过程中,17世纪末逐步开始专门意指造型艺术中的绘画、素描和雕塑,到了19世纪这个用法已被固定下来了。[1]据此我们可以推论,艺术概念被赋予现代意义的过程中,从一开始就蕴含了造型艺术的基本含义,这就埋下了大、小艺术概念内涵的矛盾。威廉斯在考察艺术观念时还提到另一个现象,那就是艺术概念在17到18世纪,有一个强调其自发性、想象力和非实用性的倾向,这也就是巴托对艺术下定义时所采用的思路。值得注意的是,威廉斯特别指出,这个着眼于艺术普遍特质的界定,经常把艺术与科学对举,前者代表了想象性的非实用的技艺,后者则代表了实用性的技术。[2]换言之,大艺术的总体性概念也是艺术现代含义中不可或缺的一个用法。我认为,正是艺术现代赋义内在的矛盾性或含混性,导致了艺术概念使用和理解上的总体性与地方性的混乱。比如,美国批评家韦勒克在其《文学理论》一书中,经常对文学作品采用一个独特的表述——"艺术的文学作品"(literary works of art),旨在强调文学作品所具有的艺术特征或审美特质。更有趣的是,巴托所定义的"美的艺术"概念,在中国引入西方概念及其知识系统和观念的历史进程中,慢慢地演化为特指绘画、雕塑、装饰的具体艺术门类的"美术"了。从"美的艺术"到"美术",其间所发生的词义的狭窄化和特指性却往往被人们所忽略。

也许正是由于艺术概念在西语语境中的这个矛盾性或内在张力,

---

[1] 雷蒙·威廉斯:《关键词:文化与社会的词汇》,刘建基译,第17—18页。
[2] 同上,第19页。

所以不难发现所谓的艺术理论就有两种不同的理解，一种是指向大艺术即总体性艺术的艺术理论，一种是聚焦小艺术即造型艺术的艺术理论。不仅艺术理论，甚至在艺术史和艺术批评的概念使用上，也同样存在着这样的差异。如果我们对冠以"艺术理论"的英文著述稍加整理翻检，便会发现这两种不同意涵所指称的是完全不同的艺术理论知识，其中大、小艺术理论的差别必须引起高度重视。以下我选择几本有代表性和影响力的英文著述来予以说明。

大艺术或总体性艺术理论著述：

1. Francis Sparshott, *The Theory of the Arts* (Princeton: Princeton University Press, 1982).

2. Karol Berger, *A Theory of Art* (Oxford: Oxford University Press, 2000).

3. Neol Carroll (ed.), *Theories of Art Today* (Madison: University of Wisconsin Press, 2000).

小艺术或地方性艺术理论著述：

4. Moshe Barasch, *Modern Theories of Art: From Winckelmann to Baudelaire* (New York: New York University Press, 1990).

5. Charles Harrison and Paul Wood (eds.), *Art in Theory: 1900–2000* (Oxford: Blackwell, 2003).

6. Paul Smith and Carolyn Wilde (eds.), *A Companion to Art Theory* (Oxford: Blackwell, 2002).

仅以这六本在英语世界比较流行的著作来看，前三本都是讨论艺术中的一般问题，属于总体性的艺术理论，尤其是第一本，"艺术"采用了复数形式。但是这些作者或编者往往有哲学背景或擅长艺术哲学的研究，所以他们不可能只就一门或一类艺术来讨论，从总体性上界定和阐释艺术便成为这类著述的基本理论取向，所讨论的问题大都是艺术定义、艺术功能、艺术品、意义及其阐释、艺术体制等等。后三本是从小艺术概念来界定的，局限于地方性的造型艺术理论。以最后一本为例，该书编者将艺术理论区分为四个主要领域，分别是传统与学院派、以现代主义为中心、批评理论与后现代主义、阐释与艺术体制。值得注意的是第五本，虽然没有直接使用"艺术理论"这个概念，而是用了"理论中的艺术"，但这里的"艺术"显然是特指造型艺术。该书的德文版便被直接翻译成《20世纪艺术理论》。这本书的一个优点是其理论资源不限于造型艺术本身，而是包括了哲学、心理学、社会理论等其他有关学科的理论，但始终围绕着造型艺术的当代问题来编排。

至此我们便进入了一个艺术理论知识系统的关键问题，即艺术理论的问题结构。从艺术的总体性和地方性的不同界定出发，会有不同的艺术理论问题结构。潘诺夫斯基早在20世纪20年代，就提出了一个艺术理论与艺术史关系的知识学问题。虽然他的主攻方向是造型艺术，但由于受到卡西尔文化哲学和德国传统哲学的熏陶，他非常重视理论在艺术史研究中的重要性。在他看来，艺术史分为两种，一种是"物之学问"的艺术史，另一种是"阐释的"艺术史。前者着力于对艺术史的现象描述，后者则是对艺术现象背后整体的历史文化根源和原则的探究。两者的根本差别在于前者没有艺术理论的指导，后者则与艺术理论密切相关。那么，艺术理论对艺术史有何助益呢？潘诺夫斯基认为，艺术理论可以为艺术史提供基本概念和问题结构。尽管他没有具体说明问题结构是什么，但从他的分析来看，所谓问题结构就是基本概念所关联的问题结构。他提出了一个复杂的以"体"与"面"二元范畴为基本概念的问题结构：

本体论领域中的一般性对立	现象领域内，尤其是视觉领域内的具体对比			方法领域中的一般性对立
	1. 基础价值对比	2. 形象价值对比	3. 构图价值对比	
体与形	视觉价值/触觉价值（虚的空间/有形实体）	深度价值/表面价值	融合价值/分立价值	时间与空间

这个问题结构区分为本体论、视觉现象和方法论三个层次，每个层次都有特殊的问题，由此构成了造型艺术特定的问题结构。虽说潘诺夫斯基是一家之言，其问题结构和同时代的其他德语区的艺术史家有不少共同之处（如李格尔或沃尔夫林等）。然而有一点很清楚，"体"和"面"的二元范畴是针对造型艺术的视觉形式，不可能成为总体性艺术的基本概念。所以，从潘诺夫斯基的理论出发，我们必须进一步上升到艺术理论的一般范畴来考虑。

要搞清总体性艺术概念制约下的艺术理论的问题结构，其实并不是一件轻而易举的事。如前所述，美学或艺术哲学当然是基于总体性艺术概念来思考艺术的，但它有两个不同的取向，一个是聚焦哲学问题，另一个是聚焦艺术问题。我们从后一个取向的美学或艺术哲学中可以发现一些艺术理论问题结构的设置，芒罗的三本书就是一个有借鉴意义的尝试。同理，即使是造型艺术理论，甚至其他艺术门类的理论，也可以区分出两个不同的层次。一个是该门类艺术特有的专门问题，比如潘诺夫斯基所说的"体"与"面"所构架的造型艺术问题；

但也有一些问题并不是该门类独有的问题,因此属于更一般的艺术问题,带有总体性或普遍性,这部分也可以进入大艺术的问题结构。但如何从这些门类艺术理论中剥离出一般艺术的基本理论问题,需要仔细的斟酌和鉴别。当然,不同的艺术理论家会关注不同的问题,因而如何从统计学上寻找艺术理论的最一般概念所构成的问题结构,也许是一条可行的路线。这里,我们做一个小范围的统计,依据以上六本书的主题词索引,统计在该书中出现的高频次主题词汇(10次以上),去除完全是哲学美学和部门艺术的特殊词汇后,得出了以下主要术语或关键词。我以为这个统计大致可以说明在英文学术界,晚近被关注的艺术理论基本概念(或核心概念、关键词)是什么。

abstraction 抽象
applied art 应用艺术
art and civilization 艺术与文明
art history 艺术史
artist 艺术家
arts 各门艺术
autonomy 自律性或自主性
avant-garde 先锋派
body 身体
class struggle 阶级斗争
classic art 古典艺术
commodities, commodification 商品,商品化

consumers 消费者
content 内容
culture 文化
creativity 创造性
criticism 批评
expression 表现
feminism 女性主义
fine arts 美的艺术
form, formalism 形式,形式主义
function and value of art 艺术的功能和价值
gender 社会性别
historicity 历史性

第十三章 艺术理论的知识学问题 293

image 形象	主义
imagination 想象	realism 现实主义
institutional theory 体制论	rhetoric 修辞
intentionality 意图	revolution 革命
interpretation 阐释	representation 再现或表征
language 语言	romanticism 浪漫主义
Marxism 马克思主义	sign, significance 符号, 意味
meaning 意义	semiotics 符号学
medium, media 媒介	society 社会
metaphor 隐喻	space 空间
mimesis 模仿	spectator, spectatorship 观众
modern art 现代艺术	structuralism 结构主义
modernism 现代主义	style 风格
modernity 现代性	subjectivity 主体性
narrative 叙事	symbol 象征或符号
originality 独创性	technique 技巧
popular culture 流行文化	time 时间
postmodernism 后现代主义	visuality 视觉性
poststructuralism 后结构	work of art 艺术品

以上这些重要的艺术理论术语大致可以分为几类：第一类是与艺术相关语境概念，诸如文明、社会、体制、革命、现代性、商品化等；第二类是艺术本体论概念，诸如艺术、艺术品、艺术家、观众、艺术史、艺术批评等；第三类是艺术分析概念，诸如意义、技巧、符号、风格、形式、内容、再现、表现、修辞、空间、时间等；第四类

是艺术史概念,诸如古典艺术、现代艺术、现代主义、现实主义、浪漫主义、后现代主义等;第五类是艺术理论思潮概念,诸如马克思主义、结构主义、符号学、后结构主义等。虽然这些概念不足以涵盖西方20世纪艺术理论的全部,至少可以看出构成其问题结构的基本概念的总体面貌。换言之,西方当代艺术理论就是在这些概念的框架中发生、发展和演变的。依据这些基本概念,一方面可以厘清艺术理论与美学及艺术哲学之间的差异性,另一方面又可以区划出艺术理论与各门艺术理论(如造型艺术理论)之间的不同。由此我们有理由说,艺术理论的确是一个独立存在的知识系统,它不但有存在的知识学的合法性,而且有大力发展并加以深化的必要性。

结　语

以上我们从西方语境的角度,对艺术理论作为一个学术领域的知识学问题做了相关的考察和分析,作为结论有以下几点需要特别强调。首先,艺术理论是一个居间性的知识系统,它一方面与美学或艺术哲学有所交集,另一方面又与各门艺术理论相互关联,因此,要明确地区分出它的学科边界是几乎不可能的。正是这种居间性导致的相互交错状态,使艺术理论具有鲜明的包容性和开放性。其次,在跨学科研究的当代语境中,艺术理论的知识生产并不限于少数专事于艺术理论研究的学者,而是涵盖了其他一些相关学科。然而有一点也必须注意到,那就是不同学科的学者参与到艺术理论的知识生产中来,总是不可避免地带有其学科背景的观念、方法和问题意识。所以艺术理论的理论资源的构成是多样化和多学科的。再次,由于艺术概念的总体性与地方性的差异,所以在西方知识界存在着两种对于艺术理论的不同理解，但我们必须注意到两者的不同，不能以小艺术的艺术理论取代大艺术的艺术理论。在汉语语境中，我们很少会有复数的或大写的艺术概念，"美的艺术"被"美术"所取代，也在提醒我们要充分注意到艺术概念的差异性。而作为独立学科和知识体系的艺术理论，显然是关涉总体性艺术概念的艺术理论。最后，以上西方语境中对艺术理论知识学问题的考察，如何与中国当代社会和文化的现实语境相参照，如何在西方知识系统的发展演变中汲取有益的养料，来丰富和发展本土的艺术理论，这是一个紧迫的任务，虽然本章并没有讨论这一问题，但此一问题的确存在，而且在不断向我们提出挑战，逼迫我们做出回应。

第十四章　作为现代主义另一面的包豪斯

包豪斯学派是一个影响深远的现代设计学派。不同于任何画派或雕塑派别，包豪斯对现代社会及其生活方式的影响可谓深远。从小处说，在日常生活中，我们坐的钢管椅子，用的可调节的台灯，居住的混凝土预制件建筑，工作或购物的玻璃幕墙巨型建筑，均来自包豪斯的创意。从大处说，包豪斯所提倡的设计理念，已深深融入了我们的思维方式、情感方式和行为方式之中。设计史家埃卡尔特说得好，包豪斯"创造了当今工业设计的模式，并且为此制定了标准；它是现代建筑的助产士，它改变了一切东西的模样，从你现在正坐在上面的椅子，一直到你正在读的书"[1]。正是基于包豪斯的深刻影响，对它的认知不能只限于狭隘的设计本身，或是只把它视作工业设计或建筑设计的一个支脉。我们有理由把包豪斯看作是一种文化，一种精神取向，并置于现代主义大背景中予以考量。作为现代主义盛期出现的一个重要派别，包豪斯的意义远不止于设计。本章强调一个新的看法，包豪斯不但是现代主义诸多潮流的一支，更有现代主义主流的对立面的特性。包豪斯与那些恪守艺术自主的纯粹主义主潮大相径庭，非常关注艺术与社会的全面融通，大力提倡各门艺术平起平坐地相互协作，这

---

[1] 弗兰克·惠特福德：《包豪斯》，林鹤译，生活·读书·新知三联书店2001年版，第3—4页。

就建构了现代主义艺术的另一面,平衡了现代主义的艺术生态,所以包豪斯的意义有必要从这一"对抗文化"的角度加以理解。

现代性分化中的纯粹主义主潮

现代主义出现在19世纪下半叶到20世纪上半叶,20世纪头二十年是其巅峰盛期。这场声势浩大的思想文化运动,像一次高等级的地震,颠覆了许多长久以来奉为圭臬的价值标准,彻底改变了西方文明的走向,重塑了现代西方文化的地形图。

关于现代主义思潮,历来存在着许多不同的看法。奥尔特加认为这是一场艺术家挖去自己传统根基的变革,上千年以来的传统顷刻被颠覆了,所以他坚信作为现代主义代表的"新艺术"对自己的过去充满了敌意。[1] 阿多诺则发现,现代主义是站在社会对立面对物化社会的尖锐批判,其"谜一样"的表达方式乃是对人们日益刻板固化的常识经验的挑战。[2] 詹明信提出,现代主义是一个以时间为维度的文化建构,其意识形态的典型特征是它的艺术自主性观念。[3] 在林林总总的关于现代主义的界说中,有一个共识性的看法,那就是现代主义是现代性的产物,其主流或主导倾向是一种为艺术而艺术的纯粹主义。[4]

说到现代性,更是充满了争议和分歧。如果说现代主义已经是一个麻烦的概念的话,那么现代性就更为麻烦了。根据韦伯的宗教社会

---

[1] 奥尔特加:《艺术的非人化》,周宪译,周宪编《激进的美学锋芒》,第135—143页。
[2] 西奥多·阿多诺:《美学理论》,王柯平译,四川人民出版社1998年版。
[3] 詹姆逊:《单一的现代性》,王逢振译,王逢振主编《詹姆逊文集》(第4卷):现代性、后现代性和全球化》。
[4] 参见Mark A. Cheetham, *The Rhetoric of Purity: Essentialist Theory and the Advent of Abstract Painting* (Cambridge: Cambridge University Press, 1991)。

学研究，现代性说到底不过是世俗化的价值领域分化的历史进程。他认为最重要的价值分化有五大领域，现代性就是经济、政治、科学、审美和性爱五个不同价值领域的自立门户过程。[1] 价值领域的分化导致各领域形成了自己价值判断的独立标准。经济领域的价值判断标准有别于政治领域，科学的求真判断亦不同于艺术的审美判断。换言之，每个领域独立存在，各有其运作原则与追求目标，这就是现代性的分化。韦伯特别提到，在宗教统治一切的古代社会中，艺术的审美愉悦和形式感是不可能作为独立的价值判断而存在的，一切艺术的表现对象和手法，均服从于基督教的兄弟伦理，凡是不合于宗教伦理的判断都被视为异端邪说。只有到了现代社会，宗教的东西与世俗的东西分家，作为统一的世界观宗教伦理不再有权威性时，各个领域独立自主的价值判断才得以可能。

倘使我们用分化的观点来审视现代主义，不难发现它所追求的艺术自主性，乃是艺术所具有的独立价值。18世纪中叶，为"美的艺术"命名的法国哲学家巴托，把艺术区分为三种类型：实用艺术、机械艺术和美的艺术。美的艺术之所以不同于前两者，根本原因在于美的艺术是为了给人以情感愉悦，而其他艺术则带有实用目的。在他看来，美的艺术只有五种：音乐、诗歌、绘画、戏剧和舞蹈。[2] 到了19世纪，唯美主义思潮兴起，王尔德进一步把艺术与中产阶级的日常生活区分开来，提出了唯美主义三原则：第一，"艺术除了表现它自身之外，不表现任何东西"；第二，"一切坏的艺术都是返归生活和自

---

1 参见 H. H. Gerth and C. C. Mills (eds.), *From Max Weber: Essays in Sociology*, 331–358。
2 Abbé Batteux, "The Fine Arts Reduced to a Single Principle," in *Aesthetics*, eds. by Susan Feagin and Patrick Maynard, 102–104.

然造成的";第三,"生活模仿艺术远甚于艺术模仿生活"。[1] 到了20世纪初,贝尔直接提出了艺术"有意味的形式"说,将艺术的本质特征视为某种特有的审美形式。[2] 20世纪中叶,美国批评家格林伯格以现代主义绘画为例,详细论证了现代主义绘画逐渐走向抽象的内在动因,它是绘画艺术开始觉悟并与雕塑分道扬镳的过程,是绘画回到它自身平面性的过程。依照格林伯格的看法,自文艺复兴以来,透视法的发明,迫使绘画努力在二维的平面上追求一种三维的深度幻觉,由此走上了绘画不断与雕塑竞争空间深度表现的歧途。直至抽象主义绘画的出现,画家发现绘画原本和雕塑的媒介和存在方式完全不同,二维的平面性才是绘画所以为绘画的本质所在。于是,抽象主义绘画彻底颠覆了自希腊以来的模仿原则,进一步,文艺复兴以来的透视原则及其效果在抽象绘画中亦消失殆尽。[3] 格林伯格所关心的是现代主义绘画有别于古典绘画的根本所在,用他的话来说,现代主义的特质在于每门艺术都在寻找自己安身立命的根基,这个根基绝对只属于它自己。他写道:"每门艺术都为了自身的缘故而进行了这样的证明。这类证明必须表明的东西不仅在一般艺术中是独特的不可化约的,甚至在每一门特殊艺术中也同样如此。每门艺术都不得不通过自己特有的操作来确定非它莫属的效果。显然,这样做就缩小了该艺术的涵盖范围,但同时也更安全地占据了这一领域。"[4] 如果说从巴托到王尔德、贝尔,都在探究艺术有别于其他社会和文化现象的话,那么,到了格林伯格那里,这种区分性进一步延伸至艺术内部,各门艺术都有自己

---

1 王尔德:《谎言的衰朽》,杨恒达译,赵澧、徐京安主编《唯美主义》,第143页。
2 贝尔:《艺术》,薛华译。
3 格林伯格:《现代主义绘画》,周宪译,周宪编《激进的美学锋芒》,第204—210页。
4 同上,第205页。

的价值标准和特殊效果。文学追求语言艺术特有的文学性，戏剧强调自身独一无二的剧场性效果，音乐彰显听觉艺术独有的音乐性，电影追求其特有的"上镜头性"，绘画则如格林伯格所言回到了它特有的平面性。以至于有美学家指出，现代主义有三个基本原则，第一是艺术的自主性原则，第二是艺术品结构独立性原则，第三是抽象形式乃是艺术本质所在的原则。[1] 这些关于现代主义艺术的论断，清楚地揭示了现代主义的一个主导趋向，那就是艺术追求自身的独立自主性，追求各门艺术最纯粹的特性。

作为"对抗文化"的包豪斯

如果说现代主义在其自主性意识形态的制约下，一直在努力划分边界凸显独一性的话，那么，这个主导趋势可以说是无处不在，不仅体现在各门艺术之间的区分上，而且体现在艺术和非艺术、纯艺术与实用艺术、高雅艺术与低俗艺术、审美价值与商业价值等上。这些边界都在现代主义大潮的冲击下渐趋形成，并提升为相应的主导价值规范，对社会和文化产生了持续久远的影响。概而言之，这一主导倾向的基本特征是以艺术纯粹性为目标，反对把艺术与非艺术混为一谈。

但有趣的是，在这种以自主性意识形态为取向的区分性现代主义艺术蓬勃发展的同时，另一个反向潮流也在暗中涌动，那就是反对艺术自主性的去分化倾向。20世纪初，法国艺术家杜尚的《泉》就是一个典型个案，他用一个日常生活中随处可见的"现成物"来取代艺术品，有意混淆了艺术与非艺术的界限，是对主张艺术自主性的现代主

---

[1] H. G. 布洛克：《美学新解》，滕守尧译，第260页。

义主流观念的极大嘲弄。与此同时，在达达主义、未来主义、超现实主义等激进的艺术流派中，这样的去分化尝试也时有所见。及至20世纪中叶，随着后现代主义的崛起，精英主义和纯粹主义的现代主义艺术观开始衰落，"跨越边界、填平鸿沟"（费德勒语）的冲动无处不在。由此来看，现代主义并不是铁板一块，在其自主性的纯粹主义主潮之外，亦有反自主性的其他支流的存在。以此来看现代主义，不难观察到它所特有的二元结构——艺术自主论与反自主论，艺术纯粹主义与反纯粹主义。这是我们认识包豪斯作为现代主义一个支脉的重要视角，透过这个视角，我们对包豪斯的阐释和评价就不只是一个设计学问题，而是一个包含了复杂的哲学和美学的观念，是对一种文化的体认和阐扬。

回到包豪斯，作为现代主义设计流派，人们很容易得出一个简单的判断。因为设计必须服从于社会文化现实发展的需求，必须以实用性和功能性为其目标，所以，包豪斯的设计美学是绝无可能走上绘画、雕塑等艺术的自主性、区分性的纯粹主义道路的。一个画家或雕塑家可以躲进小楼成一统，不问世事而沉醉于个人的主观精神世界里，但一个设计师必须面对客户和市场。因此，包豪斯的设计美学一定是在纯粹主义之外别立新宗，探索新路。如此理解有一定道理，但不免流于简单化。在我看来，包豪斯的设计美学需要放到现代主义二元结构中加以理解，进而瞥见其复杂的社会意义和美学意义。虽然包豪斯的广泛影响随处可见，但很容易形成关于包豪斯的刻板印象，以至于很多人认为，包豪斯就是现代的、激进的、功能性的和几何线条的设计风格。其实在包豪斯的创立者格罗皮乌斯看来，并没有一种特定的包豪斯风格的存在，包豪斯的精髓并不是某种定型化的风格形式，而是提倡一种创造性的态度进而形成多样性的风格。格罗皮乌斯的说法在提醒我们，对包豪斯的认识绝不能只限于某种具体的设计形式或模式，而是要深究其在哪些方面有所创新，尤其是在一些大的哲学和美学观念方面。

以上我们主要讨论了在现代性分化的大趋势下，现代主义走上了一条以自主性为合法化根据的艺术纯粹性道路，艺术成为某种带有精英主义色彩的"小圈子"文化（马尔库塞语）。与现代主义中不断分化的纯粹主义路线相反，包豪斯自创立伊始就走上了相反的路线。格罗皮乌斯起草的《包豪斯宣言》，明确地亮出另一种颜色的现代主义旗帜。这篇虽然短小却具有开时代风气之先的宣言，提出了三个重要原则。第一，他明确主张艺术家和工艺家之间绝无高低贵贱之分，"建筑师、雕塑家、画家们，我们所有人都必须回到手工艺！艺术家并不是一个'职业'。在艺术家和工艺师之间并不存在什么本质性的差异"[1]。正是因为各门艺术都需要娴熟的手艺，所以把画家说成是高于或优于手工艺师是毫无道理可言的。而正是因为各行艺术并无高低贵贱之分，所以第二个原则是必须让艺术家与工艺师们结合起来。他特别指出今天的艺术家处于与世隔绝的孤立状态，远离生活和社区，拯救他们的唯一方法就是自觉地和所有手工艺师合作，不再追求"沙龙艺术"那样的阳春白雪。他呼吁"让我们创立一个没有等级区分的工艺师的新协会，因为那些区分只会加深艺术家和工艺师之间的充满傲慢的隔阂"。在此基础上的第三个原则更为迫切，那就是艺术或设计与工业技术界的对接与融合。不同于绘画雕塑对一些新技术和新材料的应用，格罗皮乌斯提倡的设计与工业的融合原则，顺应了现代科

---

[1] Walter Gropius, "Bauhaus Manifesto and Program," (1919) http://mariabuszek.com/mariabuszek/kcai/ConstrBau/ Readings/GropBau19.pdf.

技导向社会发展的大趋势,为设计在现代社会的定位确立了新的依据。工业设计因此应运而生,成为当代设计最重要、最有发展潜力的领域。

从格罗皮乌斯这个短短几百字的宣言中可以看出,他所倡导的设计美学观念蕴含了几个重要转向:其一,从传统的老式的艺术学院模式向新的设计学院模式的转变,这个转变最重要的特征就是去除艺术与社会的种种人为的藩篱或隔阂,打通艺术走向现实社会和生活的通道;其二,改变现代主义艺术家"沙龙艺术"的自我孤立倾向,破除艺术家的精英主义和孤立主义,打碎艺术家和工艺师之间人为的高低贵贱的刻板区分,走向不同艺术家通力合作的新的艺术架构;其三,坚决抵制现代主义自主性的纯粹主义主潮,创立一种全新的艺术统一观,并以此作为包豪斯乃至现代主义艺术的哲学基础。

"普遍统一性"

从1919年发表《包豪斯宣言》,到后来的一系列关于包豪斯设计美学的论著,格罗皮乌斯一以贯之的哲学理念是所谓"普遍统一性"(a universal unity)。与现代主义主流的分化观相对抗,格罗皮乌斯以统一论来另辟蹊径,建构了现代主义艺术的另一面相。正是基于普遍统一性原则,包豪斯学派将在现代主义艺术家那里处于分裂、断裂和碎片的对象和主体,统一成一个和谐整体。

其实,统一性是一个古老的哲学概念,无论西方哲学还是中国哲学,都有久远的统一论哲学的传统。强调世界是统一的乃是一种观察和理解世界的独特方式,至于统一的原因的解释则千差万别,从道的自然统一论到上帝是万物根源的宗教统一观等不一而足。德国现代

第十四章 作为现代主义另一面的包豪斯

哲学自莱布尼茨以来,一直有一种强调统一性的传统,无论是理性主义哲学,抑或浪漫主义哲学均如此。黑格尔关于历史理性总体性的论断,马克思对历史唯物主义总体性的描述,可视为对统一性观念既抽象又具体的诠释。因此,统一性观念并不新鲜,但对于包豪斯来说,却具有非常重要的哲学方法论意义。格罗皮乌斯如是说:"自我与世界是对立的,这一古老的世界-观念二元论正在迅速失去其重要性。取而代之的是一个正在兴起的观念——普遍的统一性。在这样的统一性中,一切对立的力量都处于一种绝对平衡的状态之中。这种对一切事物及其显现的本质性的同一性新认识,赋予创造活动以一种根本性的内在意义。因此,任何事物都不再是孤立存在了。"[1]这是格罗皮乌斯对普遍统一性最精准的界说。值得注意的是,格罗皮乌斯一方面指出一切事物的"本质性的同一性",另一方面又特别强调主客(自我-世界)二分的对立正在消解。这里隐含了一个重要的思想,那就是用本质的同一性来弥合主客之间的对立,使一切都处于一种绝对平衡的状态之中。放到现代主义巅峰期自主性的纯粹主义盛行的背景中来看,格罗皮乌斯这一主张的积极意义便显得十分清晰。他亮出普遍统一性的大旗,践行统一而非分化的包豪斯路线。

格罗皮乌斯的"普遍统一性"观念至少包含了两层意思。首先是哲学层面的统一性,即对世界万物间的相互关联。以此来观察世界,寻找事物间的联系而非孤立地看待它们,便具有重要的方法论意义。正是基于这一观念,格罗皮乌斯才在他的《包豪斯宣言》中提出了整合论主张。其次,对一个设计学家来说,普遍统一性还包含了某种技

---

[1] Walter Gropius, "The Modern as Ideal," in *Art in Theory: 1900–1990*, eds. by Charles Harrison and Paul Wood (Oxford: Blackwell, 1992), 338.

术层面的意义，那就是在设计抑或艺术层面，各门艺术或各类设计同样具有普遍统一性。这也是包豪斯学院关于设计教育和实践的指导性观念。格罗皮乌斯多次表达了这样的想法："在创建最初的包豪斯学院时，我有一个指导性的观念，那就是存在着一种构成各个设计分支基础的基本统一性。"[1]这种"基本统一性"是其"普遍统一性"在设计技术层面上的具体界定。格罗皮乌斯要解决的问题是如何把想象性设计和技艺精到完美结合，他认为这就需要寻找一个未曾有过的合作类型。也许正是依循这一理念，格罗皮乌斯创办的包豪斯学院，既云集了伊顿、康定斯基、克利等高度想象性的艺术家，又有许多偏重于设计技术和工艺的专家，诸如费宁格、穆希、凡德罗等。"在格罗皮乌斯对包豪斯的构想当中，有一个概念是很重要的：从本质上讲，美术与工艺并不是两种不同的活动，而是同一件事情的两种不同分类。画家，尤其是画家，比较关注艺术理论，容易欢迎新的想法，因而，在格罗皮乌斯眼里，他们教起工艺学徒来，应该更胜过视野偏狭的旧式工匠们。……包豪斯的教员绝对不只限于这些画家。此外还有作坊大师们，他们在各自的工艺类别上都是技艺精湛的人。他们应该教学生们学会手工技巧和技术知识，而画家们则应该同时激励学生们开动思想，鼓励他们开发创造力。"[2]所以，1923年包豪斯的年度展主题就是"艺术与技术：一种新的统一"[3]。

耐人寻味的是，在包豪斯的实践中，践行普遍统一性最好的载体是建筑而非其他任何对象。格罗皮乌斯《包豪斯宣言》第一句话就

---

[1] Walter Gropius, *The New Architecture and the Bauhaus* (Cambridge: MIT Press, 1965), 51.
[2] 弗兰克·惠特福德：《包豪斯》，林鹤译，第45页。
[3] 参见 Michael Siebenbrodt & Lutz Schöbe, *Bauhaus:1919–1933 Weimar-Dessau-Berlin* (London: Parkstone, 2009), 17.

是:"一切视觉艺术的最终目标都是完整的建筑!"(The ultimate aim of all visual arts is the complete building!)这个极端的结论有点匪夷所思,视觉艺术包含了诸多领域和分支,有何理由得出结论说视觉艺术都指向"完整的建筑"呢?虽说包豪斯设计与建筑密不可分,但格罗皮乌斯断言建筑是一切视觉艺术的目标,其实有着更为深刻的含义。因为,建筑与任何一门视觉艺术都有所不同,它带有某种综合的"普遍统一性"。一方面,建筑需要各门艺术及各门艺术家的通力协作;另一方面,在各门艺术中建筑偏重于物质性,似乎很难富有精神性,而格罗皮乌斯正是想通过赋予内在意义,使建筑成为弥合世界和自我之间鸿沟的有效载体。说明格罗皮乌斯这一用心的最好方法,是用另一位德语界著名艺术史家泽德尔迈尔的理论来阐发。泽德尔迈尔通过对艺术史的考察发现,现代艺术与古典艺术的一个最大不同,就在于古典艺术是整合性的,而现代艺术则出现了明显的分立。根据他的研究,在古典艺术中,建筑、绘画、雕塑、装饰和园艺五个主要的视觉艺术门类是统一的,并没有显而易见的区分,建筑师可以既是画家又是雕塑家,甚至还是装饰艺术家或园艺家。这个传统到了文艺复兴时期仍然存在,达·芬奇和米开朗基罗就是最好的例证。但是到了现代社会,特别是19世纪下半叶以来,这五个主要的视觉艺术开始分道扬镳了,每门艺术都要经过专业的训练而成为专门家,画家做不了雕塑家的事,建筑师也干不了装饰艺术家或园艺师的活儿。在泽德尔迈尔看来,这不啻是现代艺术危机的征兆。[1]试想一下,在这五种艺术中,把它们融合起来的唯一载体非建筑莫属。这么来看,格罗皮乌斯断言一切视觉艺术的最终目标都是"完整的建筑",也就不难理解了。尤

---

[1] Hans Sedlmayr, *Art in Crisis: The Lost Center*, 79–92.

其是他在建筑前面还加了一个"完整的"定语,这不啻是对"普遍统一性"的一个脚注。他在宣言中紧接着就提出,各门艺术家和工艺师们应通力合作,这既是包豪斯的理想,也是包豪斯的实践策略。

格罗皮乌斯的普遍统一性观念以及以建筑为对象的策略,还与德国美学和艺术的另一个重要概念"整合艺术品"(gesamtkunstwerk, or total art work)密切相关。"整合艺术品"是德国浪漫主义美学的发明,到了作曲家瓦格纳那里,这个概念被确指他的音乐剧。瓦格纳一直怀有一个崇高的美学理想,就是在其音乐剧里,让更多的艺术都参与进来,寓杂多于统一,进而形成一个新的"整合艺术品",比如音乐、戏剧、场景造型、舞蹈、表演等等,都可以成为其音乐剧的有机组成部分。[1] 或许我们有理由认为,格罗皮乌斯的美学理想其实和瓦格纳并无二致,差异只在于选择的对象有所不同,瓦格纳是以音乐剧来统一不同的艺术门类,格罗皮乌斯则是以建筑来统一各门视觉艺术,其中都隐含了德国美学的"整合艺术品"理念。如果我们从这个视角去审视包豪斯学派的"普遍统一性"观念,对建筑的界定或理解也就不只是现代主义分化意义上的作为单一艺术门类的建筑,而是作为一个具有高度包容性和整合性意义或功能的更大概念的建筑。在格罗皮乌斯的美学理想中,建筑成为一个"整合艺术品"的理想载体,成为现代设计的一个总体性概念。

"普遍统一性"的观念并非格罗皮乌斯一人的想法,在包豪斯学派的诸多艺术大师身上都有不同程度的显现。康定斯基在包豪斯的艺术实践一方面延续了他早期的理念,另一方面又融入了包豪斯的经验。他的《点线面》一书作为设计教学的思考成果,清晰地表现出普

---

[1] 参见 Hilda M. Brown, *The Quest of Gesamtkunstwerk and Richard Wagner*。

遍统一性的理念。比如在讨论线条的造型和视觉审美功能时，他明确提出了线条与其他艺术的内在统一性。他坚信造型的特征可以转换为其他艺术翻译的语言来描述。他提出了"音乐性线条"的概念："一般的乐器都具有线的性质，各种乐器固有的音的高度，可以用线的宽度来表示，小提琴、长笛、短笛等发出的音形成极细的线条。中提琴、单簧管则发出略粗的线条。……不仅是宽度，而且在色调上，那给人以各种色彩感的线也可以由各种乐器的各种音色来表现。"[1] 不但音乐，甚至舞蹈、诗歌等均与线条有着相似或相关的普遍统一性。克利作为一位对微小细节十分敏感的艺术家，在其包豪斯教学实践中，也反复强调细节的延伸性和关联性。仍以线条为例，他明确提出了"行走的线条"所产生的运动感，与骨骼、肌肉、血液运动、瀑布、飞鸟、潮汐密切相关，某种看不见的统一性经由艺术性线条而传达出来。[2] 莫霍利-纳吉则从透视观念发明角度提出了普遍统一性问题，他发现透视的现代转型，由一个从文艺复兴时期拘泥于建筑物的地平线视域，向在飞机上从空中鸟瞰的视域的转变。在这一视域的转变中暗含了一个更大的整体性和统一性的理念，用他的话来说，"在我们这个航空的时代，建筑不但可以从正面和各个侧面来欣赏，而且可以从高空来欣赏，亦即以运动着的视线来看。可以像飞鸟那样俯视，像鱼虫那样仰视，如今已成为我们的日常经验。……建筑不再是静止不动的了。因此，直升飞机可以改变一个城镇或地区格局的整个面貌，以至于某种与新元素、时间和速度的形式上和结构上的一致性，便会

---

[1] 瓦·康定斯基：《点线面》，《论艺术的精神》，查立译，中国社会科学出版社1987年版，第161—162页。
[2] 参见莫霍利-纳吉对克利教学笔记的分析，保罗·克利：《克利教学笔记》，周丹鲤译，信实文化出版有限公司2013年版，第106页。

显现出来"[1]。大跨度建筑的出现导致了时空组合的新形态。时间、空间和速度新的结合彻底改变了我们的世界。

包豪斯的精神余绪

以上分析表明,包豪斯学派的"普遍统一性"观念,对于构建这一学派具有相当重要的方法论意义。一个直观的现象是,包豪斯提升了工艺美术或工匠在现代艺术中的地位和作用,开创了一个全新的"设计的社会",实现了艺术与工业技术的融合,因此对现代社会和文化的建构具有积极作用。包豪斯学派提倡"普遍统一性"观念,其意义不只是提升了工艺美术的地位,更重要的在于作为现代主义自主性和纯粹主义主潮的"对抗文化",它的出现和发展改变了现代主义艺术的生态结构。当然,与包豪斯持相同或相近美学主张的还有其他一些艺术家和理论家,不过相较其他力量,包豪斯似乎更具代表性和影响力。更重要的是,包豪斯"普遍统一性"理念,为现代艺术与社会高度融合提供了另一种合法化的证明,进而开启了后现代"跨越边界、填平鸿沟"(费德勒语)的序曲,使得20世纪末西方和中国津津乐道的"日常生活审美化"成为必然。

如果我们从一个现代主义到后现代主义的长时段来考量包豪斯,那么可以发现"普遍统一性"的理念实际上扮演了两个重要的文化角色。其一,作为异于现代主义主潮的一种"对抗文化",它具有相当程度上的平衡机能,正像格罗皮乌斯反复强调的"绝对平衡状态"概念一样,包豪斯的广泛影响弥补了分化论或纯粹主义的现代主义主潮

---

[1] 莫霍利-纳吉:《现代艺术的时空问题》,周宪译,周宪编《激进的美学锋芒》,第212页。

的局限性，为艺术与社会更加紧密的结合开辟了一条通道。没有包豪斯的伟大实践，我们甚至可以断言，今天我们的城市景观和日常生活将是另一番景象。其二，包豪斯学派坚持"普遍统一性"的广泛实践，又开启了后现代艺术与生活融合的大合唱。今天，我们看到设计对整个社会乃至人们行为方式、情感方式和思维方式的深刻影响，包豪斯的功劳绝对不可小觑。这是因为，一方面包豪斯的设计已经成为我们的日常生活方式，另一方面由包豪斯开创的工业设计、建筑设计和日常器具设计，为后来更多的设计新思潮提供了借鉴和启迪。

作为一个美学概念的"普遍统一性"，具有很强的哲学意味。当我们以这个理念来审视当代社会和文化的演变时，就会发现这一理念与许多新思潮和方法论密切相关。因为统一性强调的是多样状态下的整合关系，没有多样性就没有统一性；反之，没有统一性，多样性便处于杂乱无章的混乱状态，使之功能效果荡然无存。无论是多样统一还是对立统一，这些辩证观念其实已经蕴含在"普遍统一性"之中了。用中国哲学的智慧来看，就是所谓"和而不同"。进一步，这个观念的另一要旨在于统一性的普遍性，它普遍存在于各个领域或人类活动中，这就为跨越狭隘的艺术场域进入广阔的社会生活领域提供了更多的可能性。因此，我们有理由认为，格罗皮乌斯反复强调的这一观念，核心在于主张统一与融合，反对人为区分与割裂，主张更多的元素、知识、艺术和文化融会贯通，为重塑现代社会文化发挥合力作用。这个思想委实代表了现代设计的诸多新观念，诸如系统性思维、关系模式，甚至当下流行的生态设计观念。[1] 至此，可以得出一个初

---

1 参见Peder Anker, *From Bauhaus to Ecohouse: A History of Ecological Design* (Baton Rouge: Louisanna University Press, 2010)。

步的结论是,包豪斯学派的"普遍统一性"顺应了时代的发展大趋势,启发了许多建设性的现代或后现代艺术的理论和实践。最后不妨用设计史家佩夫斯纳的评价来结束本章。根据佩夫斯纳的看法,20世纪最伟大的建筑艺术成就来源于格罗皮乌斯,他独特的个人风格带有某种雅致优美的特色。格罗皮乌斯的设计不但体现出伟大设计师的才能,而且展现了一个有远见的思想家风采。"精密的工程计算和丰富的艺术想象力一起协同工作,正像这两者在中世纪的教堂建筑中,或在布鲁内斯基、阿尔伯蒂和米开朗基罗的作品中协同工作一样。"[1]他进一步总结说:"这个世界的富于创造性的能量在格罗皮乌斯的建筑中得到了赞美和颂扬,并且只要这个世界及其梦想和问题还存在,那么格罗皮乌斯和其他先驱者的风格就将给人以启迪。"[2]

---

[1] 尼古拉斯·佩夫斯纳:《现代设计的先驱者——从威廉·莫里斯到格罗皮乌斯》,王申祜等译,中国建筑工业出版社2004年版,第151—152页。
[2] 同上,第154页。

参考文献

中文文献

阿多诺著，王柯平译：《美学理论》，四川人民出版社1998年版。

艾布拉姆斯著，郦稚牛、张照进、童庆生译：《镜与灯》，北京大学出版社2015年版。

奥尔巴赫著，吴麟绶、周新建、高艳婷译：《摹仿论：西方文学中现实的再现》，商务印书馆2014年版。

奥尔特加著，莫娅妮译：《艺术的去人性化》，译林出版社2010年版。

奥尔特加：《艺术的非人化》，周宪编译《激进的美学锋芒》，中国人民大学出版社2003年版。

巴托著，殷曼楟译：《美的艺术简化至一个唯一原则》，殷曼楟主编《艺术理论基本文献·古代近代卷》，生活·读书·新知三联书店2015年版。

鲍曼著，洪涛译：《立法者与阐释者：论现代性、后现代性与知识分子》，上海人民出版社2000年版。

鲍曼著，邵迎生译：《现代性与矛盾性》，商务印书馆2003年版。

鲍姆嘉滕著，简明、王旭晓译：《美学》，文化艺术出版社1987年版。

贝尔著，薛华译：《艺术》，中国文联出版公司1984年版。

贝尔著，赵一凡等译：《资本主义文化矛盾》，生活·读书·新知三联书店1989年版。

波德莱尔著，郭宏安译：《波德莱尔美学论文选》，人民文学出版社1987年版。
布尔迪厄著，刘晖译：《区分：判断力的社会批判》，商务印书馆2015年版。
布尔迪厄著，刘晖译：《艺术的法则：文学场的生成与结构》，中央编译出版社2011年版。
布鲁姆著，江宁康译：《西方正典：伟大作家和不朽作品》，译林出版社2005年版。
布洛克著，滕守尧译：《美学新解》，辽宁人民出版社1987年版。
曹庭栋：《宋百家诗存》卷一九，转引自钱锺书《七缀集》，上海古籍出版社1985年版。
陈侗、杨小彦选编：《与实验艺术家的谈话》，湖南美术出版社1993年版。
丹托著，殷曼楟译：《再论艺术界：相似性喜剧》，周宪主编《艺术理论基本文献·西方当代卷》，生活·读书·新知三联书店2014年版。
丹托著，林雅琪、郑慧雯译：《艺术终结之后》，台湾麦田出版社2004年版。
杜泽逊：《文献学概要》，中华书局2001年版。
费斯克著，杨全强译：《解读大众文化》，南京大学出版社2006年版。
费瑟斯通著，刘精明译：《消费文化与后现代主义》，译林出版社2000年版。
傅杰编校：《王国维论学集》，中国社会科学出版社1997年版。
福柯著，谢强、马月译：《知识考古学》，生活·读书·新知三联书店1998年版。
福柯著，杜小真编，王简等译：《福柯集》，上海远东出版社1998年版。
弗洛伊德著，严志军、张沫译：《一种幻想的未来：文明及其不满》，上海人民出版社2007年版。
高友工：《中国文化史中的抒情传统》，《中国美典与文学研究》，台湾大学出版中心2004年版。
格林伯格：《现代主义绘画》，周宪编译《激进的美学锋芒》，中国人民大学出版社2003年版。
格林伯格著，周宪译：《现代主义绘画》，周宪主编《艺术理论基本文献·西方当代卷》，生活·读书·新知三联书店2014年版。
格林伯格著，易英译：《走向更新的拉奥孔》，《世界美术》1991年第4期。

盖塞著，张隆溪译:《文学与艺术》，张隆溪选编《比较文学译文集》，北京大学出版社1982年版。

郭绍虞主编:《中国历代文论选》(第一册)，上海古籍出版社1979年版。

古德曼著，姬志闯译，伯泉校:《构造世界的多种方式》，上海译文出版社2008年版。

哈贝马斯著，周宪译:《现代性对后现代性》，周宪主编《文化现代性读本》，南京大学出版社2012年版。

哈贝马斯著，曹卫东、王晓珏、刘北城、宋伟杰译:《公共领域的结构转型》，学林出版社1999年版。

豪塞尔著，陈超南、刘天华译:《艺术史的哲学》，中国社会科学出版社1992年版。

海德格尔著，李普曼编，邓鹏译:《艺术作品的本源与物性》，《当代美学》，光明日报出版社1986年版。

汉斯立克著，杨业治译:《论音乐的美——音乐美学的修改刍议》，人民音乐出版社1980年版。

黑格尔著，朱光潜译:《美学》(第一卷)，商务印书馆1979年版。

黑格尔著，朱光潜译:《美学》(第三卷上册)，商务印书馆1979年版。

黑格尔著，贺麟、王太庆译:《哲学史讲演录》，商务印书馆1983年版。

华兹华斯著，曹葆华译:《抒情歌谣集序言》，刘若端编《十九世纪英国诗人论诗》，人民文学出版社1984年版。

怀特著，杜任之等译:《分析的时代:二十世纪的哲学家》，商务印书馆1981年版。

惠特福德著，林鹤译:《包豪斯》，生活·读书·新知三联书店2001年版。

霍尔姆斯著，杨敦惠译:《德彪西》，江苏人民出版社1999年版。

吉登斯著，李康译:《社会学》，北京大学出版社2003年版。

杰姆逊著，唐小兵译:《后现代主义与文化理论》，陕西师范大学出版社1988年版。

卡勒:《今日文学理论》(英文)，《文艺理论研究》2012年第4期。

康德著，何兆武译：《历史理性批判文集》，商务印书馆1991年版。

康定斯基著，查立译：《论艺术的精神》，中国社会科学出版社1987年版。

康拉德著，叶雷译：《黑暗的心》，译林出版社2016年版。

考夫卡著，邓鹏译：《艺术与要求性》，李普曼编《当代美学》，光明日报出版社1986年版。

柯尔立治著，刘若端译：《文学生涯》，刘若端编《十九世纪英国诗人论诗》，人民文学出版社1984年版。

克里斯特勒著，阎嘉译：《现代艺术体系》，周宪主编《艺术理论基本文献·西方当代卷》，生活·读书·新知三联书店2014年版。

克利著，周丹鲤译：《克利教学笔记》，信实文化出版有限公司2013年版。

库恩著，金吾伦、胡新和译：《科学革命的结构》，北京大学出版社2003年版。

莱辛著，朱光潜译：《拉奥孔》，人民文学出版社1979年版。

李斯托威尔著，蒋孔阳译：《近代美学史评述》，上海译文出版社1980年版。

李泽厚：《美的历程》，文物出版社1981年版。

利奥塔尔著，车槿山译：《后现代状态：关于知识的报告》，生活·读书·新知三联书店1997年版。

马尔库塞著，邢培明译：《作为现实形式的艺术》，伍蠡甫、胡经之主编《西方文艺理论名著选编》（下卷），北京大学出版社1987年版。

马克思、恩格斯：《费尔巴哈》，《马克思恩格斯选集》（第一卷），人民出版社1972年版。

马克思、恩格斯：《共产党宣言》，《马克思恩格斯选集》（第一卷），人民出版社1972年版。

梅德卡姆、谢尔登著，王秀满译：《最新现代艺术批判》，台湾韦伯文化出版公司2006年版。

莫霍利-纳吉：《现代艺术的时空问题》，周宪编译《激进的美学锋芒》，中国人民大学出版社2003年版。

佩夫斯纳著，王申祜、王晓京译：《现代设计的先驱者——从威廉·莫里斯到格罗皮乌斯》，中国建筑工业出版社2004年版。

齐美尔著，陈戎女译：《货币哲学》，华夏出版社2002年版。

日尔蒙斯基著，张惠军、方珊译：《论"形式化方法"问题》，什克洛夫斯基等著《俄国形式主义文论选》，生活·读书·新知三联书店1989年版。

萨义德著，单德兴译：《知识分子论》，生活·读书·新知三联书店2002年版。

萨义德著，李自修译：《世界·文本·批评家》，生活·读书·新知三联书店2009年版。

桑塔格著，程巍译：《反对阐释》，上海译文出版社2003年版。

苏轼：《书摩诘蓝田烟雨图》，郭绍虞主编《中国历代文论选》第二册，上海古籍出版社1979年版。

瓦莱里著，丰华瞻译：《纯诗》，伍蠡甫主编《现代西方文论选》，上海译文出版社1983年版。

王尔德著，杨恒达译：《谎言的衰朽》，赵澧、徐京安主编《唯美主义》，中国人民大学出版社1988年版。

王夫之：《姜斋诗话》卷二，转引自叶朗《中国美学史大纲》，上海人民出版社1985年版。

韦伯著，于晓、陈维纲译：《新教伦理与资本主义精神》，生活·读书·新知三联书店1987年版。

韦伯著，林荣远译：《经济与社会》，商务印书馆1997年版。

韦勒克著，杨自伍译：《近代文学批评史》（第四卷），上海译文出版社1997年版。

威廉斯著，刘建基译：《关键词：社会与文化的词汇》，生活·读书·新知三联书店2005年版。

维特根斯坦：《美学讲演录》，刘小枫主编《人类困境中的审美精神》，知识出版社1994年版。

文德尔班著，罗达仁译：《哲学史教程》，商务印书馆1993年版。

温德：《艺术理论与美学》，周宪主编《艺术理论与艺术史学刊》（第一辑），中国社会科学出版社2018年版。

《新牛津英汉双解大词典》（第2版），上海外语教育出版社2013年版。

雪莱著,缪灵珠译:《为诗辩护》,刘若端编《十九世纪英国诗人论诗》,人民文学出版社1984年版。

雅各布森著:《语言学与诗学》,赵毅衡编选《符号学文学论文集》,百花文艺出版社2004年版。

雅各布森著,任生名译:《主导》,赵毅衡编选《符号学文学论文集》,百花文艺出版社2004年版。

亚里士多德、贺拉斯著,罗念生译:《诗学·诗艺》,人民文学出版社1962年版。

姚斯著,周宁、金元浦译:《文学史作为向文学理论的挑战》,《接受美学与接受理论》,辽宁人民出版社1987年版。

詹姆逊著,王逢振译:《作为意识形态的现代主义》,王逢振主编《詹姆逊文集(第四卷):现代性、后现代性和全球化》,中国人民大学出版社2004年版。

詹姆逊著,王逢振译:《单一的现代性》,王逢振主编《詹姆逊文集(第四卷):现代性、后现代性和全球化》,中国人民大学出版社2004年版。

张岱年:《中国哲学大纲》,中国社会科学出版社1982年版。

中国社会科学院语言研究所词典编辑室编:《现代汉语词典》,商务印书馆1997年版。

周宪:《审美现代性批判》,商务印书馆2005年版。

周宪:《艺术理论的三个问题》,《文艺理论研究》2014年第3期。

朱熹:《语类》卷七四,转引自张岱年《中国哲学大纲》,中国社会科学出版社1982年版。

西文文献

Abercrombie, Nicholas, Bryan S. Turner, and Stephen Hill, *The Penguin Dictionary of Sociology*, Penguin Books, 1994.

Abrams, M. H., *The Mirror and the Lamp*, Oxford University Press, 1953.

Adler, Mortimer J., *Six Great Ideas*, Collier, 1981.

Adorno, T. W., *Aesthetic Theory*, trans. by C. Lenhardt, Routledge & Kegan Paul,

1984.

Albright, Daniel, *Panaesthetics: On the Unity and Diversity of the Arts*, Yale University Press, 2014.

Alden, Todd, *The Essential of Rene Magritte*, Abrams, 1999.

Anker, Peder, *From Bauhaus to Ecohouse: A History of Ecological Design*, Louisanna University Press, 2010.

Arnold, Mathew, *Culture and Anarchy*, Cambridge University Press, 1932.

Arntzen, Etta, and Robert Rainwater (eds.), *Guide to the Literature of Art History*, American Library Association, 1980.

Attridge, Derek, *The Singularity of Literature*, Routledge, 2004.

Auerbach, Erich, "Romanticism and Realism," in *Time, History, and Literature: Selected Essays of Erich Auerbach*, ed. by James I. Porter, Princeton University Press, 2014.

Auerbach, Erich, *Mimesis: The Representation of Reality in Western Literature*, Princeton University Press, 2003.

Babbitt, Irving, *The New Laokoon: An Essay on the Confusion of the Arts*, Mifflin, 1910.

Barr, Alfred H., *Picasso: Fifty Years of His Art*, Arno Press, 1980.

Barthes, Roland, *S/Z*, Blackwell, 1990.

Batteux, Abbé, "The Fine Arts Reduced to a Single Principle," in *Aesthetics*, eds. by Susan Feagin & Patrick Maynard, Oxford University Press, 1997.

———, *Les beaux-arts réduits à un même principe*, Slatkine Reprints, 1969.

Baudrillard, Jean, *The Conspiracy of Art*, Semiotext, 2005.

Bennett, Tony, *Formalism and Marxism*, Routledge, 2005.

Berlin, Isaiah, *The Roots of Romanticism*, Princeton University Press, 1999.

Bilman, Emily, *Modern Ekphrasis*, Peter Lang, 2013.

Boehm, Gottfried, "Boehm-Pfotenhauer, and Helmut Pfotenhauer," in *Beschreibungskunst-Kunstbeschreibung: Ekphrasis von der Antike bis zur Gegenwart*,

Verlag Wilhelm Fink, 1995.

Booth, Wayne C., *The Rhetoric of Fiction*, University of Chicago Press, 1983.

Borgmann, Albert, *Technology and the Character of Contemporary Life*, University of Chicago Press, 1987.

Bourdieu, Pierre, *Distinction: A Social Critique of the Judgement of Taste*, Harvard University Press, 1984.

——, *The Field of Cultural Production*, Polity, 1993.

Breckman, Warren, "Times of Theory: On Writing the History of French Theory," *Journal of the History of Ideas*, Vol. 71, No. 3, 2010.

Braembussche, A. A., Heinz Kimmerle, and Nicole Note, *Intercultural Aesthetics: A Worldview Perspective*, Springer, 2009.

Brown, Hilda M., *The Quest of Gesamtkunstwerk and Richard Wagner*, Cambridge University Press, 2016.

Buettner, Stewart, *American Art Theory, 1945–1970*, UMI Research Press, 1981.

Cahoone, Lawrence E. (ed.), *From Modernism to Postmodernism: An Anthology*, Blackwell, 1996.

Castello, Diarmuid, and Jonathan Vickery (eds.), *Art: Key Contemporary Thinkers*, Berg, 2007.

Cheeke, Stephen, *Writing for Art: The Aesthetics of Ekphrasis*, Manchester University Press, 2010.

Cheetham, Mark A., *The Rhetoric of Purity: Essentialist Theory and the Advent of Abstract Painting*, Cambridge University Press, 1991.

Clark, Michael P. (ed.), *Revenge of the Aesthetic*, University of California Press, 1995.

Clüver, Claus, "Interarts Studies: An Introduction," in *Media inter Media: Essays in Honor of Claus Clüver*, ed. by Stephanie A. Glaser, Rodopi, 2009.

Costelloe, Timothy M., *The British Aesthetics: From Shaftesbury to Wittgenstein*, Cambridge University Press, 2013.

Courbet, Gustave, "Letter to Young Artists," in *Art in Theory: 1815–1900*, eds. by Charles Harrison and Paul Wood, Blackwell, 1998.

Danto, Arthur C., "The Artworld," *The Journal of Philosophy*, 1964.

———, *The Philosophical Disenfranchisement of Art*, Columbia University Press, 1986.

———, *After the End of Art: Contemporary Art and the Pale of History*, Princeton University Press, 1998.

———, *The Abuse of Beauty: Aesthetics and the Concept of Art*, Carus, 2003.

———, "The Artworld," in *Aesthetics: The Big Questions*, ed. by Carolyn Korsmeyer, Blackwell, 1998.

Davies, Stephen, "Twentieth-century Anglo-American Aesthetics," in *A Companion to Aesthetics*, Wiley-Blackwell, 2009.

Denis, Maurice, "Definition of Neo-Traditionalism," in *Art in Theory: 1815–1900*, eds. by Charles Harrison and Paul Wood, Blackwell, 1998.

Derrida, Jacques, Catherine Porter, and Edward P. Morris, "The Principle of Reason: The University in the Eyes of Its Pupils," *Diacritics* 13, No. 3, Autumn, 1983.

Dickie, George, *The Century of Taste: The Philosophical Odyssey of Taste in the Eighteenth Century*, Oxford University Press, 1996.

———, (et al., ed.), *Aesthetics: A Critical Anthology*, St. Martin's, 1989.

Diffey, T. J., "On American and British Aesthetics," *The Journal of Aesthetics and Art Criticism*, Vol. 51, No. 2, 1993.

Eagleton, Terry, *Literary Theory: An Introduction*, University of Minnesota Press, 1996.

———, "Ideology," in *The Eagleton Reader*, ed. by Stephen Regan, Blackwell, 1998.

———, *After Theory*, Basic, 2003.

Ellis, John, "Critical Theory and Literary Texts: Symbiotic Compatibility or Mutual Exclusivity?" *Pacific Coast Philology*, Vol. 30, No. 1, 1995.

Felski, Rita, "The Role of Aesthetics in Cultural Studies," in *The Aesthetics of Cultural Studies*, ed. by Michael Berube, Blackwell, 2005.

Finger, Anke, "Comparative Literature and Internart Studies," in *Companion to Comparative Literature, World Literatures, and Comparative Cultural Studies*, eds. by Steven Tötösy de Zepetnek and Tutun Mukherjee, Cambridge University Press, 2013.

Fisher, John A., *Reflecting on Art*. Mountain View, Mayfield, 1993.

Fornoff, Roger, *Die Sehnsucht nach dem Gesamtkunstwerk: Studien zu einer Ästhetischen Konzeption der Moderne*, Olms, 2004.

Foster, Hal (ed.), *Vision and Visuality*, Bay Press, 1988.

Foucualt, Michel, "Discourse on Language," in *Critical Theory Since 1965*, eds. by Hazard Adams and Leroy Searle, University Press of Florida, 1986.

———, "What is an Author?" in *Michel Foucault: Aesthetics, Method, and Epistemology*, ed., by James D. Faubion, Penguin, 1998.

Gayley, Charles M., and Fred N. Scott (eds.), *A Guide to the Literature of Aesthetics*, University of California Press, 1890.

Gerth, H. H. and Mills, C. W. (eds.), *Weber, Max, Essays in Sociology*, Oxford University Press, 1946.

Gombrich, Ernst, *Art and Illusion*, Phaidon, 1961.

———, *Norm and Form: Studies in the Art of the Renaissance*, Phaidon, 1966.

———, *Ways of Worldmaking*, Hackett, 1978.

Greenberg, Clement, "Modernist Painting," in *20th Century Theories of Art*, ed. by James M. Thompson, Carleton University Press, 1999.

Gropius, Walter, "Bauhaus Manifesto and Program," (1919) http://mariabuszek. com/mariabuszek/kcai/ConstrBau/ Readings/GropBau19.pdf.

———, "The Modern as Ideal," in *Art in Theory: 1900–1990*, eds. by Charles Harrison and Paul Wood, Blackwell, 1992.

———, *The New Architecture and the Bauhaus*, MIT Press, 1965.

Guter, Eran, *Aesthetics A–Z*, Edinburgh University Press, 2010.

Guyer, Paul, *A History of Modern Aesthetics, Volume 1: The Eighteenth Century*, Cambridge University Press, 2014.

Guyer, Paul, *A History of Modern Aesthetics, Volume 2: The Nineteenth Century*, Cambridge University Press, 2014.

Guyer, Paul, *A History of Modern Aesthetics, Volume 3: The Twentieth Century*, Cambridge University Press, 2014.

Habermas, Jürgen, "Modernity—An Incomplete Project," in *Postmodernism: An International Anthology*, ed. by Wook-Dong Kim, Hanshin, 1991.

Hall, Stuart, *Representation: Cultural Representations and Signifying Practices*, Sage Publications & Open University, 1997.

Halsall, Francis (eds.), *Rediscovering Aesthetics: Transdisciplinary Voices from Art History, Philosophy, and Art Practice*, Stanford University, 2009.

Hammermeister, Kai, *The German Aesthetic Tradition*, Cambridge University Press, 2002.

Hatzfeld, Helmut, *Literature through Art: A New Approach to French Literature*, University of North Carolina, 2018.

Hayles, N. Katherine, "Hyper and Deep Attention: The Generational Divide in Cognitive Modes," http://da.english.ufl.edu/hayles/hayles_hyper-deep.pdf.

James, Alison, "Introduction: The Return of Form," *L'Esprit Créateur*, Vol. 48, No. 2, 2008.

Jakobson, Roman, "The Dominant," in *Language in Literature*, Harvard University Press, 1987.

Kant, Immanuel, *Critique of the Power of Judgment*, Cambridge University Press, 2000.

———, *Critique of Pure Reason*, trans. by Paul Guyer and Alan E. Wood, Cambridge University Press, 1999.

Keith, Kenneth, *Cross Cultural Psychology: Contemporary Themes and*

Perspectives, Blackwell, 2010.

Krieger, Murray, *Ekphrasis: The Illusion of the Natural Sign*, Johns Hopkins University Press, 1992.

Krieger, Murray, "The Current Rejection of the Aesthetic and Its Survival," in *Aesthetics and Contemporary Discourse*, ed. by Herbert Grabes, Gunter Narr, 1994.

Kristeller, Paul O., "The Modern System of the Arts: A Study in the History of Aesthetics (I)," *Journal of the History of Ideas*, Vol. 12, No. 4, 1951.

——, "The Modern System of the Arts: A Study in the History of Aesthetics (II)," *Journal of the History of Ideas*, Vol. 13, No. 1, 1952.

Lacoue-Labarthe, Philippe, and Jean-Luc Nancy, *The Literary Absolute: The Theory of Literature in German Romanticism*, State University of New York Press, 1988.

Lamarque, Peter, and Stein H. Olsen (eds.), *Aesthetics and the Philosophy of Art*, Blackwell, 2004.

Langer, Susanne K., *Reflections on Art: A Source Book of Writings by Artists, Critics, and Philosophers*, Johns Hopkins Press, 1958.

Langlois, J. H.& Musselmen, L., "The Myths and Mysteries of Beauty," in *1996 Yearbook of Science and the Future*, ed. by D. R. Calhoun, Encyclopedia Britannica, Inc., 1996.

Lefebvre, Henri, *Critique of Everyday Life*, trans. by John Moore, Verso, 2014.

Levinson, Marjorie, "What is New Formalism?" *PMLA*, Vol. 122, No. 2, 2008.

López-Varela, Asunción, and Ananta C. Sukla (eds.), *The Ekphrastic Turn: Inter-art Dialogues*, Common Ground, 2015.

Löwy, Michael and Robert Sayre, *Romanticism against the Tide of Modernity*, Duke University Press, 2001.

Luhmann, Niklas, *Art as a Social System*, Stanford University Press, 2000.

Marmor, Max (ed.), *Guide to the Literature of Art History 2*, American Library

Association, 2004.

Munro, Thomas, *The Arts and Their Interrelations*, Press of Western Reserve University, 1967.

——, *Evolution in the Arts and Other Theories of Culture History*, The Cleveland Museum of Art, 1963.

——, *Form and Style in the Arts: An Introduction to Aesthetic Morphology*, Press of Case Western Reserve University, 1970.

Nisbet, H. B. (et al.), *German: Aesthetic and Literary Criticism*, Vol. 1–3, Cambridge University Press, 1984–1985.

Nöth, Winfried, "Crisis of representation?" *Semiotica*, Vol. 143, 1/4 , 2003.

Ortega, y Gasset J., "The Dehumanization of Art," in *Criticism: Major Texts*, ed. by J. W. Bate, Harcourt Brace Jovanovich, 1970.

Packer, Randall, "The Gesamtkunstwerk and Interactive Multimedia," in *The Aesthetics of the Total Artwork*, eds. by Anke Finger and Danielle Follett, Johns Hopkins University Press, 2011.

Pater, Walter H., *The Renaissance: Studies in Art and Poetry*, Dover, 2005.

——, *The Renaissance: Studies in Art and Poetry*, University of California Press, 1980.

——, "The School of Giorgione," https://victorianweb.org/authors/pater/renaissance/7.html.

Pearsall, Judy (ed.), *The New Oxford Dictionary of English*, Oxford University Press, 1998.

Postrel, Virginia I., *The Substance of Style: How the Rise of Aesthetic Value Is Remaking Commerce, Culture, and Consciousness*, Harper Collins, 2003.

Price, John V. (ed.), *Aesthetics: Sources in the Eighteenth Century*, Thoemmes, 1998.

——, (ed.), *Aesthetics: Sources in the Nineteenth Century*, Thoemmes, 1999.

Rader, Melvin (ed.), *A Modern Reader of Aesthetics*, Henry Holt, 1935, 1952.

Rajewsky, Irina O., "Intermediality, Intertextuality, and Remediation: A Literary Perspective on Intermediality," *Intermédialités*, No. 6, Automne, 2005.

———, "Border Talks: The Problematic Status of Media Borders in the Current Debate about Intermediality," in *Media Borders, Multimodality and Intermediality*, ed. by Lars Elleström, Palgrave, 2010.

Rancière, Jacques, *Aesthetics and Its Discontents*, Polity, 2012.

Remak, Henry, "West European Romanticism: Definition and Scope," in *Comparative Literature: Method and Perspective*, eds. by Newton P. Stallknecht and Horst Frenz, Southern Illinois University Press, 1971.

Ribeiro, Anna Christina, *The Continuum Companion to Aesthetics*, Continuum, 2010.

Rippl, Gabriele, *Handbook of Intermediality*, Walter de Gruyter, 2015.

Roberts, David, *The Total Work of Art in European Modernism*, Cornell University Press, 2011.

Rorty, Richard, *The Linguistic Turn: Essays in Philosophical Method*, University of Chicago Press, 1992.

Rowe, John C., "The Resistance to Cultural Studies," in *Aesthetics in a Multicultural Age*, eds. by Emory Elliot et al., Oxford University Press, 1998.

Sand, George, *George Sand-Gustave Flaubert Letters*, Nabu Press, 2010.

Sayre, Robert, *Romanticism Against the Tide of Modernity*, Duke University Press, 2001.

Schapiro, Meyer, "Criteria of Periodization in the History of European Art," *New Literary History*, Vol. 1, No. 2, 1970.

Schroeder, Jonathan E., "Consuming Representation: A Visual Approach to Consumer Research," in *Representing Consumer: Voices, Views and Vision*, ed. by Barbara B. Stern, Routledge, 1998.

Schröter, Jens, "Four Models of Intermediality," in *Travels in Intermediality: Reblurring the Boundaries*, ed. by Bernd Herzogenrath, Datmouth College

Press, 2012.

Schueller, Herbert M., "Correspondences between Music and the Sister Arts, According to 18th Century Aesthetic Theory," *The Journal of Aesthetics and Art Criticism*, Vol. 11, No. 4, 1953.

Searle, John R. "Literary Theory and Its Discontents," in *Theory's Empire: An Anthology of Dissent*, eds. by Daphne Patai and Will H. Corral, Columbia University Press, 2005.

Sedlmayr, Hans, *Art in Crisis: The Lost Center*, Transaction, 2007.

Shaftesbury, Lord, *Shaftesbury: Characteristics of Men, Manners, Opinions, Times*, Cambridge University Press, 2000.

Shelling, F. W. J., *The Philosophy of Art*, University of Minnesota Press, 1989.

Shklovsky, Viktor, "Art as Technique," in *The Critical Tradition: Classic Texts and Contemporary Trends*, ed. by David H. Richter, St. Martin's, 1989.

Siebenbrodt, Michael & Lutz Schöbe, *Bauhaus: 1919–1933 Weimar-Dessau-Berlin*, Parkstone, 2009.

Simon, Herbert A., "Designing Organizations for an Information-Rich World," in *Computers, Communication, and the Public Interest*, ed. by Martin Greenberger, Hopkins University Press, 1971.

Sparshott, Francis, *The Theory of the Arts*, Princeton University Press, 1982.

Stanford Encyclopedia of Philosophy, https://plato.stanford.edu/entries/scientific-method.

Stecker, Robert, *Aesthetics and Philosophy of Art*, Rowman & Littlefield, 2010.

Stiegler, Bernard, *Symbolic Misery: Volume 1, Hyper-industrial Epoch*, Polity, 2014.

Stolnitz, Jerome, "On the Origins of Aesthetic Disinterestedness," *The Journal of Aesthetics and Art Criticism*, Vol. 20, No. 2, 1961.

———, "On the Significance of Lord Shaftesbury in Modern Aesthetic Theory," *The Philosophical Quarterly*, Vol. 11, No. 43, 1961.

Tatarkiewicz, W., "A Note on the Modern System of the Arts," *Journal of the History of Ideas*, Vol. 24, No. 3, 1963.

Thomas, Rosalind, *Oral Tradition and Written Record in Classical Athens*, Cambridge University Press, 1989.

Townsend, Dabney (ed.), *Eighteenth-Century British Aesthetics*, Routledge, 1999.

Townsend, Dabney, *Historical Dictionary of Aesthetics*, The Scarecrow Press, 2006.

Turner, Victor, *From Ritual to Theatre: The Human Seriousness of Play*, PAJ Publications, 2001.

Vergo, Peter, *The Music of Painting: Music, Modernism and the Visual Arts from the Romantics to John Cage*, Phaidon, 2012.

Vernay, Jean-François, *The Seduction of Fiction: A Plea for Putting Emotions Back into Literary Interpretation*, Palgrave, 2016.

Wagner, Peter (ed.), *Icons-Texts-Iconotexts: Essays on Ekphrasis and Intermediality*, Walter de Gruyter, 1996.

Wagner, Richard, "The Art-work of the Future," http://public-library.uk/ebooks/107/74.pdf.

Weber, Max, *The Rational and Social Foundations of Music*, South Illinois University Press, 1969.

Weitz, Morris (ed.), *Problems in Aesthetics: An Introductory Book of Readings*, Macmillan, 1959.

Wellek, René, *Concepts of Criticism*, Yale University Press, 1963.

———, "Destroying Literary Studies," in *Theory's Empire: An Anthology of Dissent*, eds. by Daphne Patai and Will H. Corral, Columbia University Press, 2005.

Wellmer, Albrecht, *The Persistence of Modernity*, MIT Press, 1991.

Wenzel, Christian H., *An Introduction to Kant's Aesthetics: Core Concepts and Problems*, Blackwell, 2005.

Willett, John (ed.), *Brecht on Theatre: The Development of an Aesthetic*, Hill & Wang, 1964.

Williams, Raymond, *Problems in Materialism and Culture*, Verso, 1980.

Wilson, Edwin, *The Theater Experience*, McGraw-Hill, 1994.

Wittgenstein, Ludwig, *Philosophical Investigations*, Blackwell, 1958.

Wolf, Werner, "Intermediality," in *Routledge Encyclopedia of Narrative Theory*, eds. by David Hartman et al., Routledge, 2005.

Wolfson, Susan, "Reading for Form," *Modern Language Quarterly*, Vol. 61, 2000.

Worthworth, William, "The Sublime and the Beautiful," in *The Sublime Reader*, ed. by Robert R. Clewis, Bloomsbury, 2019.

图书在版编目（CIP）数据

美学的困境与超越 / 周宪著. — 北京：商务印书馆，
2023
ISBN 978 − 7 − 100 − 21504 − 6

Ⅰ.①美⋯　Ⅱ.①周⋯　Ⅲ.①美学—研究　Ⅳ.①B83

中国版本图书馆 CIP 数据核字（2022）第138948号

权利保留，侵权必究。

美学的困境与超越
周　宪　著

商　务　印　书　馆　出　版
（北京王府井大街36号　邮政编码100710）
商　务　印　书　馆　发　行
山东韵杰文化科技有限公司印刷
ISBN 978 − 7 − 100 − 21504 − 6

2023年7月第1版　　开本 670×970　1/16
2023年7月第1次印刷　　印张 21.25
定价：108.00元